倫理とは何か

猫のアインジヒトの挑戦

永井 均

筑摩書房

目次

はじめに

本書は、野矢茂樹氏の名著『論理トレーニング』で有名な、あの哲学教科書シリーズの一冊として、依頼され、構想された。これが教科書的な一面を保持しているのはそのためである。応用倫理学を中心とするこのシリーズの中の、応用ではない基礎的な倫理学の教科書を、というのが依頼の趣旨であった。

倫理学の専門家はあまたおられるにもかかわらず、なぜ私ごときがこのような依頼を受けたのか、それは知らない。しかしそのとき私は、私にしか書けない倫理学の教科書はたしかにあると思った。これまでの倫理学の教科書はどれも似たりよったりで、少なくとも私にはまったくおもしろくない。そう感じる私にとってはとにかくおもしろい倫理学教科書を書こうと思った。結果がこれである。

結局、私は、教科書シリーズにふさわしい本を書くことができなかった。かつて私は、哲学を学術論文という形式で表現することはできない、と書いたことがあるが、教科書という形式で哲学を表現することは、さらにいっそう困難だったのである。

教科書シリーズの趣旨そのものに反対するようだが、そもそも私には哲学にふつうの意味での教科書がありうるとは思えない。ふつうの意味とは、その領域で知っておくべき最大公約数的な知識を集めた本ということである。そんなものが不可能なのは、どんな哲学もそれぞれある種の人にしか意味を持たないからである。結局のところ、自分にとって何が切実な問いか、ということに尽きる。あたりまえのことだが、それに比べれば「哲学とは何か」などということそのものがどうでもいいことだ。

この点で、私の哲学観は佐藤徹郎氏の『科学から哲学へ』(春秋社)の哲学観に深く共感し、ほぼ全面的にその影響下にある。「もしも哲学が科学的学問でも歴史的学問でもなく、個としての精神が世界を明らかに見ようとする努力であるとすれば、そのような哲学における知は本来内発的なものでなければならずそれがそのまま他人に伝達できないのは当然のことである」。その通りだと思う。そして、私もまた――佐藤氏や氏の解するところのウィトゲンシュタインとともに――批判的な読者を想定して反論を予想しつつ議論を展開するよりは、むしろはじめから私の著作の精神に好意を持って接してくれる人にだけ語りかけたいと思っている。だから、本書もまた、ある限られた読者にだけ語りかけるのであり、「ある光のもとで見たときのみ真になる」ことを目指している。別の光のもとでは、偽にも無意味にもなるに違いなく、あらゆる人に等しく光明をもたらすことなどはありえない。

しかし、まさにそれだからこそ、哲学の教科書としてふさわしいものなどは哲学の教科書としてはふさわしくない、といえるのではあるまいか。万が一、本書を教科書として使われる方がおられるなら、個々の倫理思想家の学説紹介をより詳細かつ客観的に補っていただき、あとは、学生諸君の活発な参加（発言やレポート）さえあれば、少なくともある種の学生にはじゅうぶん意味のある授業が成り立つであろう。そして、いずれにせよ、それ以外のことは不可能ではなかろうか。哲学の教師は、結局、自分と似た学生にしか語りかけることができないし、またそうであるべきなのである。

内容から見た場合のこの本の特徴は、amoral（道徳外的）な視点から書かれているということだろう。これまでのほとんどすべての倫理学の教科書は、moral（道徳的）な視点から、道徳という現象をいわば自明の前提として、その内部から書かれている。いわば内部論争の書にすぎない。

この本は、道徳という不可思議な現象について、その存在についての哲学的な興味によって書かれている。この本が対象とする読者は、その内容が何であれ、悪いことをしたくない、できるなら善いことをしたい、という願望を持っていない読者である。その手前で、そもそもそのような願望を持つべきかどうか、なぜ持たねばならないとされるのか、という段階の問題を感じている読者である。つまり、この本は、スタート地点をこれまでの倫理学書よりずっと手前に引き下げており、それらの書が前提にしていたことを問いの対象とする（したがってまた、それらが問題としていたことの一部は問題にされず、ときには逆に前提とされることになる）。

だからこの本は、道徳的に善く生きることを無条件に推奨しないという意味で不道徳な倫理学書である。この本が対象としている読者は、いかに生きるべきかという問いを考えているが、それを道徳的な問いに解消したくないと思っている人である。道徳的な意味で善く生きることは、自分がよく、楽しく、充実して生きるために考慮すべき観点の一つにすぎない。

この本はまた、ある問いに対して一つの答えを押しつけるようなことがないようにくふうされている。複数の答えの可能性を提示し、その中から読者の方々が自分で考えていけるように配慮したつもりである。だが、答えは押しつけなかったが、問いは押しつけざるをえなかった。このような問いが存在し、それこそが問うべき問いであるということに関して、私は私の人生において自分が直接感じた問いを確信をもって提示し、自ら感じたことのない問いは、たとえ倫理学では通常とり扱われるものであっても、まったく顧みなかった。もっとほかに取り上げるべき重要な問いがあると感じる人もいるだろうし、ここで扱った問いが正当な問いでないと感じる人も多いであろう。

しかし、私自身はこれこそが本当の問題であるということに自信を持っている。また、それを取り扱う方法、答えの可能性の提示についても、書き方のまずさを別にすれば、本質的な点ではもはや私にとって修正の余地がない見解が表明されてもいる。なぜそこまで自信があるのかと言えば、それは三十年以上にわたって他者による検証をへているからだ。

私は現在、五十代になったが、すでに十代のときに、漠然とではあるが、基本的にはここで述べたような考え方を抱いていた。その後、これまでの人生において、私のこのような問題提起と答えの方向に反対したり、問いの立て方そのものがまちがっていると主張したりする、じつに多くの方々に出会ってきた。しかし、彼らの誤解や私の語り方のまずさを除いてよくよく吟味検討してみれば、最後に残るのは結局のところ根本的な人生観の違いであって（哲学の他の領域の場合とちがって）私に修正すべき点は見つからなかった。

私は、私の人生において直接感じた問いしか問うことができない。まさにそれこそが私の理解するところの哲学ということの意味なのである。繰り返すが、それが哲学の本当の意味であるかどうかなどということは、どうでもいいことである。

だれも口に出して言わないからだれも感じていないのかなと思っていて、あるときふと言ってみたら、じつはみんなそれを感じていた、という経験が私には多い。読者の方々の中に、なんだ、やっぱりそうだったのか、それでよかったのか、と思ってくださる方がおられることを、私は願いかつ信じる。とはいえ、あなたがそういう方であるかどうかは、偶然にゆだねられるほかはないのだ。

一つお願いしたいことがある。それは、ともかく最初から最後まで順を追って読んでいただきたいということである。最初は意味のはっきりしない議論が、章を追うごとにしだいに輪郭をはっきりさせていくようにくふうされているからである。

この本の登場人物は四人、正確にいえば三人と一匹である。大学に入学したばかりの祐《ゆう》樹《き》君と千絵《ちえ》さんという二人の学生、倫理学の講義をするM先生、それに猫のアインジヒトである。猫がなぜ「アインジヒト」などという長ったらしい名前なのか、そしてなぜ彼（自分を「俺」と言うからおそらくオスなのだろう）が言葉を話し、よりにもよって倫理学のセミナーなどを開いているのか、それはだれにもわからない。どうやら、二人が大学で聞いているM先生の倫理学の講義に対する不満がきっかけになっているようなのだが……

倫理とは何か

猫のアインジヒトの挑戦

序章

アインジヒトとの遭遇

何が問題か？

①M先生の講義に対する不満

今日はじめて、M先生の倫理学の講義を聞いたんだけど、ぼくにはよく理解できなかった。最初、なぜ人を殺してはいけないかとか、そういう問題は倫理学の問題なんだ、とかなんとか言っていて、それからソクラテスの話に入っていったんだけど、その後の話の展開が、なんだか、キツネにつままれたみたいで……

あいつ、どんなこと言ってた？

別に殺人に限ることはないけど、要するに、「悪いこと」というのはつまり「自分にとって悪いこと」なのだから、がんらいするはずがないんだって。だから、それをやってしまう人は、それが悪いということを、実は知らないんだ、という話だった。

そうそう。悪いと知っていて悪いことをする人はいない、と言ってたね。ソクラテスがそう言ったらしいけど、でも、悪いとわかっていながら、ついついやってしまうということも、あると思うけどなあ。

それもあるけど、そうじゃなくてさ、ついついじゃなくて、よくよく考えて、それが道徳的に悪いということもよくよくわかったうえで、それでもそれをやる、ってこともあるんじゃないかと思うんだ。

千絵が言うのは、長期的に見れば自分にとって悪いとわかっていながら、その時の自分の欲望に負けて、ついついやってしまう、ということだね。それは確かにある。喫煙者や酒飲みはいつもそういう誘惑と闘っているわけだ。でも、祐樹が言うのはそうじゃなくて、道徳的に悪いとわかっていながら、長期的な観点も含めた自分の利益を優先させて、道徳的に悪い行為を、ついついではなく熟慮の末に、あえてやるということだね。それもじゅうぶんにありうることだと思うよ。

じゃあ、悪いことを悪いと知っていながらすることもあるの？

②道徳的善悪の原型――天気の事例

もちろんあるさ。ちょっと、きちんと考えてみるか。雨が降っていることを「天気が悪い」というけど、あれはたいていの人が雨を嫌がっているからだな。みんなが晴れよりも雨のほうが好きだったら、雨降りのことを「天気がよい」と言うはずだからな。でも、もし、あるときある人にとって雨のほうが好都合だったら、その人は「私は雨のほうがよい」と言えるはずだ。それはつまり「私は天気が悪いほうがよい」ということだ。つまり、一般的に「悪い」ことが自分にとって「善い」ことはよくあることで、そういう時に、その雨は本当は「善い」のか「悪い」のか、なんて問うのは無意味だ。ということはつまり、「善い－悪い」というのは価値評価だから、その価値を享受する主体から切り離せない、ということだ。誰がそれによって利益を受け、誰が害悪を受けるのか、という「誰にとって」ということを曖昧にしておいては駄目だ。さて、それでは、その時の自分にとって雨のほうが好都合な人が、かりに何か超人的な力をもっていて、大雨を降らせたとする。その人は善いことをしたのか、それとも悪いことをしたのか。どうだい？

自分にとっては善いことだけど、他の多くの人にとっては悪いことでしょうね。

その通り。そして、それこそが道徳的問題の原型なんだ。いいかい、その人はまず自分にとって善いことだから雨を降らせた。そうでなければ、そいつが雨を降らせる理由なんかなかったんだから、それを否定することはできない。しかし、その人はそのことによって多くの他の人に多大な迷惑をかけた。つまり、彼らにとって、それは悪いことだった。だから、その人は道徳的には悪いことをしたことになるだろう?

そうすると、道徳的に悪いことって、必ず、自分にとっては善いことだ、ってことにならないかな?

なるね。ソクラテスに反して、それはほとんど必然的な真理だ。そこに道徳的価値と他の諸価値との根本的な違いがあるんだ。だから、それを考慮にいれていない倫理学説はすべて無意味だ。(→四⑳)

ということは、逆に、道徳的に善いことって、必ず、自分にとっては悪いことだってことになるのかな?

もちろんさ。エンゲルハートの『バイオエシックスの基礎づけ』(朝日出版社)という本によれば、イク族という種族では「善(good)」にあたる言葉は基本的に「満腹」とか「食料の個人的所有」を意味するらしいよ。だから、飢えた人から食料を取ってきて食べちゃう行為も「善い行為」とされるんだ。「善い人」とは「満腹の人」のことなんだからね。こういう場合、この種族には道徳的な意味での「善い」という語がない——つまり道徳がない——と言うべきなのか、それともわれわれとはちがう道徳を持っていると言うべきか、それはどちらでもいい。問題は、この種族が飢えた人から食料を取ってくるようなことを禁じる掟を持ったとき、その掟を破る行為を「腹が減っている」という語と同じ言葉で呼ぶかどうか、なんだ。両方をつなぐ「悪い」にあたる語を持つかどうか、なんだな。

それで、雨の話にもどると、そいつが降らせた雨は、自分にとって好都合だとはいっても、その時の自分にとって好都合だっただけだから、のちのち、自分の首を絞めることになるかもしれない。もしその人がその可能性が高いと思っていたなら、そいつのやったことは千絵が言っていた「ついつい」のケースでもあることになる。そこで、二つの区別が成り立つことがわかる。第一は、他人にとっての「善いこと－悪いこと」と、自分にとっての「善いこと－悪いこと」の区別だ。第二は、自分にとって悪いことの中でも、全体的・長期的に見た自分にとって「善いこと－悪いこと」と、その時の自分にとって「善いこと－悪いこと」の区別だ。こういうふうに区別を立てると、道徳的に悪いことというのは、他人にとって悪いことであり、かつ、少なくともその時の自分にとっては善いことである、と言えそうな気がしないか？

言えそうな気がするけど。でも、全体的・長期的に見た自分にとって善いか悪いかは？

それは場合によりけりだな。

でもさ、「他人にとって」といっても、他人なんてたくさんいるじゃない？ 雨の例だって喜ぶ人もいるだろうし。「他人にとって悪い」なんて一般的には言えないことが多いような気がするけどな。

そうだな。それはいま問題にしていることより先の話になるけど、少なくとも、三分類が必要にはなるな。自分と何らかの意味で友好的な関係を持っている他人。自分と何らかの意味で敵対的な関係を持っている他人。それと、どちらでもない、あかの他人。この三分類だ。こう分類してみると、自分が友好的な関係を持っている他人にとって悪いことは、自分にとっても悪いことだけど、自分が敵対的な関係を持っている他人にとって悪いことは、自分にとっては善いことである、ということがわかるな。でも、さっきの雨を降らす例では、問題の「他人」は、むしろ、そのどちらでもない、あかの他人で、自分にとって好都合なことをすると、たまたま、無関係な他人に「迷惑をかける」ことになってしまうわけだ。窃盗とか、多くの犯罪もその部類だな。泥棒はべつに誰から盗んだってかまわないのに、泥棒の利益のためにたまたま不利益を被る人がいるわけだ。ところが、怨恨による殺人とかはそうじゃない。特定の相手を殺すこと自体が自分にとって善いことなのだから、その相手の不利益と独立に自分の利益はそもそも存在しない。

　自分と友好的な人や自分と対立的な人は、その規定自体の中に「自分」との関係がすでに入っているから、自分の利害それ自体はあらためて登場する必要がないんだ。だから、例の雨を降らせる人も、泥棒も、それによって利益を受ける人が自分自身ではなくて、自分と友好的な関係にある人でも、立派に「道徳的に悪い」ことができるというわけだ。

③「哲学」の使命

アインジヒトの考え方は、ソクラテスの考え方とぜんぜんちがうね。もしアインジヒトが正しいとすると、ソクラテスはぜんぜんまちがったことを言っていたことになるけど、そうだとすると、なぜソクラテスのような偉い人が、そんな、ぜんぜんまちがったことなんか言ったんだい？

ソクラテスはね、「道徳的に善い」ということについての本当のことを言ったのではなくて、「道徳的に善い」ということについての道徳的に善いことを言ったんだ。ところが、それは「本当のこと」だとみんなに信じてもらわないと道徳的に善いことにならない。だから、たしかにみんなに信じてもらえば世の中をよくするんだけど、そのためにはいったんは人々をだまさないとならないんだ。

人々をだます？

もしすべての人が、道徳的に悪いことは自分にとって悪いことなのだと信じたなら、世の中から道徳的に悪いことは減るだろう。それはすべての人にとって結果的には善いことになる。ところが、道徳的に悪いことは「本当は」自分にとって悪いことなのに、たいていの人は、それが自分にとって悪いことだという「真実」を知らない。そこでその「真実」を知らせる役割を担うのがソクラテスが実践している「哲学」だ、ということになる。

だとすると、哲学って、人をだますためのものだということにならないかな？

なるね。でも、いったんそういう風習が確立してしまえば、じつはそれが人をだますためのものにすぎないんじゃないか、と疑うのもまた哲学だ。そういう種類のことをいっさい考えないのでないかぎり、もう哲学から離れることはできないことになる。

④道徳の自立は自己破壊的である

「ことを行なうにあたって、少しでも人のためになる人物の考えなければならないことは、それが正しい行為であるか不正な行為であるか」だけだ、とソクラテスは言ったとM先生は言ってたけど、わたしはこれには納得できない。何かするときに、それが正しいか不正かしか考えないなんて、何かまちがった生き方のような気がする……

もちろん、まちがってるさ。まちがっているがゆえに、自己破壊的でもある。

自己破壊的？

そうさ。考えてみなよ。もしすべての人がソクラテスの教えに従って、生き方の主要な関心を道徳的に正しいか不正かに絞ってしまったら、正しい行為がその人の「ためになる」他人も、不正な行為がその人の「害になる」他人も、存在しなくなってしまうじゃないか。実際、ソクラテスは、どんなに他人から不正なことをされて害を被っても、自分が正しく生きてさえいれば、それは自分にとって悪いことではない、と言っている。ということは、どんなに他人から道徳的に善いことをされて、それが自分にとって善いことであっても、自分が道徳的によく生きていなければ、自分にとって本当に善いことではない、ということにもなる。で、そうだとすると、すべての人がソクラテスの教えに従って正しく生きている世界では、道徳的に善いことはなぜよくて、道徳的に悪いことはなぜ悪いのか、気がついてみたらもうわからなくなっていた、ということになりはしないかな。

⑤哲学の使命

うーん、おもしろいね。ぼくは哲学というものに興味を持っているんで、さっきの哲学の話にもどるけど、ふつう、倫理学は哲学の一部、それも中心的な部分であるとされているよね。でも、倫理学の講義を聴いても、倫理学の本を読んでも、ちっとも哲学的な感じがしないんだけど。問題がちっとも根本的なところから問われていないような気がしてしょうがないんだよ。なんか、表面をなでているだけ、といった感じ。

祐樹のいう哲学って、この現実がじつは夢であるかもしれないとか、そういう可能性を大まじめに考えたりする哲学でしょう。倫理学とはあまり関係なさそう。

いや、そういう内容の話じゃなくてさ、ほかの哲学に比べて、倫理学って、思考実験の幅が狭すぎる気がするんだよ。ふつう哲学って、夢の話もそうだけど、そういう非常識な可能性を徹底的に考えているじゃないか。倫理学だって、哲学だったら「いくら道徳的に悪いことをしてもいいんだ」というような説の人がたくさんいて、その可能性をとことん追究しているのが当然だと思うんだけど、倫理学者って、全然まともでふつうのことしか言わないんで、ちっともおもしろくない。

そもそも、世の中には悪人もたくさんいるし、悪事はねんじゅう実行されているのに、そっちの側に立った倫理学説というものが存在しないのはどうしてなんだろうか。これはていねいに考えてみるに値する哲学的問題だと思う。でも、おそらく、結局のところ理由はかんたんで、それは道徳的に悪い主張だからだ、ということでしかないんだ。たとえ真理であっても道徳的に悪い主張をするのは、それ自体、悪事をはたらくことなんだよ。悪事をはたらいたことがバレれば、その人の評判は落ちる。だから、悪事というのは、ふつう、バレないようにやるんだな。だから、哲学者といえども、自分の利益にもならないのに、バレバレの悪事をはたらくことなんかしたくない、というのが理由だろうさ。（↓終⑤）

でも、それは哲学というものの価値を決定的に低下させることになると思うよ。そういう問題を考えはじめた子どもにとってはね、大人の世界には哲学的思索というものがなされていて、だいの大人が、そんなとんでもないことを本気で考えて、とことん緻密に議論している、そういう伝統と蓄積がある、ってことを知ると、すごく安心できるんだよ。それだけで人類の文化に対する尊敬の念が高まって、いわば安心してその問題に心を沸き立たせることができるんだよ。

たしかにそういうやつもいるだろうけど、そんなやつばかりではないからな。真と善が別個の価値である以上、真理を語ることが、真理を探究することそれ自体が、世の中によくない影響を与えることは、原理的にありうる……

真理を知ることが世の中をよくするかどうかわからないのに、真理を知ろうとするのはなぜ？

それは、本当のことを隠すことはできないからさ。事実そうであることは、あからさまにして、それから対策を講じるしかない。ということはしかし、真実をあからさまにすれば必ず善い結果が得られるということではない。それは悪い結果をもたらすかもしれない。もしそうなら、それが避けられない運命だったということなのさ。

ぼくは、そこで怖じけづいて、存在する問題をあからさまに論じようとしなかったら、哲学の本当の存在価値は消滅すると思うよ。むしろ、そこが勝負のしどころなんじゃないかな。いずれにせよ真実をごまかすことなんかできないんだから、真実を明らかにすることで、それを前提にした、これまでより高い善に達しようとすることしかできないと思うんだ。哲学的探求を通じて、いまはまだ知られていないより高い次元の善が見つかるかもしれないじゃないか。

いやあ、驚いたね。御説ごもっともだとは思うけど、それは俺のような猫には関係のない話だな。俺は人間の社会なんかどうなったっていいからな。それはおまえたちで考えてくれや。俺は真理の洞察は世界の改善とは独立の価値を持つと思うけど、それは知ることはそれ自体で改善だと思うからだ。いずれにせよ、哲学は世界の変化への貢献度によってではなく、世界の理解への貢献度において、その真価が評価されるものであることは確かだ。

⑥倫理学の課題

関係あるかもしれないから、ちょっと言わせてもらうけど、わたしはそもそも道徳的な問題なんて感じたことがない。生まれてから一度もないな。たぶん、一生感じないと思う。わたしだって、ある状況で、自分がどうしたらいいか、迷うようなことはあるし、ときには、自分の生き方をあれこれ考えることだってあるけど。でも、それを道徳的な善悪という観点から考えたことなんて、一度もない。たとえば、どうしたら友達に嫌われないですむか、とか、そういうことを考えるんで、どうすることが道徳的に正しいかなんて、考えたこともない。そんなことを考えて生きている人って、本当にいるの?

　宗教かなんかを信じていて、その影響で、とにかく道徳的に正しく生きたいと思っているんだけど、ある状況で、どういう生き方が道徳的に正しいかがわからなくなった、ということはありうると思う。でも、それって特殊な場合じゃないかな。まだ最初の一回しか聞いてないけど、M先生の倫理学の講義では、そういう人がいることを前提にしている、というか、すべての人がそういう人であることを前提にしているような感じがする。それって、ぜんぜん信じられない。

どういうふうに生きたらいいかわからなくなったとき、道徳的に正しい生き方は何か、なんてことを知りたいなどと思うだろうか、といえば、まあ、ふつうは思わないだろうな。そんなことを知っても、考慮に入れるべき材料がふえるだけで、当面の役に立たないからね。だから、いかなる生き方をすべきか、を問いたいなら、道徳とは独立に考えなければならない。ただし、これには言葉の使い方の問題もある。そういう、生き方の指針みたいなものを「道徳」とか「倫理」と言う場合もあるからね。

しかし、ふつうは、倫理学の主要な問題といえば、たとえば、成人どうしの合意による売春は、だれにも害を与えないのだから、道徳的に悪くないのではなかろうか、といった問いだな。自分の腎臓を商品として売り出しては、どうしていけないのか、とかね。しかしね、こんな問題はチャチだな。問われるべき最も根本的な問いは、そもそも「いけない」とはどういうことか、とか、なぜ、およそ「いけない」ことなどが存在しうるのか、とか、そういう問題だと思うね。逆に言いかえれば、一般的に「他人にとって悪い」という意味で「してはいけない」とされることを、人は「してもいい」のではないか、といった問題だ。

つまり、結局のところ、そもそも「してはいけないことなんか、世の中に存在しえないんじゃないか」という問題だよね。

いや、世の中に存在したとしても、それをしてもいいんじゃないか、という問題だな。

わたしはそんなことさえ考えたことがないけど……。

第一章

プラトンとアリストテレス（真の幸福について）

M先生の講義Ⅰ

1 プラトン――調和と恋

①グラウコンの挑戦

それでは今回からは、しばらくのあいだ、西洋倫理思想史をたどりながら、倫理的な諸問題を考えていきます。ソクラテスについては前回少し触れたので、今回はプラトンから入ります。プラトンの主著『国家』は、あるべき国家組織について論じる政治哲学の本ですが、それと並行的に、道徳の根拠の問題も論じています。つまり、善いことをすべき理由、悪いことをしてはいけない理由、の問題です。これは倫理学の根本問題です。倫理学の講義ですから、国家組織の問題は除外して、道徳の根拠のほうを中心にしてプラトンの考えを見ていくことにします。

『国家』において、プラトンの主張は、トラシュマコス、グラウコン、アデイマントスという三人の登場人物の主張に対する、ソクラテスの反論というかたちをとって、語られています。まず、トラシュマコスとグラウコンの言うところを、見ておきましょう。

正義とは何か、ということが話題になっているのですが、これを、狭い意味での正義論の議論だと考える必要はありません。むしろ、道徳的に善いこととはどういうことか、ということが問題になっているのだ、と考えて結構です。ケパロスとかポレマルコスとかいった人たちが発言しますが、嘘をつかないとか、借りたものを返すとか、友人には利益を与え敵には害を与えるとか、個別的な例を出すばかりです。そこで、トラシュマコスが発言します。トラシュマコスの見解は、ノモス（法のような人為的に作られた制度）とピュシス（自然本来のあり方）の区別に基づいています。彼によれば、ケパロスやポレマルコスが言うことは、ノモス上のことにすぎない。つまり、そうした正義はみな、社会の支配階級によって人為的に作られた決まりごとにすぎない。トラシュマコスは、自分のピュシスに忠実であるためには、そうした正義は無視すべきである、と主張するのです。つまり、彼は、利己主義こそ人間の本来の姿だと言うわけです。

トラシュマコスのこの見解を、グラウコンが次のように修正します。たしかに、もしそれが可能ならば、トラシュマコスの主張するように生きることが、最善にちがいない。もしギュゲスの指輪（そうなりたいときに人から見えない体になれる魔法の指輪、つまり悪事をしてもけっして露見しないようになれる魔法の指輪）をもっていたら、トラシュマコスの主張するように生きることが可能であろうから、そのように生きるのが最善の生き方になるであろう。しかし現実には、もし私が他人の損害や苦痛をないがしろにして、ただもっぱら自分自身の利益や快楽を追求したならば、私は他の人から嫌われ、疎んじられ、結局のところ、自分が損害や苦痛をこうむることになるだろう。われわれのだれも、そのような結果になることを望まないから、他人もみなそうするかぎり、自分も他人の損害や苦痛をないがしろにしたりはしない、という取り決めをすることになる。正義とは（これを「道徳とは」と理解しても結構です）、このようにして作られたノモスなのだが、それは、複数の人間が共存するという現実をふまえたうえで、各人のピュシスを最もうまく実現する最善の方法なのである、というわけです。

以上のことを、グラウコンの言葉のまま引用するとこうなります。「自然本来のあり方からいえば、人に不正を加えることが善（＝利益）であり、自分が不正を受けることが悪（＝損害）なのだが、ただどちらかといえば、自分が不正を受けることによってこうむる悪（＝損害）のほうが、人に不正を加えることによって得られる善（＝利益）よりも大きい。そこで人々がお互いに不正を加えたり受けたりしあって、その両方を経験してみると、不正を受けることによってこうむる悪（＝損害）のほうは避けて、不正を加えることによって得られる善（＝利益）だけを獲得するだけの力のない連中は、不正を加えることも受けることもないように互いに契約を結んでおくのが得策である、と考えるようになる。その結果、人々は法律を制定し、お互いのあいだに契約を結ぶということを始めた。そして、法の命じる事柄を正義と呼ぶようになった。これが正義の起源であり、その本性である。つまり、正義とは、不正を働きながら罰を受けないという最善のことと、不正なことをされながら仕返しもできないという最悪のことの、中間的な妥協策なのである」（『国家』二、三五八Ｅ－三五九Ａ）。これは、後に説明するホッブズの社会契約説の発想に近い考え方だといえます。

続いてグラウコンは、ギュゲスの指輪を手に入れた人がどう行動するかについて語っていますが、なかなか精彩ある描写なので、これもそのまま引用してみましょう。「それでもなお正義にとどまって、あくまでも他人のものに手をつけずにいるほど、鉄のように意志の強い者など一人もいまいと思われる。市場から何でも好きなものを、何おそれることもなく取ってくることもできるし、家に入り込んで誰とでも好きな者と交わることもできるし、これと思う人を殺すことも、縛られている人の縄を解いて自由の身にしてやることもできる。その他、何ごとにつけても、人間たちの中で神のように振る舞えるというの

に！」（『国家』二、三六〇B－C）

この事実から、グラウコンは次のような結論を導きだします。「このことこそは、誰も自発的に正しい人間である者はおらず、強制されてやむをえずそうしているのだということの動かぬ証拠ではないか。つまり、正義とは当人にとって個人的には善いものではない、と考えられているのだ」（『国家』二、三六〇C）。この最後の文章は「道徳的に善いことはそれをする当人にとって善いことではない、と考えられているのだ」と言いかえることができます。

プラトンが構成したグラウコンの議論が哲学的にすぐれている点は、ここで話を終わらせずに、さらにもう一歩先まで、話を進めた点にあります。グラウコンは次に「極端に不正な人」と「極端に正しい人」を対比して、どちらがより幸福であるかを考察するのです。「極端に不正な人」は、じつは不正を犯していながら、それが知られていないので、正しい人だと思われ、優遇されています。逆に、「極端に正しい人」のほうは、少しも不正を犯していないのに、ある事情から、不正な人であると誤解され、その誤解が晴らせぬまま、それでも正義の道を貫くような人です。真により幸福なのはどちらか、という問いです。『国家』という本は、全体として、グラウコンのこの問いに対する応答の試みである、と理解することができます。

②ソクラテスの応答

ソクラテスの主張のポイントは、以下の点にあると思います。ノモスにおける正義は、各人のピュシスを最もうまく実現するための、単なる方法にすぎないのではない。正義にかなった生き方こそが、その人自身にとって最もよい、最も幸福な生き方なのである。つまり、正義と幸福の関係は「(各人の幸福という)目的を実現するための(正義という)手段」という「目的－手段」の外的関係ではない。「正義にかなう生き方こそが本当の幸福をはじめて成立させる」という内的関係なのである。だから、真に幸福なのは、もちろん正しい人のほうである。

しかし、そういえる根拠は何でしょうか。ソクラテス＝プラトンの主張の根底にあるのは、身体の健康との類比によって考えられた精神の健康の観念だと思われます。つまり、正義(道徳的な善)は精神の健康な状態であり、不正義(道徳的な悪)は精神の不健康な状態なのです。「身体の本来のあり方が損なわれているとしたら、たとえあらゆる食べ物と飲み物、あらゆる富と地位を与えられたとしても、人生は生きるに値しないと考えられている。それなのに、われわれがまさにそれによって生きる当のものである魂の本来のあり方がかき乱され、台なしにされているというのに、悪徳と不正から解放され正義と徳を獲得するようになる行為以外なら何でも思いのままにできるというだけで、人生は生きるに値するなどとはたして言えるだろうか。」(四、四四五A)『国家』の終わりに近い第九巻で、このような考え方の根拠が、次のような三つの論拠から与えられています。

第一は、政治的独裁者を極端に不正な人の代表例とみなす議論です。独裁者は、じつは不正を犯しているのに、民衆から善い人だと思われ、称賛されていて、自分でもその気になっています。しかし、独裁者は実は不幸なのです。なぜなら、彼は、絶え間のない欲望にせき立てられていて、常に満たされず、結局のところ、自分の欲望に隷属させられているからです。彼は、魂の最も劣悪な部分に支配された人なのです。独裁者のような劣った人によって支配された国家が不幸な国家であるのと同様に、魂の劣った部分によって支配された人間は不幸な人間です。魂の最上の調和が実現されていないからです。

第二は、理性、気概、欲望という魂の三つの部分が、それぞれの快楽を持つということに基づく議論です。理性の人は、魂の善さについて熟慮し、そういう理性の快楽に、最高価値を与えます。気概の人は、魂の善さについてのある信念(名誉、誇り、恥)に基づいて生きており、そういう生き方こそ最高のものだと信じています。欲望の人は、魂の善さとは無縁の生活をしており、そういう生き方がいちばんだと思っています。その中で、理性の人だけが三種類の快楽のすべてを知っているので、どれが真に最高であるかを判断できる立場にあります。したがって、理性の人こそが、自分の経験に基づいて、正義の生活が最も幸福な生活であると、正しく判断できるというわけです。理性の人は、気概から意志の強さという助けを受けながら、理性によって欲望をほどよく抑制している人だからです。

第三は、真に実在してはいないものによって得られた快楽は、それ自体、真に実在してはいない、という主張に基づく議論です。欲望によって支配された人は、理性による純粋な快楽を味わったことがないので、食欲や性欲が満たされることを、真の快楽だと思い込んでいます。それらは真実の快楽の幻影にすぎないのですが、その見かけの強烈さによって愚かな人々の欲情を喚起するのです。気概に支配された人もやはり、名誉や怒りによって支配されて、真実の快楽を知りません。後で説明するように、プラトンにとって、真に実在する世界は、理性によって知られるイデアの世界ですから、真の快楽は理性の快楽ということになります。

以上の議論によって、グラウコンによって提出された、「極端に不正な人」と「極端に正しい人」のどちらがより幸福であるか、という問いは、答えられたことになるでしょう。「極端に不正な人」は、欲望に支配されるがままになっているのですから、実は不幸な人なのです。逆に「極端に正しい人」は、不正な人であると誤解されているとはいえ、その魂は、理性によって支配された調和を保っているのですから、真に幸福な人生を生きているのです。このことは、同時に、ギュゲスの指輪の問題に対する応答にもなるでしょう。

実際、ある人がひょんなことからギュゲスの指輪を手に入れてしまったおかげで、それを乱用して生きるはめに陥ったとしたら、その人の人生がより不幸なものになることは、火を見るよりも明らかではないでしょうか。どうでしょう、考えてみてください。

③イデアとは何か

さて、いまの第三の議論の説明の中で、私は、プラトンにとって真に実在するのはイデアの世界であると申しました。それでは、イデアとは何でしょうか。

この講義は倫理学の講義ですから、話を倫理的問題に限りましょう。すると、プラトンの主張は、個々の善きもの、個々の正しい行為、個々の美しい情景といったものとは別に、善そのもの、正義そのもの、美そのものが、それ自体で実在する、ということになります。このそのものがつまりイデアなのです。個々の善きものや正しい行為や美しい情景は、そのイデアに与かることによって、善きものや正しい行為や美しい情景たりうるのです。

この主張は、いわゆる二世界説に帰着します。二世界とは、われわれが住んでいるこの現実の（しかしプラトンからすれば真の現実ではない）世界と、イデアの世界（つまり真に実在している世界）との、二つの世界のことです。プラトンはこの二つの世界の対比を、有名な「洞窟の比喩」で鮮烈に描き出しました。洞窟の中は、われわれが住んでいるいわゆる現実世界です。ただ魂の向きを逆転することができた少数の者だけが、洞窟の外の真実在の世界の存在を知ることができるのです。

私は、プラトンにはある直観が、あるいはむしろ体験が、あったのだと思います。彼は『パイドロス』という著作の中で、イデアを見る者の「狂気」について語っています。少しだけ引用してみます。「——狂気という。しかり、人がこの世の美を見て真実の美を想起し、翼がはえ、翔け上がろうとして羽ばたきはするが、それが果たせず、鳥のように上方を眺めやって下界のことをなおざりにするとき、狂気であるとの非難を受けるのだから。この話の結論はこうだ。——この狂気こそは、すべての神がかりの状態の中で、自ら狂う者にとっても、この狂気にともに与かる者にとっても、最も善きものであり、また最も善きものから由来するものである。そして美しき人たちを恋い慕う者がこの狂気に与かるとき、その人は『恋する人』と呼ばれるのだ。」(二四九D－E)

ここには、理性によって統御された魂の調和という思想とはずいぶんちがう、狂おしいほどの恋(エロース)が語られています。たとえプラトンの二世界説を馬鹿馬鹿しいと思う人でも、もし一度でも恋愛の経験があるなら、プラトンの言うことの全体を馬鹿馬鹿しいと思うことはできないだろう、と私は思います。何か恋のような思いに裏打ちされてこそ、世界は意味を持つ。イデアに与かるとは、そういうことなのではないでしょうか。

そして、この恋は失恋なのです。プラトンは続けてこう書いています。「けれども《美》は、あのとき、それを見たわれわれの眼に燦然と輝いていた」(二五〇B)と。

以上でプラトンについての講義を終わります。プラトンという人が、ただ説教臭いだけではなく、なかなか興味深い人であることが、分かっていただければ幸いです。プラトンの対話編は、少し根気があれば、だれでも自分で読むことができます。といっても『国家』は少し長すぎるので、もし興味があれば、いまの『パイドロス』あたりから読みはじめて、『国家』のかわりに『ゴルギアス』を読むことを薦めます。どちらも岩波文庫に入っています。

2 アリストテレス――幸福と中庸

④プラトンとの対立点

アリストテレスは、十七歳のときに、プラトンのアカデメイアに入学し、紀元前三四七年にプラトンが死ぬまで、二十年間、プラトンの弟子でした。それにもかかわらず、プラトンとアリストテレスの倫理学説には、根本的な対立があります。それは、次の三点に要約できるでしょう。

第一は、なんといってもまず、アリストテレスがプラトンのイデア論を否定したことです。これについては後でくわしく説明しますが、倫理学に関するかぎりではこういうことです。つまり、イデアについての知識は永遠不変で普遍的なものについての知識ということになりますが、倫理が必要としているような知識は、われわれの現実の行為の指針となるような、可変的で個別的な知識でなければならない、ということです。アリストテレスによれば、倫理学における普遍的な知識は、個々の状況においてわれわれが獲得する個別的な知識を一般化することによってできあがるのであって、その逆ではないのです。

そこから第二に、倫理に関する知識、倫理学的知識は、科学的知識のような厳密な普遍性は要求されない、ということが出てきます。倫理学においては、問題にふさわしい程度を超える正確さや厳密さを求めてはならない、とアリストテレスは言っています。たとえば、大工が必要とする「垂直」や「平行」の正確さは、幾何学者が必要とする正確さとは違うでしょう。そういうように、それぞれの分野には、それぞれふさわしい精密さや緻密さの程度と規準がある、というのです。これは傾聴に値する見解であろうと思います。つまり、倫理学が必要とする普遍性は、日常生活で行為の大体の指針となりうる程度のものであればよく、それ以上のことを求めるのは、まとはずれで不当な要求だ、ということになります。

そこからして第三に、アリストテレスによれば、倫理的な正しさの規準を知っているのは、イデアを認識できる哲学者といった特別の人なのではなく、むしろ一般大衆なのです。つまり、一般の人々が生活の中で蓄積してきた道徳的な通念こそが、倫理学的知識の出発点なのです。アリストテレスは、倫理学はそうした人生経験の蓄積に基づいて研究されるべき分野であるから、若い人にふさわしい分野ではない、とも言っています。これもまたなかなか含蓄のある見解で、この考え方からすると、プラトンという人は、齢をとってからもずっと「若い人」だったということになるでしょう。

⑤イデアとカテゴリー

さて、それでは、アリストテレスはなぜプラトンのイデア論を否定したのでしょうか。これは、倫理学の主題からは少し離れることになりますが、哲学的にはきわめて重要な問題です。彼は『ニコマコス倫理学』という倫理学を主題にした本の中でも、最初のほうで、この問題に触れています。引用してみます。

「善い」という語は「在る」という語とちょうど同じだけ、多くの意味で語られる。というのは、たとえば「神は善い」、「理性は善い」と語られる場合のように、「事物の何であるか(本質)」について語られる場合もあれば、「器量が善い」と、「事物のいかにあるか(性質)」について語られる場合もあり、「適度が善い」と、「事物のどれだけあるか(分量)」について語られる場合もあり、「有用なのは善い」と、「事物が何かに対していかにあるか(関係)」について語られる場合もあり、「好機は善い」と、時間について語られる場合もあれば、「住むには善い」と、場所について語られる場合もある、といったぐあいだからである。それゆえ、「善い」という語が、これらすべてに共通の、同じ一つの一般的な何かを述べるものではないことは明らかである。というのは、もしそうだとしたら、それはすべてのカテゴリーにおいてそれぞれ異なった意味で語られることはなく、ただ一つのカテゴリーにおいて同じ一つの意味で語られたであろうから。（一〇九六a二三－二九）

たとえば「人間には理性がある」というように本質の存在を語る場合と、「まだ三分ある」というように時間の存在を語る場合で、「存在」の意味は明らかに違うでしょう。アリストテレスによれば、それはカテゴリーが違うからです。同様に、たとえば「善い人間」と「善い時刻」とでは「善さ」の意味がまったく違う、とアリストテレスは言うわけです。ここには、プラトンのイデア論とアリストテレスのカテゴリー論の根本的な対立があらわれています。

ところで、話がちょっと逸れますが、この引用文の中に「器量が善い」という例文がありますね。ここで「器量」と訳されているのは「アレテー」というギリシア語で、普通は「徳」と訳される言葉です。だいぶ印象が違いますが、この訳語は加藤信朗さんのもので、私はこの訳語を取ります。というのは、この語は広く人が持っている手腕や才覚を意味する言葉で、狭い道徳的意味に限定されてはいないからです。ただし「器量」とすると、今の日本語では、狭く「容姿」の意味に取られてしまう危険性があります。皆さんはたぶんやくざ映画なんか見ないと思いますが、「あいつにはそれだけの器量はない」といった台詞を思い浮かべていただけるとありがたい。そう言われたやくざの子分には「アレテー」がないのです。やくざですから、たぶん、徳もないでしょうけれど、それとは別の問題であることが重要なのです。

さて、話を戻して、アリストテレスの「カテゴリー」という発想が哲学的にどんなに優れているかは、どんなに強調しても強調しすぎにはならないほどです。彼のこの発想のおかげで「学知」としての内容をもった「哲学」というものがはじめて成立し、今日にいたっているのですから。しかし、倫理学的にどうかといえば、それはまた別の問題があると思います。

⑥最高善としての幸福（エウダイモニア）

アリストテレスは、大工とか医者といった特定の仕事についている者が、イデアそのものを見て、善そのものを知っていたとして、それがそれぞれの仕事にとってどれだけのプラスになるか、と問います。たしかに、そんなことは、建築術の改善にも医術の改善にも貢献しないであろうと思われます。大工はふつう「建物の美とは何か」とは問いませんし、医者もふつうは「そもそも健康とは何か」といった問いは立てません。プラトンのイデア論は、知識のあり方のモデルがあまりに哲学者的なのかもしれません。たしかに、それは個々の領域に特有のそれぞれの善の個別的な内容を無視して、すべてを等《ひと》し並《な》みに扱ってしまうことによって、倫理の知を、細部の洗練を欠いた大味なものにしてしまう危険性があります。それはたしかにいえます。

しかし、大工も医者もやはり人間です。彼らとて、建築や医療のことばかり考えているわけではなく、たとえば、自分の人生そのものについて、考えることはあるでしょう。では、アリストテレスの倫理学が、そうした問いに答える側面を持っていなかったかといえば、けっしてそんなことはありません。

『ニコマコス倫理学』の冒頭には「いかなる技術、いかなる研究も、またいかなる行為や選択も、ことごとく、何らかの善を目ざしている」と書かれています。これは理論哲学上の主著である『形而上学』の冒頭の「すべての人間は、生まれつき、知ることを欲する」という言葉に対応しています。すべての人間が生まれつき知ることを欲するのだとすれば、すべての行為は何らかの善を目ざしているのですから、知ることもまた善の一種だということになるでしょう。当然、無知は悪の一種になります。

アリストテレスは「われわれが達成しうるあらゆる善のうち最高のものは何か」（一〇九五a一五）と問うて、それは「幸福」であると答えています。この「幸福」はギリシア語では「エウダイモニア」、もとの意味は「ダイモーン（守護神）の加護があること」です。

客観的に「繁栄している」とか「うまくいっている」といった意味で、主観的な快楽とは区別されます。幸福こそが最高善だというのです。

幸福は究極目的であって、他の何かのための手段ということがありません。彼はこう言っています。「名誉や快楽や知識やすべての器量を望むのは、それら自体のためである場合もありはする……が、それらを得ることによって幸福になれるだろうと思うがゆえに、つまり、幸福のためであることもある。だが逆に、幸福をそれらのもののために望む人はいない。一般に、幸福を何か他のもののために望む人はいない」（一〇九七b二−七）。幸福だけは、他の何かを実現するための手段になることがないから、それは究極目的だ、というわけです。幸福が究極目的であるというこの考え方は、後にJ・S・ミルらの功利主義において、道徳学説の一部として、独自の仕方で復活させられます。

ここから、こういうことがいえるように思います。まず第一に、名誉、快楽、知識、器量、といったたくさんのものを持っていても、それでもなぜか幸福でない、ということはありうる、ということです。とはいえ第二に、そうしたものを何も手に入れることなしに、ただ幸福だけを手に入れようとしても、それは無駄な努力だ、ともいえるのです。

アリストテレスの言うところからは離れるかもしれませんが、「生きがい」というようなものを考えてみたらどうでしょう。価値あるとされているいろいろなものを手に入れても、なぜか生きがいが感じられない、ということはありうるはずです。しかし、だからといって、そうしたものと独立に、ただ生きがいだけ手に入れようとしても、それは無駄な努力でしょう。

⑦人間に固有の働き

アリストテレスにとって、幸福が最高善であること自体は自明なことです。探究すべき課題は、その幸福の本質は何であるか、何によって成り立つか、です。彼の議論は、人間に固有の働き（エルゴン＝仕事、任務）は何か、という問いを媒介にして、次のように進んで行きます。

よい大工とは何か。それは大工としての固有の仕事を立派に果たす人でしょう。たとえ彼がどんなに口笛をうまく吹こうと、どんなに人に親切であろうと、よい大工であるとはいえないでしょう。それは大工に固有の仕事ではないからです。では、よい人間とは何か。それは、当然、人間という種に固有の働きを立派に果たす人のことでしょう。それでは、人間という種に固有の働きとは何でしょうか。養分を摂取して成長する働きなら、植物にもあります。感覚する働きは、すべての動物にあります。人間だけに固有の働きは、と考えると、それは理性だ、ということになります。

⑧習慣と中庸

ここまでのところで、アリストテレスは、最高善は幸福であり、幸福は理性的行為である、と論じてきました。つぎに彼は、勇気、節制、等の伝統的なさまざまな器量を、理性的行為という観点から捉えていきます。このとき重要な役割を演じるのが、習慣という概念と、そこから帰結する中庸という考え方です。いずれも、きわめてアリストテレス的といえる考え方だと思われます。

倫理（学）は英語では「ethics」ですが、その語源について、アリストテレスは次のように書いています。「倫理的な器量は習慣から生まれてくる。だからこそ、それは「習慣（エトス）」という語を少しだけ変化させた倫理的（エーティケー）という名称をもっているのである。」（一一〇三a一七）。

石は、自然本性によって落下するものなので、上昇するように習慣づけることはできません。犬は、どんなに訓練しても、倫理的な器量を持つようにはなりません。それに対して、「倫理的器量が人間のうちに育ってくるのは、自然本性によってでもなければ、かといってまた自然本性に反してでもなく、自然本性によってこれを受け入れるべく生まれついているわれわれが、ただ習慣づけによってはじめて、与えられたこの素質を完成させることによってなのである」（一一〇三a二三－二五）

世の中には勇敢な人もいれば臆病な人もいますが、そういう人だとて、石が自然本性によって落下するようにそういう人であるわけではありません。恐ろしい状況に置かれて行為するなかで、そうした習性を身につけていったのです。ここで重要な意味を持つのが、中庸という倫理的器量です。アリストテレスはこう言っています。

過剰な運動も運動の不足も体力を損ない、過剰な飲食も飲食の不足も健康を損なう。これに反して、それらを適度に取れば健康を生み出し、増進し、保持する。節制や勇気やその他の倫理的器量についても、同じである。すなわち、万事から逃避し、万事を恐れて、何ごとに関しても頑張れない人は臆病な人となるが、逆に、まったく何ごとも恐れず、何ごとにでも向かって行く人は、無謀な人となる。同様にまた、あらゆる快楽に耽り、いかなる快楽も慎まない人は放埒な人となるが、逆に、あらゆる快楽を避ければ、野暮な人のように、いわば無感覚な人となる。このように、節制も勇気も、過剰と不足によって失われ、中庸によって保たれるのである。(一一〇四a一五-二六)

まことにもっともな教えではありますが、ちょっと考えると、すぐに素朴な疑問がわいてくるはずです。まず第一に、私などはこの引用文を読むと、「しかしまた、あまりにも中庸を得た人はつまらない人となる」と付け加えたくなってしまいます。そうすると、過度に中庸であってはいけない、中庸を得る仕方もまた中庸でなければならない、ということにはなるような気がします。そして第二に、節制や勇気のような概念なら、こういう中庸論的な分析が可能でしょうが、たとえば「邪悪さ」ならどうでしょう。われわれは中庸に邪悪であるべきなのでしょうか。

しかし、アリストテレスはこの二つの疑問に答えています。たとえば「臆病さ」や「無謀さ」にはもはや中庸がなく、われわれは中庸に臆病であったり、中庸に無謀であったりするべきだ、などということがないのと同様に、中庸に邪悪であるべきだ、などということもないのです。そんなものがあるとすれば、過剰や不足にもまた中庸があることになってしまうからです。同じ理由で、中庸さにもまた中庸があるというのも誤りです。過剰に中庸であることは不可能なのです。もしあまりにも中庸な人が凡庸な人に思われるなら、むしろ奇抜さと凡庸さの中庸ということを考えるべきでしょう。実際問題として、これはとても重要なことだと私は思います。

ここで、アリストテレスが倫理学は若い人にふさわしい分野ではないと言っていたことを思い出してください。若い人には、特にこの中庸論などは、いかにも年寄りくさくて、しかも浅薄な、迫力に乏しい教えのように思われるかもしれません。この種の教えの奥深さが分かるには、まさに人生経験の蓄積が必要なのです。

⑨思慮と意志の弱さ

二つ、付け加えておきたいことがあります。

一つは、ここでアリストテレスが「思慮（フロネーシス）」という知的な器量の役割を重視していることです。思慮を欠いた倫理的器量は、的確な判断の支えがない単なる善意のようなもので、実効性を期待できません。逆に、思慮だけでは、ただ頭がいいだけですから、ずる賢い場合も含まれます。だから、この二つの結合が必要なのです。

もう一つ、放埒な人ではなくても、意志の弱さ（アクラシア）という問題はだれもが直面するはずです。たとえば、喫煙は体に悪いことを知っていながら、煙草を吸ってしまうといったことです。このとき、その人は喫煙が体に悪いことを本当に知っているといえるのか、とアリストテレスは問いました。彼の解答は、酔っ払っている時には持っているはずの知識が活用できなくなることがあるのと同様、強い欲望はときに知識を心に呼び起こせなくさせる、という事実に基づくものです。しかし、この解答で納得できる人は少ないでしょう。この問題は意外に複雑で、アリストテレスの議論もじつはもっと込み入っており、その解釈を含めて、現代でもなお議論が続いています。

⑩配分的正義と調整的正義

さて、少し急ぎますが、「正義」と「友愛」に触れないわけにはいきません。

他者とのかかわりにおける倫理的な器量が正義です。その正義は、まず、法に関する一般的正義と平等に関する特殊的正義に分類されますが、アリストテレスの業績として今日なお言及されることが多いのは、平等に関するこの特殊的正義の下位区分、とりわけ配分的正義と調整的正義の対比です。

配分的正義は、名誉、財貨、権利、所有物といったものの配分の仕方に関する正義ですが、この正義もまた過多と過小の中庸にあらねばならないのです。すべての人が名誉や財貨や権利を均等に配分されるのが正しいのではなく、それぞれの人の功罪に応じて、功ある者には多く与え、罪あるものには少なく与える（あるいはむしろ負の名誉や財貨や権利を与える）のが正しい、とアリストテレスは考えていますし、現代のわれわれもそう考えるでしょう。

問題は、何を基準にしてその功罪を評価するかです。現代の多くの人は「生まれのよさ」を基準にするといった主張には与《くみ》しないでしょう。それなら、生まれつき持っている才能はどうでしょう。イチローという野球選手は、もちろん相当の努力はしたでしょうけど、同じだけの努力をしたすべての人がイチローのようになれるわけではない、という意味で、明らかに生まれつきの才能を持っていたといえるでしょう。それゆえに、彼は現に人並みはずれた名誉や財貨を手にしています。これは「正しい」ことでしょうか。生まれつきの才能によって人間を差別することは、正義に反することではないでしょうか。
おそらく、優れた者に対する自然な称賛というものがなくなることはないでしょう。だからといって、それを「正義」と言ってしまってよいものなのか、私は若干の疑問を感じます。アリストテレスからは離れますが、それは自然ではあるがやはり不正義である、と考える余地があると私は思っています。

調整的正義は、売買や貸借に関する公正さに関するものと、不正な行為によって生じた不平等を回復する際の正しさに関するものに大別できます。この正義もまた損害と利得の中庸にあらねばなりません。売買や貸借に関して、当事者がどんな人であるかを考慮すべきではないでしょう。商取引は功罪に対する応報とは独立ですから、有能な人や善人に安く売り、無能な人や悪人に高く売る、といったことをするとしたら、それ自体が不正な行為となるのです。不正な行為によって生じた不平等を回復する際の正しさに関しても、同じことが言えます。やはり当事者がどんな人であるかを考慮すべきではないでしょう。盗難にあった人がどういう人であるか、有能か無能か、善人か悪人か、といったことは、この問題に関する調整的正義とは無関係なのです。

問題は、それなら殺人を犯した者は必ず死刑にされるべきなのか、そしてまた死刑にされればそれでいいのか、という点にあります。殺人者が死刑にされても、殺された人が生き返るわけではありません。厳密に考えれば、窃盗の場合でさえ、盗まれたものが返されても、盗まれていた期間の損害は復元されません。とすれば、どうすることが調整的正義にかなうのでしょうか。アリストテレスはじゅうぶんに答えているとはいえません。

それにもかかわらず、正義に関するアリストテレスの議論は、プラトンのそれとは違って、現代の正義論に直結しています。なぜでしょうか。それは、彼がすべてを一気に説明してしまうような、大風呂敷な原理を求めなかったからです。むしろ、細部の違いをていねいに見ていこうとしたからです。

ここで思い出されるのが、彼が真理の主張にも中庸を要求していたことです。自分がまだ何も知っていないかのようにふるまう「おとぼけ」と、自分が森羅万象の説明原理をもう手に入れているかのようにふるまう「はったり」とを、彼は両極として退けました。おそらく、ソクラテスが「おとぼけ」で、プラトンが「はったり」でしょう。その中間に自分を位置づけていたのだと思います。

⑪友愛

さて、『ニコマコス倫理学』の終わりのほうには、かなり長く「友愛（フィリア）」についての議論があります。アリストテレスは「人は互いに友だちであれば、もはや正義を必要とはしないが、たとえ正義の人であっても、なお友愛を必要とする」（一一五五a二七）と言っていますが、これは名言です。つまり、友愛は正義を超えているのです。

プラトンの倫理思想を支えていたのが「エロース」で、彼の思想が本質的に恋愛モデルであったとすれば、アリストテレスのそれは「フィリア」で、つまり友愛モデルだといえます。友愛について語るべきことは多いですし、私は個人的には『ニコマコス倫理学』では第八巻、第九巻の友愛論がいちばん好きなのですが、話せば細かい話になってしまってきりがないので、興味のある人には自分で読んでもらうことにして、次の二点だけおさえておくことにしましょう。

第一に、友愛こそが正義の基盤にあってそれを支えているということです。友愛は、いわば価値に関する暗黙の一致によって成り立っていて、友愛なしに正義は存在不可能なのです。この点はのちに近代の社会契約思想を考えるうえで重要な意味をもってきます。社会契約説は、いわば友愛なしに正義を構築しようとする試みだといえます。それは人間が基本的に利己的な存在であることを前提的了解事項としています。しかし、アリストテレスの観点から見れば、利己主義などというものは狂気の沙汰としか言いようがないのではないでしょうか。友愛関係をぬきに何か善きものが得られると思うとすれば、それは悪というよりはむしろあまりにも馬鹿げた妄想に近いはずです。(→六⑫)

第二に、もう少し細かい話になりますが、友愛が成立するための条件として私が重要だと思うのは「互いに相手のために善いことを願い、しかもそのことが相手に知られていること」(一一五六a四)です。相手のために善いことは、相手にとって善いことで、自分には無関係なことでもいいのです。相手の側もそう願っており、しかも、そのことが相互に知られている、というわけです。これはかなり高尚な信頼関係ではないでしょうか。プラトンの話のときに失恋について言ったことを思い出してください。アリストテレスが重視するフィリアには片思いがありえないのです。このことは、彼がイデア論を拒否することと関係がありそうな気がしませんか。

⑫観照

しかし、『ニコマコス倫理学』の最終巻は、「観照（テオリア）」という、そもそも他者を必要としない、純粋に理性的な活動（認識、学問）を、最高の幸福として称揚して終わっています。アリストテレスのような現実感覚に富んだ人でも、やっぱり哲学者、最後にはそんなことが言ってみたくなるようです。私なりに敷衍すると、これは「見せる」という要素を含まない、純粋に「見る」だけの人生です。（↓三①）そこに一人だけで自足する生き方です。彼はこれを「神的な生活」と言っています。みなさんは、これが最高の幸福であるということの意味が理解できるでしょうか。彼の他の教説と違って、この「完全な幸福」の理解だけは、人生経験の蓄積が役に立つことは、たぶんないでしょう。

アインジヒトとの議論 I

人はみな自分の幸福を求めているか？

⑬グラウコンの挑戦とソクラテスの応答の関係

プラトンの『国家』の中のグラウコン議論は「グラウコンの挑戦」と言われているけど、どこが挑戦的なのか全然わからない。まったく妥当で、むしろ自明な見解としか思えない。それに比べると、ソクラテスの言うこと、つまり、プラトンの主張のほうが、どう見てもまやかし。ソクラテスやプラトンが偉い人だという先入見を捨てて、とらわれのない目で素直に事態を見られる人なら、だれだって、グラウコンの側が正しいと分かるんじゃないかなあ。

もちろんそうだ。そしてね、願望によってゆがめず、真実をありのままに認めようとする人たちの間では、グラウコンが語っている見地は、今も昔も、一般に受け入れられているんだ。倫理思想史の本を読んだり、講義を聞いていると、プラトンやカントのような白を黒と言いくるめるとんでもない連中が主流であるかのような錯覚を持ってしまいがちだから、気をつけないといけない。

さて、しかしだ。いま俺はプラトンの悪口を言ったけど、グラウコンたちの口を通じて問題をはっきりと提示しているという点で、プラトンはやっぱり偉大な哲学者だと思うね。哲学者の評価は、主張ではなくて、問題提起がどれだけ本質をついているかですべきだからね。その基準を適用すると、プラトンはやっぱり破格に偉大だな。アリストテレスは、道徳に関して特有の哲学的な問題が存在するということに、そもそも気づいてさえいない可能性がある。

プラトンの問題提起が正当である理由は、こういうことだ。「私はなぜ私自身にとって善いこと（＝私自身の幸福あるいは利益）を実現しようとし、私自身にとって悪いこと（＝私自身の不幸あるいは損害）を避けようとすべきなのか」という問いは、的はずれな問いだろう。その理由を、自己利益の追求には明白な合理性があるからだ、というように表現する人が多いけど、非合理的な人——赤ん坊とか狂人——だって、非合理的な仕方で自分にとって善いこと（自己利益）を追求しているんじゃないだろうか。自己利益の追求は、合理性よりもさらに広い範囲をカバーするより強い根本的な前提だと言える。これに対して、「私はなぜ他人にとって善いこと（＝他人の幸福あるいは利益）を実現しようとすべきで、他人にとって悪いこと（＝他人の不幸あるいは損害）を避けようとすべきなのか」という問いは、解答を要求する問いだ。プラトンが哲学的に破格に偉大なのは、これを解答を要求する問いだとみなしたことにあるんだ。これはたいへんな哲学的洞察というべきだ。ただそのことだけで、彼は比較を絶して偉大な哲学者なんだ。どう解答したかなんってことは、哲学にとっては二次的な重要性しか持たない。

だれでもすぐ思いつく解答はこうだろう。他人にとって善いこと（＝他人の利益）を実現しようとし、他人にとって悪いこと（＝他人の損害）を避けようとすることによって、結局は、自分自身にとって善いこと（利益）が実現され、自分にとって悪いこと（損害）が避けられることになる。そして、そうであるかぎりにおいて、他人の利害を考慮に入れることは、思慮のある行動、合理的な行動である、というものだ。グラウコンが述べているのは、この線の議論だな。

さて、そうであるかぎりにおいて他人の利害を考慮に入れることが合理的なのだとすると、そうでないとき、たとえば、自分の利益のために他人に対して悪いことをやっても、だれがやったか絶対にばれないことがわかっている場合なんかは、自分の損害にはならないのだから、それを避けるべき理由はないことになる。むしろ、積極的にそうするべきだ、ということになるね。

それは、ちょっと、あまりにも酷い話じゃない？

いや、それでいいんじゃないか。たいていの人は、事実、そうしていると思うけど。

グラウコンに対するソクラテスの反論のポイントとして、M先生が言っていたことを思い出してごらん。ノモスにおける正義は、各人のピュシスを最もうまく実現する方法にすぎないんじゃなくて、正義にかなった生き方こそが、その人自身にとって最も善い生き方そのものなんだ、ってこと。だから、正義と幸福の関係は、目的を実現するための手段という外的関係ではなくて、正義にかなった生き方こそが本当の幸福をはじめて可能にし、真の意味での幸福がここではじめて定義される、という内的関係なんだって、そう言ってただろう？

この考え方は、まちがっているわけじゃない。自分に利益があるときにはいつでも他人を出し抜いてやろうと戦々恐々としている人の人生が、さほど幸福だとは思えないからね。そういう「内的関係」が確かにある。とはいえ、それならその逆に、いつでも人様の幸せばかり考えている人が幸せかといえば、そんな話はおとぎばなしの中だけのことだ。つまり、ここには明らかに程度問題というものがある。これが千絵に対する答えだ。

祐樹に対する答えは、ちょっとばかり高級なものになっちゃうな。まあ、今のところはわからなくてもいいから、一応聞いといてくれ。グラウコンの議論が根本的に生成論的であるのに対して、ソクラテスの議論は――これまでの俺の議論もだけど――静態論的なんだよ。いったん出来上がった、すでに正義規範が支配する世界では、ソクラテスの言うことは、程度問題とはいえ、たしかに一面の真理ではある。グラウコン的世界観では、利益や幸福の概念は自明の前提とされて、それをもとにして正義の概念が理解されているのに対して、ソクラテス的世界観では、正義という概念のほうが基礎におかれて、そこから真の幸福や利益の意味がはじめて理解されることになる。これは、静態論的には、いくぶんかの真理があるんだ。われわれの人生の利益あるいは幸福には、道徳的な善さが確かに内的に関係しているからね。しかし、その正義がなぜ正義なのかは、正義ぬきの利益や幸福の概念を前提にして、そこからしか理解されはしない。ここには概念上の循環があるんだけど、しかし、ソクラテスの議論は、そういう内的関係がいかにして成立したか、という最も重要な問題に少しも答えていない。だから、グラウコンの「挑戦」に答えてはいない、といわざるをえないんだ。人生論としては役に立つだろうけど、外的関係が内的関係に転じる生成論が欠けているので、そこに疑問を感じた者にとっては無価値な議論というほかはない。

ここで必要なことはね、「グラウコンの言うことはすべて正しい、そして、まさにそれだからこそ、ソクラテスの主張が――少なくとも立派で正しい人生訓として――ある程度は役に立つようになっている」という、その生成論的構造を解明することなんだよ。プラトンもアリストテレスも、そんな仕事には着手もしていないけど、これこそが道徳哲学の第一の課題なんだ。それを、これから徐々に考えていこう。

ただ一つだけ、あらかじめここで、重要な点を指摘しておこう。それは、『国家』の制作をはじめとするプラトンの言論活動そのものが、この内的関係を作り出す活動の一環だ、ということだ。自分の言論活動そのものがその一環なのだから、プラトンにとって、内的関係を作り出す活動が盲点になっているのは、いわば当然のことなんだ。（→序③、三⑯）

さて、静態論的な観点にもどっていえば、祐樹は「たいていの人は、事実、そうしている」って言ったけど、事実として、そんなふうに純粋に戦略的に生きている奴は、あまりいない。ただし、そのように生きてはいけない理由を捜し求めれば、結局、そんなものはないんだ。だから、アリストテレスの言い草じゃないが、祐樹のような、知的に純粋な「若い人」は、ついつい「たいていの人は、事実、そうしている」なんて言いたくなっちまうんだよ。でも本当は、そこでこそ、もう一歩、哲学的なねばり腰が必要なんだ。

⑭健全な悪人と不健全な善人

私がプラトンの議論の中でいちばん変だと思ったのは、政治的独裁者との類比の話で、彼らは自分の欲望に隷属させられているからじつは不幸だ、という議論。そもそも理性と欲望に善と悪を割り振ってしまって、理性が善で欲望が悪だという考え方も単純すぎるんじゃないかなあ。魂の調和という話でいえば、私の実感では、すごく調和のとれた悪い人もいれば、どうしても不調和な善い人もいる。この組み合わせにもあまり根拠がないと思うんだけど。

根拠は、みんなにそう考えてもらったほうが、社会にとって都合がいいってことだよ。だから、みんなにそう考えるように仕向けるんだ。本当は、社会がそれを必要としているだけなのに、正直にそう言ったのでは、だれもその気にならないから、魂の調和とか、そういう嘘ばなしを始めるんだよ。アインジヒトの言う、内的関係を作り出す言論活動って、そういうことだろう？　プラトンのこの思想自体が、その種のイデオロギー注入活動そのものだってことだろう？

私が言いたかったことは、そんな大袈裟な話じゃなくて、もっと実感に即したことなんだけどな。たとえばね、私がこっちに引っ越して一人住まいを始めたとき、隣の人がとてもいい人で、すごく親切にゴミの捨て方とか、教えてくれたんだけどね、決められた分類の仕方をうまくごまかす方法とか、もっとひどいのは、面倒なときは近所の空き地に捨ててしまえばよくて、自分もそうしているから、出しといてくれれば、いっしょに捨ててきてあげるとか、なんといったらいいのか、とても親切なんだけど、どうみても悪いことばかり、いろいろ教えてくれた。とても気立てのいい人で、自分自身でも幸福に生きていると思うけど、そういうことと社会的に見たときの正義・不正義とは、じつはあまり関係ないんじゃないかなあ。

なるほど。逆もありそうだなあ。道徳的にきわめて正しい人なんだけど、いま千絵が言ったような意味では、ちっとも「いい人」じゃない奴。「魂の調和」も、どう見てもうまくいってそうもない奴。いるな。

正義とか道徳的な善とかを健康との類比で考えるのは、そもそも無理だと思うよ。体の健康なら、誰だって病気はいやだから、ほとんどすべての人が健康でありたいと自分から願うけど、正義や道徳的な善さはそうじゃない。そうじゃないということこそが問題の出発点なのに、本当はそうなんだと言いくるめようとしたって、そんな説明は子供だましにしかならないよ。無理にそう言いくるめようとすると、今度は、千絵やアインジヒトが言うように、その「健康」は社会が要求する正義に一致するとは限らない。

⑮いくつかのプラトン批判

よく指摘されることだけど、ひとつ、こういう問題がある。プラトンは、魂の健康と調和が達成されるためには、理性が気概と連携して欲望を支配統制しなくてはならない、と考えているが、そんなふうに欲望をあまりにも抑圧することは、有害だという説がかなり有力だ。たとえば、フロイトによれば、意識下に抑圧された欲望は、もはや自分では支配できないところに捌け口を見出して、そこから噴出することがあって、これこそが本当の病気だ。だから、むしろ、欲望が理性による過度の統制を受けずに、あるがままの形でうまく出せるような魂のありかたを求めたほうがいい、というわけだ。フロイトの言い方では「エス（欲望）のある場所に自我（理性と気概）を」ということになる。ニーチェなどの考え方もこれに似ている。しかし、これはまさにアリストテレスの「中庸」という考え方が効力を発揮するところで、程度問題なんだ。そして、重要なことは、こういう種類の対立には哲学的な意味はない、ということだ。重要なのは、そんなことじゃない。

プラトンは「内なるそれぞれの部分が、支配することとされることについて、それぞれの分を守っている」人なら、金銀を横領したり、神殿を荒らしたり、盗みを働いたり、約束を破ったり、姦通したり、等々のことをするはずはない、と言っている（四四二e—四四三b）けど、プラトンのこういう議論は、たしかに子供だましというほかはない。祐樹の言うとおり、体の場合は、健康でありたいと自分から願うけど、正義や道徳的な善さはそうではない、といえるだろう。それは、自覚症状というものがはっきりしているということと関係しているね。いつまでたっても自覚症状がまったくない病気なんて、考えられない。痛くも痒くも苦しくも、なんともなければ、そして、なんともならなければ、医者がなんと言おうと、病気なんかじゃなかったんだ、というほかはない。プラトンの魂の不調和は、医者にあたるのが彼のような哲学者で、当人がどう感じていようと、なんの自覚症状もなくても、本当は病気だと判定する権限と、そう判定された人を管理し矯正する権限とを、哲学者が持ってるんだ。これはとんでもない話だよ。でも、それがとんでもないことだということも、哲学的にはさして重要じゃない。

重要なことは、じつはそこにさまざまな社会的要請が密輸入されているし、そうであらざるをえない、ということなんだ。プラトン的な基準では、麻原彰晃のようなカルト宗教の教祖やビン・ラディンのようなテロリストは、「内なるそれぞれの部分が、支配することとされることについて、それぞれの分を守ってい」ないとされて、彼ら自身も本当は不幸なんだ、とされるだろうけど、じつをいえば、それは、他者に危害を与えるからにすぎない。彼ら自身としては、そんな外的な基準とは無関係に、幸福で安定した人生を生きているかもしれないじゃないか。まさにそのことが問題なのに、プラトンの議論は、ただただ問題を隠蔽するための嘘を次々と作り出しているにすぎない。その点において、そしてただその点においてのみ、プラトンは駄目な哲学者で『国家』は哲学的に駄本なんだよ。

プラトンって、本当に哲学をしているのかなあ。

『パイドロス』の、M先生が引用した箇所の少し前で、プラトンは「知を愛し求める哲学者の精神のみが翼を持つ」と書いている。しかし、本当に大きな翼を持つためには、もっともっと狂気が必要だ。もっともっと狂わなければ、本当の真実は見えてこない。それは危険な仕事だけど、その狂気に賭ける気がなければ、哲学などできるわけはない。

⑯護教論としての倫理学

でも、アリストテレスよりはましだと思うけどなあ。アリストテレスについてはどう思う？

倫理学は若い人にはふさわしくないというのは、逆もまた真だな。人生経験の豊富で世知にたけた大人には、倫理学なんか絶対にできない、ともいえる。若い人というのがプラトン的な理想主義の象徴で、大人というのがアリストテレス的な現実主義の象徴なのだとすれば、その二つは、じつは、そんなに違わないんだよ。プラトンとアリストテレスが、じつはそんなに違わないようにね。これも象徴的な言い方になるけど、もし十五歳から二十九歳までを若い人と呼んで、三十歳から六十五歳までを大人と呼ぶなら、哲学ができるのは、それ以前かそれ以後の、しかしそれに近いほんの一瞬だけなんだ。そして、道徳や倫理の問題について哲学することを倫理学と呼ぶなら、倫理学も同じだ。

プラトンもアリストテレスも、どちらも駄目だ、っていうこと？

プラトンと同じく、アリストテレスも、人間は道徳的であるべきだといえる根拠がある、ということが言いたいんだ。そして、プラトンと同じく、アリストテレスも、人間の自然本性を解明することで、道徳に従う生き方が最も幸福であることを証明することによって、それが言えると考えている。これが本筋だ。この本筋を見失って、そこに護教論的な狙いがあることを見逃してしまうと、アリストテレスが根本的には何をやろうとしているのか、ちっともわからなくなってしまう。

M先生の講義がそうなっているということ？

護教論ってなに？

宗教でその宗教の教義を守るための議論のことさ。宗教学といわれるものにも二種類ある。宗教現象を宗教の外部から客観的に研究するものと、そうであるふりをしながらも、じつはその宗教の教義を守るための護教論をやっているものと、その二種類だ。倫理学もそうなんだ。プラトンは、どちらかといえば、たんなる露骨な護教論にすぎないけど、アリストテレスのほうは、もっとずっと巧妙だと思うね。

だから、どちらも、ぜんぜん駄目なんだね。

誤解のないように言っておくけど、宗教の護教論はともかく、少なくとも道徳の護教論は、とりわけ巧妙なそれは、社会にとっても、そこで生きている個々の人間にとっても、なくてはならないものなんだ。そのことは、宗教の場合の客観的な宗教学にあたる、道徳現象を道徳の外部から研究する倫理学によって、証明できると俺は思っている。

⑰「中庸」論の真の価値

なんといってもぼくがアリストテレスでいちばん納得ができなかったのは、「固有の働き（仕事、任務）」という話だな。どういう大工がよい大工かが確定しているのは、それが社会的に必要な仕事の名前だからじゃないか。だから、何をすることがその仕事をいちばんよく果たすことになるかが、始めから決まっている。だけど、人間というのは社会的に必要な仕事の名前ではないんだから、何をすることがその仕事をいちばんよく果たすことになるかなんて、決まっているわけがない。だから、どういう人間がよい人間かなんて確定しているはずがない。（↓五⑤）

それはなかなかいい着眼点だ。祐樹の言うとおりなんだけど、しかし、ある意味ではやはり、人間というのもまた、社会的に必要な役割の名前でもある。人間が意識的に社会を構成している以上、人間として果たさなければならない、果たさざるをえない社会的任務というものは、やはりある。それは、大工が大工である以上果たさなければならない任務があるのとまったく同じことなんだ。だから、よい大工や悪い大工がどういう大工であるかがはっきりしているように、そしてその程度には、よい人間や悪い人間がどういう人間かもはっきりしている、といわざるをえない。もちろん、どんな人間にも、その意味でよい人間になろうとしない自由はあるよ。でもそれは、どんな大工にも、社会に承認された意味でのよい大工になろうとしない自由があるのと同じことさ。

でも、アリストテレスは、そんなことを考えていたのかな。

そこがアリストテレスが大人の哲学者であるゆえんなんだな。あいつはね、そのことを考えに入れたうえで、それが無理なく実現できるための、もっと巧妙な落としどころをちゃんと用意しているんだ。無意識にそうしているだけだから、哲学的に整理されてはいないけど。

それが中庸ということ？

そう。アリストテレス自身が言っていることとは離れるけど、中庸ということの本質は、いま言った人間としての社会的任務と、自分だけの自由な人生の楽しみ方との中庸、ということにある。これが第一の基準。そして、もう一つは、自分の人生全体を考慮に入れた長期的な幸福と、現在の短期的快楽との中庸。これが第二の基準。原理的に、この二つの基準があるはずだ。M先生は、過剰や不足にも中庸があることになってしまうから、中庸に放埒であるべきだとか、中庸に邪悪であるべきだなんてことはもはやいえない、と言っていたね。でも、そうじゃない。二つの基準を交差させれば、それらにもさらに中庸を求めることができるし、求めるべきだとさえいえるんだ。たとえば、放埒や無謀は、第二の基準における一方向の極端だから、放埒な人や無謀な人は、第一の基準では中庸であることができるし、そうあるべきだ。不正や邪悪は――もちろん正義や善良もだけど――第一の基準における一方向の極端だから、不正な人や邪悪人は、第二の世界では中庸であることができるし、そうあるべきなんだ。

後のほうはつまり、悪人も立派に悪事をやりとげるためには、中庸という器量が必要とされるということ？

そのとおり。そして、それは善人の場合とまったく同じことなんだ。M先生もそうだけど、倫理学者というのは何故かこういうふうな客観的な構造の把握自体を嫌う傾向がある。しかし、この構造は、誰もが認めることができる客観的事実にすぎない。立派に悪事をおこなうためにも中庸の教えは十分に役立つ、ということは、悪人なら誰でも身にしみて知っているはずだ。そして、こういう意図せざる中立性こそが、アリストテレスの凄いところなんだ。

中庸に中庸であることは？

それはもっと根本的なことになるけど、きわめて重要だと思う。中庸もまた過剰に求めてはならない。そして、これは求め方に関する中庸だから、もはや両極にあたる概念はなくて、どんなことについても、ただそれの求め過ぎと求めなさ過ぎがあるだけだ。そして、俺がいま言っているような議論はもはや中庸を得ていないから、アリストテレスはそんな極端な議論は現にしていないんだよ。

しないで見せているの？

⑱言葉の解釈の問題

そのことに関係するのかもしれないけど、僕はM先生の講義を聞いても、自分で本を読んでも、プラトンやアリストテレスの言っていることの意味がよく理解できないんだよ。たとえばM先生も、アリストテレスの「エウダイモニア」という概念は僕たちが理解する「幸福」とは少し違う、というようなことを言っていたと思うけど、ひょっとすると、「正義」も「善」も「快楽」も全部ぜんぜん違うんじゃないのかな。だから、たとえば彼らが「人間の究極目的は幸福だ」とか「快楽を感じていても幸福だとはかぎらない」と日本語に訳せるようなことを言ったとして、ぼくがそれに疑問を感じたとしても、考えが違うのか、言葉が違うのかが、そもそもわからないじゃないか。ひょっとすると、同じ考えを違う言葉で言っていたり、違う考えを同じ言葉で言っていることがあるかもしれない。このまま話に出たイク族の場合もそうだと思うけど、古代ギリシア人の考えていたことなんか、結局わからないんじゃないの?

それは言語に関するすごく根本的な問題だけど、それを言うなら、日本語どうしだって同じことじゃないか。俺が「楽しければ幸せだとはかぎらない」と主張したとして、祐樹がそれに反対して「いや、楽しければ幸せに決まっている」と言ったとする。二人の考えが違うのか、考えは同じなんだけど、言葉に対する意味の与え方が違うのか、決める手段は結局は存在しない。これは、言語哲学の根本問題だけど、同じ哲学猫でもインサイトのほうの領域だから、くわしくは『翔太と猫のインサイトの夏休み』の第三章を読んでくれ。(→六⑬)

⑲道徳と幸福は内的関係にあるか

その「エウダイモニア」だけど、それが最高善だと言われるとき、言われているのは、もちろん、その本人の幸福のことなんでしょ？

もちろん、そうだ。この最高善の「善」にも、道徳的意味は入っていない。たとえば、何か勝負事をするとき、いかさまで勝つより正々堂々と勝負して勝ったほうが満足度が高いだろうけど、それはただそれだけのことだ。

プロのいかさま師なら、いかさまが見事に成功したときのほうが、満足度が高いと思うよ。

究極的にそうでありうるかどうかが、プラトンの、そしてアリストテレスの問題であったわけだ。しかし、ともあれ、誰もが究極的に自分自身の幸福をめざして生きている、という前提をアリストテレスは——じつはプラトンもだけど——崩していない。自分自身にとって価値があるものと、他人から価値があると認められるものは、はっきりと違うもので、エウダイモンな人生、幸福な人生は、はっきりと前者なのだ。

だとすると、他人に対する配慮が必要なのは、あくまでもその自分の幸福を実現する手段としてであって、そのかぎりにおいてだ、ということになるね？

いや、プラトンもアリストテレスも、そこは、単なる外的な手段なのではなくて、内的な構成要素なんだ、と言いたいだろう。つまり、それなしに真の幸福は原理的にありえない、というようにね。幸福の本当の意味がそこで新しく定義されるんだよ。彼らはそのことを、人間の自然本性を解明することによって証明できると思っていたわけだ。

いずれにしても、道徳的に正しく生きるべきなのは、そう生きることが自分自身の幸福になるからだ、ということなら、本当に最終的に大切なのは、自分自身の幸福のほうだということになるじゃない。そして、道徳的に正しく見せかけるだけでは駄目で、内面的にもそうでなくてはならないとしても、最終的に大切なのが自分自身の幸福だというそのこと自体は変わらないよね。

そう。そしてその考え方だと、道徳性なしには真の幸福はないのだとしても、それが単なる事実問題なら、多くの場合、概してそうである、というだけのことなのだから、道徳性ぬきで幸福であるような人も存在しうることにはなる。そして、もしそういう人がいたとしたら、そういう人に関しては、それでいいのだ、ということにならざるをえない。逆にもし、道徳性は幸福にとって文字どおり内的な構成要素で、そのことに例外はありえないのだ、と言うなら、それは「幸福」という言葉を新しくそう定義してしまっただけのことだ。「幸福」という語の定義のなかに、道徳的な人だけがそれでありうるという意味が含まれている、ということになる。すくなくとも「真の」それはね。

だから当然、後でM先生もカントについて講義してくれると思うけど、ここですでにカント的観点からの反論がありうることになる。それはこんな議論だ。道徳的に善い人とは、約束をしたなら、ただ約束したというその理由だけで、約束を守る人である。困っている人がいれば、ただ困っている人がいるというその理由だけで、その人を助けてあげる人である。もし、そうすることによって自分が幸福になれると信じて、それが理由でそうするとしたら、その人は真に道徳的に善い人だといえるであろうか。そういう人は、結局は自分の幸福を目指しているだけではないか、というわけだ。ところが、プラトンやアリストテレスは、そうすることで自分が幸福になれるということを根拠にして、そのことを説得することで、人々に道徳的な生き方をすすめているように見える。とすれば、彼らは、人々に正しい行為をさせようとはしているけど、人々を真に道徳的に善い人にしようとはしてないことになる、というわけだ。どうだい？（→六⑲）

わたしは、なんとなくそういう感じがしていた。

でも、そこが、カントなんかにくらべて、プラトンやアリストテレスのいいところなんじゃないかな。

ここにはいくつかの哲学的なポイントが含まれているけど、ひとつは、ただ困っている人がいるという理由だけでその人を助けてあげる人と、そうすることで自分が幸福になれるからという理由でそうする人とは、どう違うのかってことだ。本当に違いがあるのだろうか。

違わないともいえるよね。同じ人の同じ行為に対して、どちらの説明もできるから。ただ困っている人がいるという理由だけでその人を助けてあげる人は、見方を変えれば、つねに必ず、そうすることで自分が幸福になれるからという理由でそうする人でもあるよね。自由意志で行為するということは、そういうことじゃないのかなあ？　嫌ならやらなきゃいいのに、わざわざそうする以上、それがしたかったんだろ？　したいということは、ある意味ではやっぱり、それをすることで自分が幸福になれると思っていることと同じことなんじゃないのかな？

だったら、助けない場合もそうだということになるの？

そうだ。どんな場合もそうだということになる。人と猫は、つねに自分の幸福だけをめざして生きている。それに例外はない。そして、まさにそれだからこそ、プラトンやアリストテレスの真の幸福をめぐる議論が価値を持つわけだよ。もし彼らが、道徳の護教論ぬきに、個人の真の幸福がどういう場合に実現するかということだけを、ただそれだけをひたすら考えて、そのためには道徳的であることが必要だという結論に、結果として達したのなら、それは傾聴に値する議論だ。だが、残念ながら、彼らは、とりわけプラトンは、そうじゃない。それは、彼らの議論を著しく価値の低いものにしていると思う。こういう方向の議論は、護教論を完全に取り払った形で、あらためてやりなおしてみる価値があるとは思うけどね。

やりなおしたら、どういう結論になるかな。

まあ、どんな結論にもならないだろうなあ。いろいろな種類の幸福があって、どれが本当の幸福ともいえない、というだけだな。道徳的観点が本質的に関与してくる可能性は、まずないだろうな。そして、そんなことはみんなもう知っているから、現にいろいろな種類の人がいるわけだ。無理に道徳的観点から分類すれば、もちろんかなり善良な奴もいればかなり悪辣な奴もいる。そして、そういういろいろな幸福がある、それだけのことだろうな。現実というものの、この力強さの前では、本当の幸福をめぐるプラトンやアリストテレスの説教は、空虚に響くな。

⑳アクラシアにおける《今》と利己主義における《私》

人はつねに自分の幸福をめざして生きていて、例外はないってアインジヒトは言ったけど、だとすると、アリストテレスの言うアクラシア（意志の弱さ）はどうなる？　あれは、喫煙とか、自分の幸福にとって結局はよくないと知っていることを、ついついやってしまうことなんだろ？　そういうことは確かにあると思うけど。

自分というものは、時間的連続体なんだよ。だから、長期的観点から見れば、自分の幸福にとって結局はよくないとわかっていることでも、短期的観点からは自分にとってよいと思えることはいくらでもある。タバコを吸うことが気持ちがいいけど、肺ガンで死にたくはないと思っている人にとって、どちらの観点が優位に立つかは決定できない。それを調停できるさらに上級の審級は存在しないからね。

たしかアリストテレスもそう言っていたと思うけど、知っているすべてのことを考慮に入れて判断するか、知っているはずのある部分を忘れちゃって、一部だけ考慮にいれて判断するか、という違いなんじゃないのかな？

いや、そうじゃない。タバコを吸ってしまう場合も、我慢する場合も、どちらもすべてを考慮に入れてはいるんだ。吸ってしまう場合だって、その時点で、肺ガンになって死ぬ確率のことも、自分が死にたくないと思っていることも、すべてちゃんと知っている。ただ、すべてを見るその観点が鳥瞰的観点ではないだけなんだ。

よくわからないな。

自分という時間的連続体の中の《今》というあり方をした特殊な点に現に自分がいるんだけど、そこに内属した視点から全体を見れば、現在の快楽が重要性を帯びてくるのは当然のことだ。しかし、そこを超越した鳥瞰的観点に立って全体を見れば、その時点での快楽を重視する理由はない。むしろ、その時点での快楽が全体を悪化させることがわかっているなら、それを避けようとするのは当然のことだ。どちらにも立派な合理性がある。

でも、鳥瞰的と言ったって、文字どおり《今》の外に出ることなんかできないんだから、どちらも《今》の時点における判断の違いなんじゃないのかなあ。タバコを吸わないことにも、《今》における幸福の要素があるような気がする。そうでなければ、必ず吸っちゃうんじゃないかなあ。

そうもいえる、そして、そうもいえるということには、きわめて重要な意味があるんだ。ここで気づいて欲しいのは、自分の内部で、時間的に《今》の視点に立つか、それを超えた視点に立つかの違いは、自分の外に出て、いわば空間的に、《私》の視点に立つかそれを超えた社会的視点に立つかの違いと類比的だ、ということだ。

そうだとすると、まず、こういうことが言える。たくさんの人間の中の《私》というあり方をした特殊な位置に現に自分がいるんだけど、そこに内属した視点から全体を見れば、この特殊な人の快楽や利益や幸福が重要性を帯びてくるのは当然のことだけど、そこを超越した鳥瞰的観点に立って全体を見れば、その《私》の快楽や利益や幸福を特に重視する理由はない。むしろ、その幸福が全体を悪化させることがわかっているなら、それを避けようとするのは当然のことだ。どちらの判断にも立派な合理性がある。これが一つだ。

しかし、いま祐樹が言ったことを考慮に入れると、もう一つ高次の議論が成り立つ。困っている人を助けることにおける《私》の位置と、喫煙における《今》の位置とが類比的に考えられるんだよ。つまり、鳥瞰的と言っても、文字どおり《私》の外に出ることなんかできないんだから、祐樹の言うように、タバコを吸わないことにも《今》における幸福の要素があるのと同じように、困っている人を助けることにも《私》における幸福の要素があることになる。「そうでなければ、必ず吸っちゃうはず」なのと同じように、「そうでなければ、絶対に助けないはず」だ、ともいえるからだ。（↓四㉔）

それは、さっき問題にした、その人が困っているという理由だけでその人を助ける人と、そうすることで自分が幸福になれるという理由でそうする人との違い、という問題に直結するわけだね。

あのとき祐樹は、違わないんじゃないか、と言った。その人が困っているという理由だけでその人を助ける人は、見方を変えれば必ずそうすることで自分がより幸福になれるからそうする人でもある、と言ったよな。

うん。嫌ならやらなきゃいいのに、わざわざそうしたんだから、やっぱりしたかったんだ。そして、したいということは、しないよりするほうが幸福になれると判断した、ということと結局は同じことなんじゃないか、と思ったんだ。

祐樹のそのときの直観と、今のアクラシア問題にかんする直観とは、結局は同じだ。もし、それが正しいとすると、人間はいつも自分の幸福のために生きていることになる。しかも現在の自分の、だ。近代以降の倫理学は、他者との関係を中心において展開されるから、節制のような自分の内部での規範を正義のような対他的な道徳規範と同列に扱ってしまう古代の倫理思想は、どこか不自然な印象を与えてきたんだ。しかし、いまここで考えているような考え方をすれば、それは少しも不自然ではないといえるな。

プラトンやアリストテレスは、真の幸福とは何かと問うことにおいて、今日の目から見れば、じつはあくまでも自分の真の幸福を、それも現在の自分の真の幸福を問うていたことになる。そこに、自分でない人と現在でない時がどう組み込まれるかは、彼らにとって同じ一つの問題だったのではないだろうか。

第二章

M先生の講義II

ホッブズとヒューム（社会契約について）

1　ホッブズ——社会契約説の原型として

①「近代」の倫理的課題

アリストテレスの議論は、人間に固有の働きは何か、という問いから出発していました。大工とは何か、医師とは何かと問われれば、それはその固有の任務は何か、という問いですから、よい大工、立派な大工とは何か、という問いから切り離すことができません。大工や医師のような職能概念は、存在目的がはっきりしており、その存在自体（そもそもれが存在しているかしていないか）が存在目的から切り離せません。

アリストテレスでは、人間という概念もまた職能的に、目的を持ったものとして理解されていたので、人間とは何かという問いは、そのまま、よい、立派な人間とは何か、という問いと直結していました。つまり、人間とはどのような生き物であるかという事実について叙述し、説明することと、どう行為すべきか、いかに生きるべきかを語ることとは、切り離すことが不可能なほど、密接につながっていたのです。

「ethics」のギリシア語源は「ethikos」ですが、これもまたある目的を持って一定の生き方で生きていく人々の性格的な特徴のようなものを指していました。「moral」という語は、キケロがその「ethikos」をラテン語に訳した言葉です。いずれも、今日われわれが理解するような、倫理とか道徳といった意味を持ってはいませんでした。

そうした職能的関係から解き放されて、いかに生きるべきかが定まっていない裸の個人が登場するとき、近代という時代が始まります。今日、われわれはみな、一身の処分権を自分自身に持つ自立した主体です。それは言い換えれば、あらかじめ決まったあるべきあり方、生きるべき生き方がない、ということです。つまり、自分で決めて、何をやっても、何になっても、いいのです。

それなら、他人のことを顧みずに、何でも好き勝手なことをやっていいのでしょうか。また、各人がバラバラに何でも好き勝手なことをやることが各人にとって有利なことなのでしょうか。これが近代的な問いです。ここで、何が善いか、何が悪いか、ということの意味そのものが根本的に変化しているのです。人間は自由になった。しかし、それはまた、「善い」「悪い」を語る最終的根拠の喪失を意味したのかもしれないのです。

②ホッブズ道徳哲学の要

今日はまず、近代の倫理思想を代表する社会契約思想というものについて考えてみます。取り上げるのは、ホッブズという一七世紀イギリスの思想家で、主著は『リバイアサン』です。翻訳は抄訳ですが、中央公論社から出ているものが読みやすいと思います。彼の考え方の道筋は明瞭です。最初に要約を示せば、それはこういうことになると思います。――人間は本性上利己的な存在なので、自然状態においては各人の各人に対する戦争は避けられない。この戦争状態を脱するために必要な条件が「自然法」として与えられているので、理性がそれを見出し、人々がそれに基づいて社会契約を結んで主権者に権利を譲渡すれば、平和な社会に移行することができる。――

さて、ホッブズとプラトンやアリストテレスとの間には、根本的な人間観のちがいがあります。ホッブズによれば、人間の本性はもっぱら「自己保存」にあります。人間は欲望(desire)と嫌悪(aversion)を原動力とする情念的な生き物なのです。そして、欲望の対象が善で、嫌悪の対象が悪だとされます。要するに、善悪はほぼ快不快と同一視されているといえます。善悪は、人がどんな欲望を持ち、どんな嫌悪を持つかにしたがって、さまざまであることになります。すべての人がその実現に向かって努力すべき最高善とか究極目的のようなものは存在しません。人間とは「死によってのみ消滅する、やむことのない欲望」なのですから、共に生きていくための規範も、この事実から出発して、人為的に作り出していかざるをえないのです。

ここで注目すべきことは、出発点における人間本性が本質的に反社会的なものとして捉えられていることです。道徳成立以前の自然状態において、人間の本性に従った欲望が善で、嫌悪が悪であるなら、その善悪は本質的に道徳的善悪と対立するはずです。直接的善悪と道徳的善悪とが逆転するというこの発想、言い換えれば、まさにその直接的善悪を守るためにこそ、それを逆転する道徳的善悪がぜひとも必要とされるという発想、これがホッブズ道徳哲学の要です。

③「意志」とは何か

人間を動かすものが情念だとすれば、理性はどのような役割をはたすのでしょうか。ホッブズによれば、理性とは推論能力です。そして、われわれがどう行為しようか考えるときに、理性は主要な役割を演じないのです。行為の決定に際して、われわれは依然として情念の虜です。そこにあるのは、死の恐怖に突き動かされて、希望や失望が代わる代わるに起こっては消えて行くプロセスにすぎません。このプロセスにおいて、最後に決定を下した欲望または嫌悪が「意志」であるとされます。つまり、ホッブズにおいて、意志とは色々なことを考慮したうえで最後に残った欲望のことなのです。

意志（voluntus）という概念は古代ギリシアにはなかったものです。しかし、その伝統を引き継ぐ中世ヨーロッパにおいて、何ものにも隷属せず、自分で自分を律する理性的な能力をあらわす概念として定着していました。何ものにも、ということは、外部の権威だけではなく、自分自身の中の劣悪な情念にも、ということです。欲望が情念的であるのに対して意志は理性的であって、情念的な欲望の側が悪で、理性的な意志の側が善である、という大ざっぱな対比の枠組みは、今日にいたるまで西洋思想の前提を作っています。

ですから、意志という概念を理性から切り離したのは、ホッブズ思想の特色の一つなのですが、史上はじめての独創というわけではありません。先駆者はドゥンス・スコトゥスという中世（一四世紀）の神学者です。彼こそ、意志の自由を理性的に認識される善悪の判断から切り離した最初の人でした。このとき西洋思想史上はじめて、理性が「よい」とみなしたことをしない意志、理性が「悪い」とみなしたことをする意志、というものが可能になったのです。

ドゥンス・スコトゥスにおいてと同様、ホッブズにおいても、行為を最終的に決断する段階では理性的思慮は無力です。理性的に考えられたことがらのうち、何を好み何を嫌うか、それは情念が決めることだというわけです。

④自然状態のありさま

ホッブズによれば、人間というものはたえまなく生じる欲望によって突き動かされる存在なのですが、重要なことは、その時々の現在の欲望に突き動かされるだけではなく未来の自分の欲望の満足も考慮に入れる能力を備えていることです。さて、そういう人間たちが、法律も道徳も国家も何もないところで、それぞれ勝手に行動したら、どういうことになるでしょう。これが自然状態という想定です。

そういう状態でも、各人の欲望の対象がみんなそれぞれ違っているなら、それほど問題はありませんね。みんな、それぞれ好きなことをやればいいからです。ところが、幸か不幸か、人間というものは、皆かなり似ているのですね。第一、だれでも何か食べなくては生きていけない。そして、人が食べられるものや食べたいものも、ほとんど一致します。その他の欲望の対象も、必要不可欠なものであればあるほど、だいたい同じものになってしまいます。そうであっても、そういうものがあり余るほどあるなら、また問題はないでしょう。しかし、一般に自然の条件はそんなに甘くはありません。そして、人間は本性上自分の欲求充足を最優先にし、互いに譲り合ったりはしないのですから、ここには必ず競争が起こります。

自然状態において、ホッブズが人間たちの欲望の対象として考えているのは、食料となる自然資源のようなものなのですが、本質的に同じ構造は社会状態に入ってもずっと持続するといえます。たとえば、みなさんはこの大学に入るために試験というものを受けましたが、これは欲望を満たす対象の数がそれを欲する者の数よりも少ないための競争だったわけです。ただし社会状態では、この競争にルールがありますから、そのために殺し合うなどということはありません。では共通していることは何かといえば、人々の欲望はつねに他者の欲望の実現を妨害するということです。みなさんがこの大学に合格したために、落ちた人が必ずいるというわけです。こういう競争構造それ自体は、自然状態でも社会状態でも、基本的には変わりません。とはいえ、自然状態にはルールというものがまったくないのですから、この競争は全面的になります。そういう状態の中で、自分を守っていくためには、攻撃される前に先手を打って攻撃したり、あらかじめ他者を滅ぼしたりする必要が生じるわけです。

そのうえ、人間には他人による称賛や評価を求める傾向があって、自分を軽視したり低く評価する者を攻撃して、相手の価値を低めようとします。そういう理由から過度の征服行為をおこなう者がいると、そうでない者であっても、同じようにしなければ自分が滅ぼされてしまうのですから、同じように行動せざるをえなくなってしまうのです。ホッブズのこのあたりの人間観察も、なかなかリアリティがあって、道徳や法律が存在する社会状態になっても、本質はあまり変わっていないということが――ながく社会にいると――必ずわかってきます。

それでも、われわれの社会では、そうした競争に一定の限度があるのは、人間たちの上に共通の権力のようなものが支配しているからです。法律があって、たとえば名誉毀損などという条項もある。裁判所があって、その権威を支える国家がある。だからこそ、われわれの社会での競争は、戦争状態にまではいたらないというわけです。

⑤自然法と自然権

それでは、どうしたらこういう共通の権力をつくり出して戦争状態を止めることができるのでしょうか。ホッブズはこう言っています。自然状態においては「持続的な恐怖と非業の死の危険が存在し、人間の生活は、孤独で貧しく、険悪で残忍で、しかも短い」、が、しかし「そこから抜け出す可能性はあり、その可能性の一部は情念に、一部は理性にある」と。「人々を平和へ向かわせる情念は、死への恐怖であり、生活に必要なものを求める欲望である。……そして理性は、人々が同意へと導かれるような好都合な平和の諸条項を示唆する」。それが「自然法」といわれるものなのです。

ここでまず、自然法と自然権の違いを見ておきましょう。自然権とは、人々が自分の命を守るために好きなように自分の力を使う自由のことです。自然法とは、理性がそこに見いだす指図で、それは、人々が自分の命に対して破壊的にふるまうことや、命を守るのにいちばん適切なことをしないことを、禁じます。理性が教える自然法は、自己保存を本性とする人間にとって内在的なものではなく、あくまでも外在的なものです。死を恐れるという情念の背景なしには、自然法に従う動機そのものが存在しないのです。（↓六④）

自然権と自然法が共通に目指していることは、自分の命を守るということです。これは、ほとんどすべての人がほとんどすべての場合に、共通に「そうでありたい」と望んでいることの代表例ですね。自然権と自然法の違いはどこにあるのでしょうか。自分自身のことだけが問題なら、何をしてもその人の自由であるはずなのに、自然法はなぜそんな余計なお節介をやくのでしょうか。それはおそらく、自分自身というものが持続するものであることを考慮に入れるかどうか、ということに関係しています。要するに、理性は自分自身に対して長期的な配慮を要求するのです。それがホッブズにおける理性の役割なのです。

では、ちょっとだけ自然法の内容を見てみましょう。第一の自然法は、「各人は、その希望があるかぎり平和に向かって努力すべきである。だが、それができないときには、戦争によるあらゆる助けと利益を求めてよい」というものです。

人々が自然法に同意して、自然状態から抜け出すことができるのは、死を恐れる情念の基盤の上に理性的な推論が働くからです。つまり、理性の働きによって「その希望がある」と判断される限りにおいて、人間は平和に向かって努力するようになるのです。ホッブズによれば、自分の意志でなされるすべての行為は、自分の利益の実現を目的にしています。ここで決定的な役割を演じるのは、他人も自分と同じように自然法を守るかどうか、という判断です。他人も守るという条件が満たされていなければ、たとえ自然法を理性的に受け入れていても、平和の実現のために必要な活動を実行するようにはならないからです。

第二の自然法には、そのことがはっきり示されています。「他の人々もまたそうする場合には、平和と自己防衛のためにそれが必要だと考えられるかぎり、あらゆるものに対する自分の権利をすすんで捨てるべきである。また、自分が他の人々に対して持つ自由は、他の人々が自分に対して持つことを自分がすすんで認めうる範囲で満足すべきである。」

この第二の自然法は、お互いの利益のためにお互いの自然権を放棄しあうことを求めています。その際、放棄された権利は契約の当事者どうしで受け渡されるのではなく、第三者である「主権者」に譲渡されます。このような相互的な権利放棄の約束は、契約内容が将来履行されるという信頼に基づくという意味で「信約（covenant）」と呼ばれます。それがあくまでも各個人の相互的な「信約」であって、主権者と臣民のあいだの「契約（contract）」ではない点は注意しなければなりません。

第三の自然法は「自分が結んだ信約は履行すべし」というものです。しかし、これには「他の人々もこの信約を守る保証がある限りにおいて」という暗黙の条件が付いていることは、以上の説明から明らかでしょう。しかし、それなら、その条件はどんな場合に実現されるのでしょうか。それは、契約を結ぶ者たちの上に履行を強制する巨大な権力が存在する場合です。以後、巨大な権力を持ったその主権者の存在こそが、信約の履行を強制することになります。たしかに、もし信約を破ったら必ず悪い（＝その人にとって嫌な）結果になることが分かっているなら、人々はそれを履行するようになるでしょう。信約は、守ったほうが自分にとって利益になることを保証してくれる権力が存在するときに限って、概して守られるものとなるのです。主権者に強大な権力があれば、個々の人々の争いを防ぐことができることは確かでしょう。また逆に、ホッブズによれば、人々はそういう共通の権力が存在しないかぎり、自然法を守ることができないのです。

⑥道徳哲学上の不可避な構造の政治哲学的表現

先ほど私は、直接的善悪を守るためにこそ、それを逆転する道徳的善悪が必要とされる、と言いました。そういう場合、最初の動機が貫徹されるためには、むしろそれが忘れ去られ、手段にすぎなかったはずのものが自己目的化される必要が生じることがあります。ホッブズの思想は、そういう道徳哲学上の不可避な構造を政治哲学的に表現したものだといえるでしょう。すなわち、個々人の自己保存のための手段にすぎなかったはずの国家が絶対化されることになるのです。このことは、政治思想史上は、しばしば絶対王制の擁護として特徴づけられますが、もっと本質的な意味があると思われます。

⑦ホッブズ思想への疑問——ロックとバトラー

しかし、まさにここで、一つの疑問がわきます。主権者といえども人間なのですから、ホッブズが人間一般に認めるのと同じ人間性を持っているはずです。そのうえ、主権者に対してはもはや権力は存在しないのです。主権者はいわばただひとり自然状態にあるともいえます。そうすると、もはや自らを規制する権力が存在しない主権者は、自然法を守ることができないはずではないでしょうか。この問いに対するホッブズ自身の答えは、たとえそうであっても、主権が支配する状態は戦争状態に比べればましである、というものでした。

しかし、これは疑わしいと言わざるをえません。ホッブズの議論は、彼の人間観に基づく前提を認める限り、説得力のある筋の通ったものです。しかし、かりにそれを認めるとしても、国民が一人の主権者に対して自然権を全面的に譲渡してしまうというような考え方は、疑問に付されなければならないでしょう。国民の側に主権者を監視し、チェックする機構が不可欠なはずだからです。この点は、ジョン・ロックの場合には明確です。ロックにおいては、たとえ最高権力であっても、社会契約の目的に反するような行為をおこなったときには、国民は力によってそれに抵抗する権利を担保されることになります。

もうひとつ、百年後のジョセフ・バトラーの批判も付け加えておきましょう。彼は、欲望と快楽の関係に関するホッブズの前提を疑います。ホッブズの考えでは、自ら欲して何かをする場合、その行為の目的は必ず自分の快楽であるということになります。しかし、たとえば、食事という行為は、食べることによって快楽を引き起こそうとしているのではないでしょう。われわれは、おなかがすけばたんに食べたいと思うのであって、食事によって引き起こされる快感を引き起こしたいなどと思うわけではない。それと同じように、困っている人を見れば、単に助けたいと感じるのであって、助けることによって引き起こされる自分の快楽を味わいたい、などと思うわけではない、というわけです。この議論は、それ自体傾聴に値するものですが、次に扱うヒュームの共感という考え方にも関係しています。

2 ヒューム——社会「黙約」説

ロックの倫理思想は自然法思想の典型として、思想史的には興味深いものですが、なんでも神から与えられた自然法に基づかせてしまうところがあるので、今日的な知的関心からすると内容が乏しいという憾《うら》みがあります。そこで、この講義では、ロックをとばしてヒュームについて考えることにします。

⑧情念に従属する理性

ヒュームは、人間の心に起こるものを、意志や思考を含めて、すべて知覚（perception）と呼びます。そして、すべての知覚は、いきいきとした印象（impression）と印象の再現から合成された観念（idea）とに分類されます。印象と観念の関係は必ずしも一方通行ではなく、観念について考えることによって、そこからまた新たな情念という印象が生まれるといったことも起こります。われわれの思考はすべて、この印象や観念を結合したり分離したりすることによってなされるのですが、そのような知識を得るための能力、真偽を判断する能力が、一般的に理性（reason）あるいは知性（understanding）と呼ばれます。

情念と理性の関係について、ヒュームの考えはホッブズのそれとよく似ています。ヒュームにおいてもやはり、人間は基本的に情念的な生き物なのであって、行為の決定に際して理性が決定的な役割を演ずることはないのです。

理性は、観念と観念のあいだの関係に基づいて演繹的推論をすることと、経験的な事象のあいだに因果関係を見出すこととしかできません。もちろん、何か行為をするために、推論や因果的知識が必要な場合はあります。しかし、それはあくまでも、あらかじめ存在している目的のために必要な手段を考え出すためであって、推論や因果的知識が行為の目的そのものを作り出すなどということはないのです。行為を最終的に生み出すものはやはり情念なのです。

理性と情念の違いは、世界を表象する（represent）かしないかの違いです。そもそも「観念」というものは、その観念の外にある何かを代現し、それをあらわす（represent）ためのものです。だからこそ、ちゃんとあらわせているかいないかによって、真偽ということが成り立つわけです。それに対して、情念はその情念の外にある何かをあらわしているようなものではなく、それ自体が根源的な存在なので、真偽などということは成り立たないのです。

道徳は、理性にではなく情念に基づくものなのですから、真偽を問題にできるような道徳的認識などというものは、そもそもありえないのだと、ヒュームは考えています。同じ理由で、理性的な判断と情念が求めるところとが対立する、などということもそもそもありえません。ありうるのは、情念が何らかの信念に基づいている場合、その信念が理性的に考えればじつは偽であるということだけです。情念そのものは理性的判断と対立することがそもそも不可能なのです。

それでもその二つが対立することがあるかのように見えるのは、情念に激しい情念と穏やかな情念があるからなのです。たとえば、憎悪のような激しい情念が心の平静を求める穏やかな情念と対立しているとき、穏やかな情念のはたらきは目立たないので、あたかも理性がはたらいているかのように誤認される、というわけです。

⑨感情に直接くみこまれた一般性

道徳を、演繹的な推論知からも世界についての経験知からも切り離す、ヒュームのこの見解は、すでにその萌芽がホッブズにあったとはいえ、たいへん興味深い見方であるといえます。しかし、道徳に関する知識というものがありえないとすれば、われわれは何を頼りに道徳的善悪の判断をおこなっているのでしょうか。

ヒュームによれば、それは道徳感情という特殊な快と苦の印象なのです。われわれは道徳的に善い行為からは快い印象を与えられ、道徳的に悪い行為からは不快な印象を与えられます。われわれはその他のさまざまなものから快や不快の感情を与えられますが、道徳的感情がそれらとちがう点は、個人的な利害の観点を離れて一般的に考えられた場合にのみ生じるという点にある、とヒュームは言います。

では、一般的とはどういうことでしょうか。それは特定の視点に立たないということです。たとえば、対戦相手のチームに鉄壁のゴールキーパーがいるとします。それは相手のチームにとってはよいことですが、自分たちのチームにとっては嫌な（＝悪い）ことです。しかし、サッカーという競技そのものの観点に立てば、優れたゴールキーパーがいることはよいことで、その人は嫌がられるべき人ではなく、評価され称賛されるべき人である、ということになります。とはいえ、もちろん彼は道徳的によい人というわけではありません。

道徳の領域に関係する例を挙げれば、後でのべる正義の問題を先取りすることになりますが、たとえば、ある地方に特別の利益をもたらしてくれる政治家は、その地方の人々にとってはよい政治家でしょうが、一般的観点から見れば不公正な悪徳政治家である場合がありますね。さしあたってはそういうケースを考えておいてください。

人間がいだく感情の中にこのような一般性が直接的に組み込まれている、というのがヒュームに特徴的な考え方です。これは当然「穏やかな」部類に属する感情となるでしょう。つまり、ヒュームにおいては、ホッブズにおいて社会契約という形であからさまに表立ってなされなければならなかったことが、人間のふつうの感情というレベルですでに実現しているといえます。あるいは、人間が生まれ育っていくことは、小さな社会契約を次々と結んで内面化していくプロセスだと理解してもいいでしょう。

また、人間がそういう道徳的感情を持つという事実から切り離されて、道徳的事実なるものが客観的にあるわけではありません。つまり、道徳的感情を持つということは、まず最初に世界の中に道徳的事実なるものが客観的にあって、それを後から表象したりあらわしたりしているのではないのですから、当然、そういう感情に真偽はありえないのです。ですから、もちろん、たとえば何かの事件について、他の人の道徳的評価がまちがっている、などと言い立てることもできません。そもそも認識ではないので、まちがえることとな

ど不可能なのですから。（→六③〜⑤）

しかし、そうだとすると、ある特定の行為について、それが道徳的に正しいか正しくないかを論じるということが、そもそも無意味になってしまわないでしょうか。いや、それどころか、ある特定の食べ物——たとえばキムチ——が美味しいと感じる人も不味いと感じる人もいるように、ある特定の行為に道徳的な快感を感じる人もいれば不快感を感じる人もいる。といったように、人々の道徳感情がまったくばらばらになってしまってもしかたがない、ということにはならないでしょうか。ここでヒュームに負わされた課題は、次のことを証明することです。すなわち、ある種類の行為に対しては、「不正とみなす」というのと実質的に同じことであるような種類の不快感が、ほぼすべての人に生じるということの必然性です。

⑩「美徳」の分類

そこでまずおさえておかねばならないのは、自然的な美徳と人為的な美徳の区別です。そもそも美徳（virtue）というのは、アリストテレスのときに「器量」と訳したアレテーの英語版なのですが、ヒュームではちょっとニュアンスが違って、人間の持つ性質のうち、誰かにとって快適または有益であるようなものを意味します。快適（agreeable）とは、直接的に感じられる快さのことで、有益（useful）とは、長期的に見た場合の快適さをもたらしがちな傾向性のことです。そして、快適さにも有益さにも、美徳を持つ当人にとって快適だったり有益だったりするだけでなく、他人にとってそうである場合も含まれるのです。そこで、次のような四種が区別されることになります。

自分にとって快適であるような美徳－例えば快活（気分のよさ）
自分にとって有益であるような美徳－例えば慎重
他人にとって快適であるような美徳－例えば好感（感じのよさ）
他人にとって有益であるような美徳－例えば誠実

ある行為をする動機が人間本性のうちに元来そなわっているなら、それは「自然的」で、そなわっていないので、何かしらの意図的な操作を加えなければならないならば、それは「人為的」です。上に挙げたのも、基本的に自然的な美徳の分類です。また、たとえば弱い者に対する残酷な暴力行為に対する嫌悪感などは、ほぼすべての人が生まれつき持っている自然的な美徳に属するでしょう。だから、そういう点ではどんな人間も大体のところは一致するのです。

われわれは弱者に対して残酷な暴行を加えた人を道徳的に非難します。それは人間に本来そなわっているはずの自然的な美徳を彼が持っていなかったとみなされるからです。それゆえ、彼は「してはいけない」ことをしたとみなされます。ということはしかし、逆にいえば、もしわれわれが、弱者に対する暴行に対してそういう特有の道徳的不快感を感じるような生き物ではなかったとすれば、彼の行為は「してはいけない」ことにならなかったということです。

では、正義のような人為的な美徳の場合はどうでしょうか。正義とは、たとえば、約束は守るべきであるとか、人の物を盗んではいけない、といった社会的な規範です。人間が自然的な美徳を十分にそなえていれば、正義のような人為的な美徳はなくてもよかったでしょう。しかし、資源の点からだけ見ても、人間の置かれた状況は苛酷で、しかも人間の自然的な美徳は限られています。自然的な美徳以外に人間が持っているのは、情念と理性だけです。人為的な美徳は、この理性による洞察に基づいて構築されるほかはないでしょう。

正義規範があくまでも人為的につくられた制度であるということは、個別的な例外が認められない、という点にあらわれます。人の物を盗んではいけないなら、どんな場合もいけないのです。みなさんは義賊というのをご存じでしょうか。金持ちから盗んだものを貧乏人に与えてやるような泥棒のことです。貧乏人たちが飢えて死にかけており、金持ちがそれを無視して平然と私腹を肥やしているような状況でも、この義賊の行為はやはり不正でしょうか。やはり不正なのです。なぜなら、正義規範は社会の一般的な掟の選択だからです。ここで比較されるべきなのは、そのとき義賊が金持ちから盗んで貧乏人に与える場合と与えない場合なのではなく、一般的にそのような私的な判断による所有権の侵害が許容される社会とそうでない社会なのです。（→三⑪、四⑭）

それでは、人に正義を守らせるものは何でしょうか。言い換えれば、正義に反する行為は何の欠如として非難されるのでしょうか。現在のわれわれの社会を前提にするなら、それは正義感である、とでも答えればすむでしょう。しかし、たとえば、すべての物が共有されている社会なら「盗み」などという概念はそもそも存在しないのです。ですから、盗んではいけないとか、約束を破ってはいけない、などという規範は、人間の自然本性の中には、そもそもあるはずがないのです。

⑪正義規範はどのようにして成立したのか

それでは、そのような正義規範はどのようにして成立したのでしょうか。何が人にそれを守らせ、それへの違反は何の欠如として非難されるのでしょうか。

まず、どのようにして成立したか、という問いに対するヒュームの答えは、黙約（convention）によって、というものです。これは、ホッブズ的社会契約の一つの変種として理解できるものです。黙約には、ホッブズ的な側面と反ホッブズ的な側面の、二つの側面があります。ホッブズ的な側面というのは、この黙約もまた、社会契約と同様、個々人の利己的な配慮が結合して成立したものであって、しかも、他人も自分と同じように行為するという前提のもとでのみ成り立つ、という面です。反ホッブズ的な側面というのは、黙約は、社会契約とちがって、あからさまになされる約束のようなものではないという点です。それは、共通の利益を感じ取ることによって、暗黙のうちになされた約束なのです。

しかし、なぜ「暗黙のうちに」でなければならないのでしょうか。それは、ここでなされる約束が「約束は守らなければならない」というような種類の約束だからです。なぜわれわれは概して約束を守るのでしょうか。約束を守るという約束をしたからでしょうか。かりにしたとすれば、その約束を守るという約束は、いつしたのでしょうか。「これからは約束を守ることにしよう」と約束するのは無意味でしょう。約束という社会制度がすでにあるなら別です。いま問題にしているのは、約束という社会制度をはじめて作り出すときの約束です。約束という社会制度そのものを、それによってこれから作られるはずの約束という行為によって作り出すことなど、できるはずがありません。ですから、社会契約も、そもそも約束は守るべきものだという約束自体がその締結によってはじめて成立するのだとしたら、本質的に不可能なのです。

言語や貨幣の起源を考えても同じ問題が指摘できます。われわれはこの種のものの起源について考えようとすると、じつはすでに存在していたのになぜかこれまで使われていなかったものを、おもむろに取り出して使い始める様子を思い浮かべてしまいがちなのです。

これからはかくかくしかじかの言語というものを使って、みんなで意思疎通をはかろう、とだれかが提案するといった場面です。それは、すでに言語を持っている人にしかできることではありません。

だから、約束は約束によって成立するのではありません。他人も約束を守るなら自分も守ることが双方にとって自分の利益になることを相互に感取しあうことで、約束という制度がおのずと生成するのです。それは、二人でボートを漕いでいるとき、早く対岸に着きたいという共通の目的があれば、おのずとオールが揃って速く進むようになっていくようなものだ、とヒュームは考えています。

たしかに、早く対岸に着きたいといったような、あらかじめ分かっているあからさまな共通目的があればそうでしょうけれど、約束とか、所有権といった社会制度の制定に、そのようなあらかじめ分かっている共通利益があるとは思えません。むしろ、いったんそれができてみれば、たいていの人にとって（そうでない状態に比べて）その状態のほうがいい、といったことではないでしょうか。上からの権力なしにも、そのような状態が実現され、維持されるのはどうしてなのでしょうか。

⑫共感の構造の内にある一般性

ここで、ヒュームが共感（sympathy）という能力を重視します。この能力によって、たとえその時の利害には反していても、あるいは自分の利害はまったく無関係であっても、一般的に正義に反する行為には反感を感じ、自分自身も正義を守ろうとする動機づけが得られる、とヒュームは考えています。

それでは、共感とは何でしょうか。まず、確認しておくべきことは、他人の情念を私が直接感じることは不可能だ、ということです。その人が置かれている状況のような原因からか、または、その人の発言や振舞や表情のような結果から、推測することができるだけです。このようなやりかたで、われわれは他人の情念についての観念を持つことができるわけです。

さて、しかし、人間の自然本性はだれでも基本的に変わりませんから、他人の情念についての観念は自分の中に情念を引き起こします。ここで重要なことは、共感というこの構造の内に、すでに一般性の萌芽が含まれていることです。自分自身の利害という観点を離れて、《加害－被害》の関係を一般的、形式的に理解し、感じ取ることができるのです。ある種の行為は、たとえ自分にはなんの被害もなくても、その形式が社会のあり方に一般的に損害を与えることを、われわれは感じ取りそして不快になることがあるのです。

一般性とは、どんな特殊な観点からも完全に独立しているということではありません。一般性にも段階があっていいのです。サッカーという競技の観点に立てば、たしかに優れたゴールキーパーは称賛されるべき人ですが、社会そのものにとってそうであるわけではありません。そこで、社会そのものの観点に立つことが、すなわち正義の観点に立つことだといえましょう。社会そのものの観点に立って称賛されるべき人こそが、すなわち正しい人、道徳的に善い人なのです。

そうすると、共感を通じてそういう一般的観点に立てることそれ自体は――自然的な美徳だとは言えないにしても――人間本性に含まれた自然的な能力だとは言えることになるでしょう。この点で、ヒュームの倫理学説を自然主義と見なすことは適切なことだと思われます。つまり、ヒュームにおいては、人為もまた結局は自然に基づくのです。

アインジヒトとの議論Ⅱ

社会契約は可能か？

⑬社会契約はそもそも可能か

ホッブズについていちばん疑問なのは、人々がホッブズ的な意味で理性的なら、社会契約のときにも、じつは自然権は放棄しないんじゃないかってことだな。放棄したふりをするのが、いちばん理性的な態度じゃないだろうか。

社会契約は最初から「守るつもりのない約束」だってことかい？

そうすると、主権の成立後にも、契約上は認められていない革命権が、つねに隠れて存在しつづけることになるよね。契約そのものを無意味にしてしまわないかな。

祐樹が金が必要になって借金をするとしよう。返せるあてはまったくない。でも、祐樹はきわめて理性的なので、「期日までに必ず返す」という守るつもりのない嘘約束をして、金を借りてしまう。この約束が成立するには、いくつかの条件がいる。約束という制度がすでに存在すること。相手のほうは祐樹を信頼していること。祐樹にばれない嘘をつく能力があること、などなどだ。祐樹が、身体構造上隠し立てができないようにできている人間だったり、守るつもりのない約束はしてはいけないという道徳を信じていたりしたら、この約束は成立しないだろうからね。期日が来ても、返す気のない祐樹は、そんな約束はした覚えがないと言い張る。もちろん、返したほうが利益になると判断したら、理性的な祐樹は、約束を守るふりをして平然と返すだろうけどね。最初は守るつもりで約束した場合だって同じことだ。期日になって、踏み倒したほうが得だと判断したら、理性的な祐樹は、その時点で必ず、約束なんかしてなかったことにするだろうからね。

約束が守られるために、監視している権力機構か、内面的な道徳か、少なくともどちらかが必要だと思うけど、金を返す約束なんかじゃなくて、そうしたものを初めて作り出す社会契約の場合には、そんなものがあるわけはない。そうすると、結局、社会契約は不可能だってことになるねえ。

社会契約の場合には、つまり、こういうことになる。だれもがある約束を守る社会とだれもそれを守らない社会を対比すると、だれにとっても（自分自身にとって）前者のほうが有利だ。しかし、どちらにしても、自分がその約束を守る場合と守らない場合を対比すると、だれにとっても自分はそれを守らないほうが（自分自身にとって）有利だ。さて、こういう状況で、前者の社会は実現不可能か、という問題だ。

つまり、みんなが自分と同じようにやってくれるって保証はどこから得られるかってことだよね？

いや、そうじゃない。みんなが自分と同じようにやってくれる保証が得られても、自分は同じようにやらないほうが理性的なんだよ。むしろ、みんな約束を守ってくれて、自分は守るふりをしてじつは守らない――あるいはうまく利用する――のがいちばん理にかなっている。

そうすると、社会契約なんて成立するわけがないような気がするけど……

⑭囚人のジレンマ

囚人のジレンマの話、知ってる？

知らない。

こういう状況だ。俺と共犯の相棒が警察に逮捕されて、別々の独房で別々に尋問を受けている。二人とも自白してしまえば、二人とも一〇年の刑。一方が自白してももう一方が黙秘すると、自白者は即時釈放、黙秘者は二〇年の刑。二人とも黙秘し通せば、二人とも二年の刑ですむ。俺たちは二人で黙秘しようと約束してた。だが、いまは二人は連絡を取ることはできないから、お互いに相手がいま何を考えているのかはわからない。二人を集合体として見れば、いちばんいいのは約束どおり二人とも黙秘して二人とも二年の刑になることだ。しかし、二人を別々に見ると、俺にとっていちばん有利なのは、おれが即時釈放されることだ。そのためには約束を破って相棒に二〇年の刑を負わせなければならない。ところが、相棒は相棒で俺と同じことを考えているかもしれない。

俺＼相棒	自白する（逃げる）	黙秘する（留まる）
自白する（逃げる）	二人とも一〇年（二人ともたぶん助からない）	俺は釈放、相棒は二〇年（俺は助かり相棒は死ぬ）
黙秘する（留まる）	俺は二〇年、相棒は釈放（俺は死に相棒は助かる）	二人とも二年（二人ともたぶん助かる）

これは有名な話だからそのまま紹介したけど、マッキーという倫理学者が『倫理学』（哲

書房）という本の中で同じことをちがう例で説明していて、そのほうがわかりやすいかもしれないので、それも紹介しておこう。こんどは、俺と相棒は前線に配備された二人の兵士だ。二人がそれぞれの持ち場に留まって戦えば、救援隊が来るまで持ちこたえて、二人とも助かる可能性がかなりある。もし二人とも逃げれば、敵はただちに追撃するので、二人が助かる可能性ははるかに低くなる。一人が持ち場に留まって、もう一人が逃げた場合には、「逃げた者が助かる可能性は、二人とも留まった時よりも大きくなるが、留まった者の助かる可能性は、二人とも逃げた時よりもっと小さくなる」。つまり、まあ、この表の括弧の中のようなことだ。こんども、俺たちは二人とも持ち場に留まろうと約束していた。でも、いまは二人は連絡を取ることはできないから、相手がいま何を考えているのかはわからない。こんども、二人を集合体として見れば、いちばんいいのは約束どおり二人とも持ち場に留まって戦うことだ。しかし、二人を別々に見ると、俺にとっていちばんいいのは、俺が逃げて確実に助かることで、そのためには相棒には死んでもらわなければならない。ところが、相棒は相棒で俺と同じことを考えているかもしれない。

 お互いに、相手が自分を裏切るかもしれないと疑心暗鬼になるんだ。

 ちがうだろ。アインジヒトはこう考えるに決まってる——もし相棒が黙秘したり持ち場に留まったりしてくれるなら、俺は自白したり逃げたりしちまえばまったく無傷ですむ。もし相棒が自白したり逃げたりしちまった場合にも、俺だけ黙秘したり留まったりし

てひどい目にあうよりは、やっぱり自白したり逃げたりしちまった方がましだ。だから、相棒がどちらを選ぶにしても、俺はどのみち相棒を裏切って自白したり逃げたりしたほうがいい。とアインジヒトは考えるわけだけど、ところが、相棒のほうも同じように考えるから、二人とも相手を裏切って自白したり逃げたりするので、結局は二人とも一〇年とか、たぶん助からないとか、とにかく組としては最悪の結果になっちゃうわけだよ。

ならないかもしれないよ。アインジヒトは、そういう悲惨な結末を予測したとき、約束どおり黙秘したり留まったりする場合に比べて、それがはるかによくない事態であることは相棒だってわかるはずだ、と思うかもしれない。そうしたら、あいつだって、約束どおり二人とも黙秘したり留まったりするほうを選ぼうとするかもしれない、それなら俺も、と思うかもしれないからね。

思わないよ。アインジヒトは「そうであればやっぱり俺は自白したり逃げたりしたほうが得だ」と思うに決まっているじゃないか。

相手がアインジヒトじゃ駄目か。祐樹とわたしならどう?

千絵とこれからもながくつきあっていくという前提のもとで、見返りが見込めれば考えてもいいね。

それでも、千絵のほうもそう考えてくれるという確証が必要だろう?　つまり、こういうことだ。相手との信頼関係があらかじめ確立されていれば、この協力関係はうまくいくかもしれない。しかし、こういう場面から信頼関係をつくりはじめることは不可能だ。ゆえに、社会契約がまだ信頼関係のない原初の約束だとしたら、それは確実に失敗する。

つまり「他の人も同じようにするかぎり」という条件をどうやって実効的なものにするかについて、ホッブズに答えはないということか。

⑮行為は一般性の選択ではない

そう。ヒュームも考慮に入れて、その点を考えなおしてみることも重要だけど、それをするまえに、もっと根本的な問題があることを忘れるべきではない。

それは何？

二人とも約束を守って、黙秘したり持ち場に留まったりするケースが本当に最善だといえるか、という問題だ。たしかに道徳的観点というものを前提にすれば、それは最善といえるだろう。しかし、事態そのものとして見れば、たとえば二人とも刑期二年というケースが最善といえるのは、二人をひとまとまりの全体として見たときだけだろう。全体として見れば、他のケースがすべて合計の刑期が二〇年なのに対して、このケースだけが合計四年だから、圧倒的な差がある。でも、根本的な問題は「そもそもなぜ合計しなけりゃいけないのか？　そもそもなぜ二人をひとまとまりの全体として見る観点に立つべきなのか？」ということじゃないか。

たしかに、二人をひとまとまりの全体として見なければ、二人とも刑期二年のケースは、最善ではないね。そういう全体的な観点に立たなければ、自分が自白したり逃げたりして、相手のほうはそうしないケースが、最善になるね。

ちがうよ。だとすると相手もそう考えることになるから、その「最善」はもう実現しないんだよ。だからここで、対比の視点は、二人とも二年か二人とも一〇年か、という「二人とも」間の対比に、もう移っている。

でも、そういうふうにもう移っているんなら、同じ理由で、二人とも二年のほうはもう実現しないことも同時に分かっちゃってるじゃないか。

相棒がどっちを選ぶにしても、俺にとっては自白するほうがいい。しかし、そのことによって、このとき俺が選んだ行為原則に相棒も従うことになる――と決まっている――なら、つまり、もし俺の行為選択が一般的に従うべき行為原則の選択でもあるなら、この行為選択は俺にとっても相棒にとってもよくないほうの選択であることになる。だが、現実には、俺の力だけでは、それをいいほうに変えることはできない。ということはつまり、俺の行為選択は一般的に従うべき行為原理の選択ではない、ということだ。相棒は相棒で独立に行為を選択するだろう。このとき、俺の行為選択は一般的に従うべき行為原則の選択であるべきだという道徳的提言は、そうである条件がどうしたら実現されるかを論じているこの場面では、無力だ。

⑯二種類の利己主義の対立

アインジヒト1と相棒1のいる世界1と、アインジヒト2と相棒2のいる世界2、という二つの世界を考えてみるよ。世界1では、いままで議論したような道筋で、二人とも刑期一〇年（または「たぶん助からない」）になるとする。世界2では、どういうわけか、二人とも刑期二年（または「たぶん助かる」）になるような選択がなされているとする。そうすると、アインジヒト2はアインジヒト1に対して「俺のほうが利己的な観点から見てもいい状況にいるぞ」と言えるよね。

そうすると、アインジヒト1はアインジヒト2に対して「それはおまえ一人の力で実現できたわけではない。結果的にたまたまそうであったにすぎない」と言うよね？

それもその通りだけど、もっと重要な論点がある。俺1は俺2にこう言うだろう。「おまえはおまえに実現可能な最善の状況を実現していないじゃないか。自分だけ自白したり逃げ出したりすることで、おまえは無傷でいられたんだぞ。おまえが実現しているのは、全体としての自分の世界が他の可能世界にくらべていい状態にあるということにすぎない。しかも、それはさっき祐樹が言ったように結果的にたまたまそうであったにすぎない。それにひきかえ、俺は俺に実現できる最善の状況を自分の力で実現している」

みんなが利己的な選択をすると、利己的な観点から見ても悪い結果になってしまうけど、みんなが利己心を捨てて道徳的になれば、利己的観点から見てもよい結果が得られる、と言うやつがいるけど、そんなことはない。利己主義の本質は、ほかのやつの利害よりも自分の利害を優先するということだ。俺は、俺のすることを選択できるだけで、世界を選択することはできないんだ。そういう利己的観点から見ると、俺2は自分に実現可能な最善の選択肢を実現していない。ただ世界2が世界1にくらべていい状態にあるだけだ。そういう世界間の比較は、それ自体すでに、利己主義者の関心事ではなく、あとでM先生が講義してくれると思うが、功利主義者の関心事なのだ。

そうかなあ。利己主義者は、同じ一つの世界の中にいる他者との対比でだけ利己的なのかなあ。わたしはちがうと思うな。功利主義のことはよく知らないけど、利己主義だって、実現可能な二つの世界のうちで自分に有利なほうを選択するという意味での利己主義も、立派に利己主義だと思うな。だからやっぱり、アインジヒトは自分だけが無傷で釈放されたり逃げおおせたりする可能性がないことを洞察したなら、世界2の実現を目指すのが理性的な態度なんじゃないかな。世界1のアインジヒト1は、道徳的によくないだけではなく、理性的にもアホやと思うわ。

さすが千絵ちゃん、頭いいね！　この問題の内にはじつは二種類の利己主義の対立が隠れているんだよ。

⑰社会契約はその前後を見渡せない

でも、状況は囚人のジレンマの話を始める前と少しも変わってなくて、そういう世界2を、つまり社会契約を、どうやって実現するかは、ぜんぜん展望がないんだけど。社会契約が成立するためには、なんかアクロバティックな、魔術的な飛躍のようなものが必要になるような気がするな……

しかし、驚くなかれ、じつはわれわれはみんな契約後の存在なんだ。だから、その魔術にもうかけられてしまっているんだよ。むしろ問題は、もうかけられてしまっている観点から契約前のことを理解しようとしても、それは本当はできないということにあるのかもしれない。契約前と契約後を対等に見通すような観点に立つことはできないのかもしれない。

千絵がアクロバットとか魔術とか言うのは、自然状態で契約がなされたにもかかわらず、それによってつくられたはずの社会状態の規範が、なぜかその契約行為そのものに遡及的に妥当してしまうってことじゃないのかな。

そう。少なくとも、そう見えてしまう必要がある。それがM先生が言っていた手段の自己目的化ということの真の意味だ。だから、契約後の世界にいる者には、どのような理由で契約がなされたがゆえに、自分たちがいまこのような共通信念を持っているのかは分からない。分からない必要があるんだ。実際、たとえばカントではそうなっている。後でM先生も講義してくれると思うけど、カントでは、契約の動機は忘れ去られて契約の中身だけが「尊敬」されることになっている。しかし、まさにそのことがホッブズの思想を本当に生かす方法なのかもしれないんだ。ホッブズのように語ってしまったら、つまり契約の前後を対等に見渡せる視点に立ってしまったら、ホッブズのアイデアはそのことでもう死んでしまうのかもしれないから。

そういえば、神の存在を信じるようになった人は、自分がなぜ神を信じるようになったのか、そのプロセスが思い出せなくなるらしいよ。

かくかくしかじかの理由で神を信じざるをえない境遇に陥ったから信じるようになったんだ、なんて記憶していたら、もう本当に信じていることにはならない、ってことかな。

そうだな。入信行為の意味そのものが、入信以後の信念システムの中に新たに位置づけなおされる必要があるからね。だから、入信以前の信念システムから見た、入信せざるをえなかった理由は、もう理解できないのでなければならない。それこそが、入信以前の問題がそこで本当に解決したことの証拠なんだ。入信は、たとえば「神ご自身の導き」によってなされたことにならねばならない。だから、本当に神ご自身の導きによってなされたんだよ！

とはいえ、社会契約の場合は、宗教とちがって、やっぱり前後を見通す位置に立てるんじゃないだろうか。アインジヒトだって、最初は、だれもがある約束を守る社会とだれもそれを守らない社会を対比するとか言ってたし、その後は囚人のジレンマが社会契約の例解になるとか言って、社会契約のポイントを語ったじゃないか。ぼくらはそれで理解したんだから。

あの語り方は現在の人間に理解できる語り方だった。でもそこには、宗教と同じ「対比の拡張」の要素が含まれていた。

「対比の拡張」って?

a対bの対比があるとき、そのaとbをいっしょにして大文字のBと置いたときに、同じ言葉を使って、A対Bの対比も表現される、といったことだな。契約前と契約後のホッブズ的な対比は、この小文字のa対bにあたる。しかし、そのaとbは、両方ともじつはもうすでに契約後の大文字のBの内部にあるんじゃないだろうか。

じゃあ、大文字のBの成立よりもっと前の大文字のAがあるというわけ?

⑱社会契約とは本当は何をすることなのか

そうだ。だから、ああいう語り方の中に、人間には、少なくともいまの人間には、絶対に見抜けない重要なポイントが隠されている。社会契約がなされた場合には何がなされざるをえなかったか、そのポイントを見抜くことができるのは、猫のアインジヒトだけだろうな。

ほっほー。偉そうなことをおっしゃいますね。で、そのポイントって何さ?

自分を「だれも」のひとりとして把握すること、これだよ。これに尽きる。(↓四㉔)

自分が「だれも」のひとりであるなんて、全然あたりまえのことじゃない?

そう思うけど。

もちろん、あたりまえだ。そして、おまえたちがそれがあたりまえだと思っているということが、おまえたちがもう入信していることの証拠なんだ。おまえたちは、そのことですでに解決された問題をもう知らない。もちろん、それはとてもいいことだ。

そのことで解決された問題って、たとえばさっきの二つで世界２のほうを実現するって問題のことだろ? 解決されたかどうかは知らないけど、問題は知っているさ。

知っているのは、解決されていないからさ。解決されてしまったほうの問題は、もう知ってないよ。だれもがある約束を守る社会とだれもそれを守らない社会とを対比すると、だれにとっても前者のほうが有利だけど、自分がその約束を守る場合と守らない場合を対比すると、だれにとっても自分は守らないほうが有利だ、とか、そういう想定を理解するとき、もちろんアインジヒト１とアインジヒト２の対比を理解するときでも同じことなんだけど、すでにすごく計算高い理性的な主体が自明なものとして前提されている。そういうものが想定されたとき、ある意味で、問題はもうすでに解決しているんだ。そして、別の意味では、問題はもう絶対に解決しないんだな。

よくわからん。

ホッブズの真の課題は、刹那的で深謀遠慮に乏しく非理性的に利己的なだけの人間を、狡智にたけた一貫性のある理性的に利己的な人間に引き上げることにあったんだ。だから、さっきのような仕方で問題が立てられて、それこそが問題だと意識されるとき、真の問題はすでに暗黙のうちに解決されているんだ。社会契約のポイントは、本当は、契約を守るか破るかなんてことではない。計算高く、守るつもりのない約束をするやつがいたって、一向にかまわない。それがほかならぬ約束として理解され、まさに約束したふりをして人をだませるようになれば、しめたものなのさ。そういうことが有効になされる社会では、社会契約はもう成功しているんだよ。もう成功した視点にしか立てないんだ。

なるほど、それはわかるような気もする。でも、それがなぜ成功するのかは、やっぱりわかんない。

そりゃあ、わからんさ。おまえらはもうすでにその中にどっぷり浸かり込んでいるはずだからね。だって二人とも、まったくあたりまえのこととして、自分を多くの人間のうちの一人だと思っているだろ？　しかも、生きている限り、その同じ自分が将来も持続的に存在していると思っていて、その意味での将来の自分のことまで考えて生きているんだろ？　現在の自分をそういう持続的存在の一部分として把握しているんだろ？

それはそうだけど、それはまったくあたりまえのことじゃないのかな。

あたりまえじゃない。現に俺なんか、自分が多くの猫のうちの一匹だなんて、ちっとも思っていない。多くの生き物のうちの一つだとも思っていない。だって、俺は俺だもの。どんな種類のものの一例でもない。ほかの者たちとは全然ちがう種類の特別のものだと思っている。俺であるということに尽きるな。それで終わり。それに、その同じ俺が、将来も持続的に存在しているなんて、思ってもいないさ。俺はいまのこの俺だけ。この体とこの記憶を将来持続的に持っているやつのことなんか、屁とも思っていないね。

それはアインジヒトが猫だからさ。でも、アインジヒトのようにではなく、千絵やぼくのように信じていると、それがなぜ社会契約がもう成功していることになるのか、それがわからない。

まず、現実で考えてみたらどうだ。おまえたちのような人間が、自分の人生の全体を考えて、ごくごく世俗的な基準でより幸福な人生を送りたいと思うのであれば、多くの社会規範を受け入れるしかない。約束を破ったほうが得だと判断したときには必ず破るなどということは、合理的に利己的な持続的個人のすべきことじゃない。人の物を盗んだり、人を騙したりすることについても、同じだ。自分にとってそのほうが利益になると判断したときはつねにそういうことをするような人間であることは、長い人生においてそいつの評価を低め、結局はその人の人生を世俗的な基準において不幸なものにするだろうから。それはおまえたちだってもう知っているはずだ。だからといって、おまえたちは、それだから私たちは約束を破ったり盗んだり騙したりしない人になろう、なんて決意したことがあったか？　そんな決意なんかするまでもなく、気づいたときにはもうそうしていたはずだ。このあたりからもう、ヒュームの領域に入っている。

たしかに、自分にとってそのほうが得なときには、いつでも約束を破るようなやつは、徐々に信頼されなくなっていくだろうな。それはわかるよ。

約束とか盗みとかだけじゃなくて、たとえば、人が秘密にしておいてと言ってその人だけに言ったことを、みんなに喋ってしまうような人も、そのときはおもしろがられるけど、結局はみんなに信頼されなくなって、だれからも本当のことを言ってもらえない人になってしまうね。

ちょっと話が具体的で念頭に置いているやつがいそうだけど、まあいい。人々との信頼関係から得られるはずの利益が得られなくなるという点では同じだ。囚人のジレンマだって、犯罪者仲間や兵隊仲間の長期的な評価を考慮に入れれば、一回だけ孤立して考えることはできなくなるんだ。

でも、それだけのことなら、人から信頼できるやつだと思われさえすれば、それで

いいんじゃないの？　おそらく、そうやってうまくやっているやつは、結構たくさんいると思うよ。（↓七⑦）

その通りだ。そうやって結構うまくやっているやつは、たしかにいるだろう。むしろ、たいていのやつは結構うまくやっていると思う。おまえらのような世俗的人間にとっては、適度にうまくやる能力はぜひとも必要なものだ。自分にとってそのほうが有利になると判断したときには、世の中で悪いとされていることでも必ずやるというのは、結局まずいことになる。とはいえ、逆に、そういうときでも絶対にやらない、と杓子定規に決めてしまうのも同じようにまずい生き方だ。そこでこそ、重要なのは中庸なのだ。しかし、それはなぜだと思う？　断っておくけど、俺はここであくまでもおまえらのような中途半端な世俗的人間に——だからほとんどすべての人間に——向かって真実を語っているんであって、俺自身はそんな生き方をくだらないと思っている。さて、それを前提にしたうえで、なぜ、この場合、中庸が大事になるんだ？

⑲自然的美徳としての「誠実さ」

さっきアインジヒトは、祐樹が「嘘をつくとすぐばれてしまうような身体構造上隠し立てのできない人間」だったら、嘘約束は成立しないだろう、と言ったよね？　で、思ったんだけど、そういう「隠し立てのできなさ」こそが、ヒュームの言う自然的な美徳としての「誠実さ」なんじゃないかって。そう解釈すると、ヒュームの考えとはちがって、共感能力なんかよりも「誠実さ」のほうが重要な役割を演じるんじゃないかと思うんだけど……

そりゃ、どういう意味だい？

だって、嘘発見器って、生理学的に、いつでもだれにでも適用できるんでしょ？ということは、誠実さが自然的な美徳であることの証明になるんじゃないのかな。誠実さというより、正確にいえば、本性上、嘘をつくとばれてしまいがちな性質、といったほうが正確だけど。もっと正確にいうと、嘘をつきがちだとだんだんにそのことがばれてしまいがちということかなあ。やっぱり、人柄というのはだんだんにわかってきちゃうからね。

なるほど。でも、ばれてしまいがちというのは、言い換えれば、他人がそれを見抜きがちだ、ということだよね。だったら、むしろその他人の側から、こう言ったほうがいいと思うよ——人間はだれでも嘘をつく能力もあるけど、同時に人の嘘を見抜く能力もある、とね。そのことこそが人為的契約が成立するための自然的基盤だとね。

まさにその通りだ。見抜きがちということと見抜かれがちということは、社会的には同じ事実の裏表だからね。囚人のジレンマで、相互に連絡が取れないという想定も、じつはこの自然的見抜かれやすさを人為的に排除するための想定だったんだ。それでも、その見抜かれやすさを「誠実さ」と呼ぶのは、必ずしも不適切とは言い切れない。というのは、そこにさっきから言っている持続性や一貫性という要素が食い込んでくるからだ。

だれかある人が、ばれる危険性が極小の場合には必ずずるいことをして儲けてやろうと決意して、しかも完全なポーカーフェイスを貫けたとしても、その人の心は、人格の一貫性という点で、プラトン的な意味で不調和になりがちだ、ということ？

アインジヒトもやっぱり、そういう意味で「誠実」であったほうがいいと言うのかい？

一面ではそうだけど、他面ではそうではない。他面では、ポーカーフェイス能力は磨くべきものだと思う。他人から見抜けない心の中というものを鍛えあげることは、少なくとも当人にとってよいことだ。本当に隠し立てのできない人の人生は惨めだし、事実問題として、他人にも迷惑をかけることが多い。ただし、いわゆる「あけっぴろげ」の人は、本当はむしろポーカーフェイス能力を鍛えあげた人である場合が多いけど、それはまた別の話だ。つまり、一般的にいえば、こういうことなんだ。そのほうが自分の利益になるからという理由で道徳的にふるまうようになった人でも、そういう道徳的条件をたんに考慮すべき条件としてではなく、それ自体として価値あるものとみなすようになるかもしれないし、理性だけでなく感情も道徳的要求を認めるようになるかもしれない。それでも、どんな人間も、その中だけに浸かり込んでしまうことはありえないし、そうなろうとすべきでもない。その意味で、人格の一貫性や魂の調和は、そんな世俗道徳に見合った表層的なところで保持すべきものではなく、もっと深い次元からそれぞれ独自の仕方で築きあげるべきものだと思う。

それは簡単なようで意外と難しい要求なんじゃないかなあ。

いや、難しそうに見えてじつは簡単さ。つまり、一面では、人生全体を考慮に入れた場合の自分の利益や幸福を最大化するにはどうしたらいいか、という問題が立てられて、いくつかの点から、道徳的であるほうが得である理由が示されたわけだ。そこまでのところで、利己的であるなら、つまり自分自身のごく普通の意味での最大幸福を目指すなら、道徳の要求を受け入れて多少とも利己的でなくなるほうがいい、ということがわかったことになる。自分の方針が利己性の追求のための戦略であることを忘れるほどに道徳的でなければ、それを成功させることができない。しかし、他面では、利己性の追求に基づく戦略であることを忘れてはいけない、ということだ。道徳は、あくまでも利用されなければならない。ここには確かに二つの矛盾する要求がある。しかし、逆にいえば、自己利益の追求と道徳の要求とが、相互に支え合い相手を包含しあうという興味深い状態が実現しているともいえるのだ。これは、言葉でいうと複雑だけど、じつはごくふつうの人間がだれでも実現できているふつうのことにすぎない。

そこでの中庸さは、とても重要であるような気がしてきた。過度に道徳的でも、過度に不道徳でも、ちゃんと生き残っていくことができないんだ。

過度に道徳的になっちまってると、とりわけ社会が混乱状態に陥ったときに、生き残りにくくなるだろうね。M先生も見抜いていたけど、ホッブズの政治哲学は、元来の直接的善悪の貫徹のためにこそ、そういう最初の動機が忘れ去られて、手段にすぎなかったはずの道徳的善悪が自己目的化される必要がある、という道徳哲学上の必然的構造を、政治哲学的に表現したものだといえる。そう見れば、ロックは「完全に忘れてはいけない」と警告を発していることになるな。

⑳社会契約はつねにすでに成功している

ところで、これで社会契約が可能であることが証明されたのかな？

他人たちと社会契約を結ぼうとするということは、たとえそれが本当は相手をだまそうとしたのであっても、自分を他の人間たちとならぶ一人の持続的な理性的存在として把握するということなんだよ。そして、そのことを可能にしているのは――ここではくわしく説明できないけど――言語の存在なんだ。千絵が見抜いた二種類の利己主義も言語のおかげで可能になっている。他者との道徳関係の可能性の理解こそが真の利己主義をはじめて育てるからだ。つまり、その二つはじつは表裏一体の関係にあるんだ。にもかかわらず、契約の可能性とともにはじめて成立するそのような利己主義が、契約以前からずっとあったかのように、契約後には理解されてしまうというわけだ。

社会契約が成功する場合のしくみは理解できたけど、なぜ成功するのかは、やっぱりわからないな。

成功する場合のしくみ以上のことは、だれにもわからんさ。しかし、契約を実効的たらしめるものは、つまり契約の守らなければならなさは、例の「見抜かれやすさ」という自然的事実で十分だろう。だから、もちろん過去のある時点で社会契約がなされたなどという歴史的事実があったわけではないけれど、それに類することがすでに実現しているというのは本当のことなのだ。

思ったんだけどさ、いまの携帯電話みたいに、たいていの人が携帯嘘発見器を持ち歩いているようになったら、合理的な利己主義者は、みんなすごく道徳的な人になっちゃうんじゃないかなあ。

そうだな。それはいわばギュゲスの指輪の逆ケースだな。すべての犯罪が発覚してしまうことに近い効果がある。ギュゲスの指輪も存在してほしくないけど、携帯嘘発見器も存在してほしくないものだ。

話はちょっともどるけど、アインジヒトはさっき「ごくふつうの人間がだれでも実現できているふつうのことにすぎない」って言ってたよね。ということはつまり、こういう議論はすべて事実を追認しているだけだってことだよね。ここからは、「だからかくかくのことをしなければならない」というような結論は何も出てこないよね。たとえば、きわめて内面が見抜かれにくい人がいて、みんなから善人だと思われているんだけど、じつはとんでもない悪人だったとしても、ただそうであるというだけで、それでおしまいだよね。むしろ、それは一つの才能であるということにならない。

俺は一つの才能だと思うね。ただ、他人たちから、つまり社会から公認され称賛されるような種類の才能ではないだけだ。その種の決して公認されることのない才能というものも、じつは存在するのではないか？　これは深い問題だと俺は思っている。

ということは、その種の才能が極端に不足している人もいることになるね？

なるな。

不足もまた才能だね？

逆方向の才能に転じるな。

㉑ヒュームに対する不満

最後に一つ、ヒュームに対する不満を言わせてほしいな。共感能力というのは実際にあると思うけど、それにもかかわらず、それを直接ナマで使ってしまうヒューム説と、そんなものを前提にしないホッブズ・アインジヒト説をくらべると、ぼくはホッブズ・アインジヒト説のほうに魅力を感じるよ。

それはありがとう。M先生はヒュームをだいぶ持ち上げていたけど、俺はヒュームをあまり評価しない。ヒューム説は、非道徳的要素だけから道徳の存在の必然性を論証しようとする意気込みに欠けていると思う。ヒュームの学説が成功しているように見えるとすれば、それはたとえば「共感」という概念に暗黙のうちに道徳的含意が込められているからにすぎない。つまり、すでに道徳的要素がふくまれたものから道徳の存在を証明しているにすぎないと思う。

一般的に言って、客観的と見えるものがじつは人間の主観的態度によって成立していると言い立てるのは、哲学者の得意技だ。そのときその主観的態度の本質規定に、じつはその客観的なものから密輸入した要素を入り込ませていることが多い。ヒュームは因果関係というものが客観的に存在することを否定したことでも有名だけど、あれも同じことじゃないか。彼は因果とはじつは恒常的連接関係の知覚にすぎないというようなことを言うんだけど、そんなことが言えるのは、その「恒常的連接」にすでに因果的含意が込められているからにすぎない。因果的でない恒常的連接はいくらもあるように、道徳と無関係な共感もいくらもあるんだ。そのとき、では、どういう恒常的連接が因果的なのか、と問われたなら、それには「因果的」という要素を使わずに答えることはできない。それと同様に、どういう共感が道徳と関係するのか、と問われたなら、それには「道徳的」という概念を使わずに答えることができない。この種の主観的還元に、たいした意味はないな。

第三章

M先生の講義Ⅲ

ルソーとカント(「自由」について)

1 ルソー――一般意志としての「自由」

①ルソーの問題意識はホッブズやヒュームのそれとは違う

きょう最初に取り上げるのは、皆さんご存じのJ・J・ルソーです。彼はヒュームとほぼ同世代の人物で、主著は一七六二年の『社会契約論』です。ヒュームが、いわば玄人受けのする精密な分析家(アナリスト)であるのに対して、ルソーは、どちらかというと素人受けのする華麗な文体家(レトリシャン)であると言えるかもしれません。

ルソーは、典型的な啓蒙思想家です。ところで、啓蒙思想とは何でしょうか。その本質は、ひとことでいえば、人間が生まれつきもっている理性以外の権威を認めない、ということです。たとえば『聖書』や聖職者といった伝統的な権威のすべてが否定されます。それらはすべて神の意志をまちがって伝えているかもしれないからです。それでも、唯一、神の意志が直接読み取れるものがあります。それは神が直接創造した自然そのものです。そして、人間にその自然本性として与えられた理性です。

『社会契約論』は「人間は自由なものとして生まれついたが、いたるところで鉄鎖につながれている」という有名な文章で始まっています。この一文からもわかるように、ルソーが提起している問題は、じつはホッブズやヒュームのそれとは違う問題なのです。一七五五年の『人間不平等起源論』で、ルソーは概略以下のようなことを言っていました――自然状態においては、人々は互いに独立していて、質素で素朴ではあるけれども平等であり、生まれつきそなわっている自己保存の本能と憐憫の情だけで、十分に生きていけた。ところが、現在の社会状態を見てみよ。人間はいたるところで、人為的な取り決めによって生じた不平等に苦しめられているではないか。この人為的につくられた不平等の原因を究明し、それを克服するための新たな社会契約のあり方を探究するのが、自分の課題であると。

『人間不平等起源論』は、今日のわれわれの生き方にも通じるいろいろな鋭い指摘が見られてとてもおもしろい本です。たとえば、この新たな社会状態の中で、人間は実際よりも価値ある存在であると人から思われたいという欲望を抱くようになる、と言われています。つまり、充実した人生を生きることが、他人にどう思われるかに左右されるようになるのです。こうして人間は、偽装をその本質とする存在になり、他人に対するまなざしは嫉妬を本質とするようになります。他人の不幸を見る喜び、と、他人の幸福を見る悲しみ。自分を幸福に見せる喜び、と、自分の不幸を見られる悲しみ。これが市民社会の現実だと言うのです。

ここで提起されている問題は、社会改革的な問題であって、社会構成的な問題ではありません。つまり、いまのこの社会はどうすればよくなるか、という政治思想的な問題提起であって、そもそも社会はいかにして可能か、といった社会哲学的問題提起ではないのです。ホッブズなら、現実がどんなに悲惨であっても、ともあれ社会が成立しているということは自然状態よりはずっとましなのだ、と言うでしょう。そして、社会がもたらす避けがたい害悪には耐えなければならない、と言うかもしれません。

②理性への自己服従としての自由

さて、ルソーによれば、人間がいたるところで鉄鎖につながれている理由は、人間が非理性的な（つまり不合理で根拠のない）因習に縛られているからです。正当な秩序と権威は、理性的な合意（convention）からしか生じないはずなのに、です。この理性的な合意は、人間の自然本性たる完全な自由意志に基づくものでなければならないはずです。このようなルソー的啓蒙思想は、今日なお有効性をもっていることを強調しておきたいと思います。もろもろの差別撤廃運動は、基本的にこの精神に基づくものであり、それは今日なおさらに推進されるべきものでしょう。

しかし、ここで注目すべきことは、ルソーにおいて、そして次に取り上げるカントにおいてもそうなのですが、自由意志の意味が、ホッブズ以前に、もっといえばドゥンス・スコトゥス以前の段階に、戻っているということです。それは、何ものにも隷属せず、自分で自分を律する理性的な能力をあらわすものとなっています。何ものにも、ということは、外部の権威だけではなく、自分自身の中の劣悪な情念にも、という意味を含みます。自由意志は、再び、理性が判断する道徳的な正しさと結びつくことになったのです。

なぜでしょうか。このことには、ある種の必然性があるのです。啓蒙的観点からみれば、自分が真の自由意志を行使していないことにまだ気づいていない「目覚めていない」人間というものが、必ず存在するからです。今日でさえ、たとえばフェミニズムの観点から見れば、自分が男性に隷属していることにまだ気づいていない「目覚めていない」女性というものが存在するのです。彼女たちは、自分では自分の自由意志に従って自由に生きているつもりでも、実は因習に囚われていて、真の自由をまだ知らないのです。

自分では自由であるつもりでも真に自由ではない場合がある——このことを認めないと、

ルソー的問題意識はほとんど理解不可能になってしまいます。逆にいえば、隷属的身分に甘んじている者に対して、それが不当であり、改革されるべきものであることを自覚させたい、という願望が存在しつづけるかぎり、ルソーの思想は不滅です。

ルソーは自分の課題を次のように表現しています。「各構成員の身体と財産を、共同の力のすべてをあげて守り保護するような、結合形式を発見すること。それによって、各人が、すべての人々と結びつきながら、しかも自分自身にしか服従せず、以前と同じように自由であること」。以前と同じように自由であるとは、つまり、人為的な拘束のなかった自然状態の自由が、正しい社会契約によって、市民的自由として高い次元で再現される、ということです。

その社会契約は、形式上は、ホッブズのそれの一つの変種として理解できます。ホッブズの社会契約では、自然権が主権者という第三者に譲渡され、主権者に全権が委任されるのに対して、ルソーの社会契約では、主権者は契約の当事者全員からなる合議体です。そして、この主権者の意志が一般意志といわれるものです。ですから、ルソーの社会契約とは、一般意志に従うという契約のことでして、それには当然、私人としての私が公民(citoyen)としての私自身と約束するという側面が含まれているのです。ホッブズの主権者は人民を自分に服従させる他者でしたが、ルソーの主権者は自分自身でもあるので、この社会契約は、自分自身の理性的な意志に自ら服従するという意味での自由の実現でもあるわけです。一般意志に従うことは、少しも自由を損なわない。それどころか、一般意志に従うことこそが、自分自身の理性に従うという意味で、真に自由になることなのです。

次の引用文は、きわめてルソーらしい文章です。原文に強調はありませんが、重要なところは強く読みます。「国家のすべての構成員の不変の意志が一般意志であり、この一般意志によってこそ、彼らは市民となり自由になる。ある法が人民の集会に提出されたとき、人民に問われていることは、正確には、その提案を承認するか拒否するかなのではない。問われているのは、それが人民の意志に、すなわち一般意志に合致しているか合致していないか、なのである。各人は投票によって、そのことについての自分の意見を言う。だから、投票の数を計算すれば一般意志がはっきりするわけだ。したがって、私の意見に反対の意見が勝ったなら、それは、私が思い違いをしていたことを、私が一般意志だと思っていたものが実はそうではなかったことを、証明しているにすぎない。もし私の個人的意見が一般意志に勝ったとすれば、私は自分が意志していたのとは別のことをしたことになる。その場合、私は自由ではなかったのである」

③「一般性」の位置価

自己利益を第一に考える私人としての意志は、特殊意志と呼ばれます。それはもちろん一般意志に反しています。ヒュームなら、人間の自然本性に反するようにみえる一般意志のようなものがどうして可能なのかを、人間の自然の情念にまでさかのぼって探求するところですが、ルソーはそういう経験的事実の探求をしようとはしません。この時代の西洋哲学を特徴づけるのに、しばしば、イギリス経験論と大陸合理論という対比がなされます——合理論とはrationalism、つまり理性主義のことです——が、ヒュームとルソーのこの対立にも、それははっきりあらわれています。

しかし、その点を別にすれば、ホッブズに対する対立関係からしても、ルソーとヒュームの間に類似性があることは確かです。ルソーが探求している一般意志の一般性は、ヒュームが探求したあの一般性です。ただ、ヒュームの場合、概しては自分の利益を求めがちな私人たちが、どうやって一般性に達するか、ということが、経験的事実の問題として探求されていたのに対して、ルソーの場合には、そういう問題は、まさに合理論的に、人間理性の本性という視点から、一気に解決されてしまっています。個人は、私的な事情や嗜好や利害をすべて度外視して、一般性の単なる一例として——つまり公民（citoyen）として——自己をとらえることができる、と考えられているのです。そして、それこそが真の自由だ、というのです。

なぜ、そんなことが言えるのでしょうか。ルソー自身、そこに飛躍があることは知っています。『社会契約論』の中に、それを認める記述があります。ルソーの言うようなことが可能であるためには「結果が原因にならなければならない」というのです。彼はこう書いています。「制度の産物でなければならないはずの社会的精神が、その制度そのものの設立に携わらなければならない。人間は、法によってなるはずのものに、法が生まれる以前になっているのでなければならない」と。このパラドックスのような事態を、事実の問題として解決しようとしたのが、ホッブズや、とりわけヒュームだったわけですから、ルソーは彼らの苦労を水の泡にしてしまうように見えるかも知れません。しかし、それはある意味ではやはり、やむをえないことなのです。

ここで、最初に問題にした、ホッブズやヒュームとの問題意識の違いを思い出してくださ い。ルソーは、社会の現状に対して異議を申し立て、改革の原理を打ち出そうとしていたのでした。決して、いかにして社会は構成可能か、と問うたのではありません。ルソーの問いは、本質的に、社会選択の問いなのです。それは、人間が一般性の立場に立てることは前提としたうえで、可能な複数の一般性のうちからどの一般性を選ぶべきなのかという、理性的で意志的な一般性選択の問いなのです。このような問いは、その本性上、どのような個人のあり方はどのような一般性を実現するか、という観点からしか個人を見ません。対比は、あくまでも、そのあり方が実現する社会と別のあり方が実現する社会との間にあるからです。

ところで、ルソーは宗教を否定したわけではありません。『聖書』の中の奇跡物語のような記述を現実に起こったこととは認めないだけです。人間が自らの理性に反することがらを信じないのは、むしろ当然のことです。理性に反して信じることは、むしろ不正なことです。どんな宗教であれ、その教えの中心は道徳的に正しく生きよ、ということであって、それ以外であるはずがないからです。ルソーの中に認められるこのような思想を、カントははっきりと受け継いでいます。神に喜ばれる生き方は、道徳的に正しく生きることだけで、それ以外の「信仰」は不要だと言うのです。この宗教の道徳化と同時に、道徳の宗教化が起こります。道徳それ自体が、神聖にして犯すことのできない領域となり、信仰の対象とされるのです。

2 カント――絶えざる社会契約としての「自由」

④善意志――「愚かな善人」の可能性

『道徳形而上学の基礎づけ』という本に拠りながら、カントの言うところを見ていきましょう。

カントはまず「ふつうの人間理性がもつ道徳的認識」から道徳原理を導き出そうとします。ふつうの人の普通の道徳的意識から出発しようというわけです。そうは言っても、彼が自明の前提としている道徳意識は、やはりじつは彼自身が持っていたプロテスタント的な信仰に基づく道徳なので、彼自身の意図に反して、どれほど普遍性があるか疑問がないわけではありません。

カントはまず、無条件的に善いものは善い意志以外にはないのだ、という考えを提示します。行為の善悪は、その行為がどういう結果を生み出したかには関係なく、行為者が何をするつもりであったかということによって決まる、ということです。たしかに、善い意志によってなされた行為は、たとえ悪い結果を引き起こしたとしても、道徳的に責められはしない、というふつうの道徳意識があるような気はしますね。

しかしたとえば、ビルの三〇階で火災にあった人が、周囲にいた子供たちを助けようとして、彼らを次々と窓から放り投げたとしたら、どうでしょうか。その人はたしかに子供たちを助けようとしたのです。しかし、そこが三〇階で、放り投げれば子供たちは確実に助からないという認識がなかった。その人は認識において劣っていたが、道徳的にはやはり正しかったといえるでしょうか。その人は愚かな善人なのでしょうか、それとも、愚かであるがゆえにやはり悪い人なのでしょうか。たとえばアリストテレスなら、そういう人を善い人であるとは言わないでしょう。愚かであるがゆえに、つまり器量において劣るがゆえに、道徳的に悪いといわざるをえない場合もあるはずです。

これに対して、カントの場合には「愚かな善人」というものが存在するのです。これは反アリストテレス的な、キリスト教起源の発想です。ついでに言いますと、同じく反アリストテレス的な、この逆の組み合わせもありますね。それは「道徳的価値のない賢さ」です。これまた、われわれにはお馴染みのものではないでしょうか。

ところで、その愚かな善人がなぜ愚かであるかといえば、彼の行為が現実には何を引き起こすかを知らなかったからです。当然知っているべきことを、知っているはずのことを、知らなかったからです。知らないことについては、意志することもできません。知っているかぎりのことに関しては、彼には悪意はまったくなかったのです。

それでは逆に、知っていることならすべて意志に含まれるかといえば、それはまた別です。私はある状況で、ある発言をすればAという人を傷つけることを知っていながらあえてその発言をしたことがあります。しかし、私はAを傷つけようとしてその発言をしたのではありません。別のBという人を勇気づけようとしてその発言をしたのです。私はそれがAを傷つけることを知っていましたが、それでもそうしようとしてそうしたのではない、といえるでしょう。この問題は、後にまた論じる機会があると思います。（↓四⑯）

⑤傾向性と義務、合法性と道徳性

さて、意志というのは自分で自分を律する理性的な能力であって、情念的な欲望が悪であるのに対して、理性的な意志は善であるという対比が、西洋倫理思想の枠組みをつくっている、という話を前回したと思います。カントの倫理思想はまさにその典型だといえます。カント特有の用語では、それは傾向性と義務という対概念で表現されます。傾向性というのは、ついついそうしたくなってしまう人間の自然の傾向のことです。義務は、自然にそうしたくはならないが、そうすべきであるという形で、理性的存在者たる人間に課せられた要求です。そして、傾向性を撥ねのけて義務に従うことこそが真の自由である、とカントは言うわけです。

カントは、傾向性からではなく義務からなされた行為だけが道徳的価値を持つ、と言います。これは先ほどの、善い結果によってではなく善い意志によって計られた善さだけが道徳的価値を持つ、ということに対応しています。いや、この二つのことは、実質的には同じことなのです。カントにおいて、義務を果たすことは、何かのよい結果を実現するために必要なことなのではなく、それ自体のために要求されることなのだ、ということがわかれば、それがよくわかると思います。つまり、ここでカントが求めているのは、何らかの意味でよい結果をもたらそうとする自然の傾向に逆らって、義務のための義務を意志的に遂行することだといえます。

善い意志の善さは、たまたま実現された結果から独立であるだけではなく、意図された結果からも独立なのです。ですから、義務はたんに自然の傾向性と対立しているだけではなく、何かを実現しようとするすべての特定の目的設定とも対立しているのです。カントは、反自然主義と反帰結主義を同時に主張しているわけです。しかも、この反帰結主義は帰結を意図することさえも否定するのです。

しかし、子供たちを窓から放り出したあの愚かな善人も、道徳的義務だと思ってそうしたのではなく、傾向性からそうしたのかもしれません。そのうえ、彼はまちがいなく子供を助けようとしたでしょう。つまり、そういう結果を意図していたでしょう。もし、実際の結果を考慮に入れないだけではなく、意図された結果も考慮に入れないのであれば、彼の行為の道徳的評価はいったい何によってなされるのでしょうか。

傾向性と帰結考量をすべて排除して、ただ道徳法則に対する純粋なる尊敬の念から行為していたかどうかによってなされるのだ、とカントは答えます。そうしたくなってしまったからそうしたのではなく、そうすべきであるという義務感からそうしたかどうか、ということです。たとえ義務にかなった（Pflichtmässig）行為であっても、義務から（aus Pflicht）なされているかどうかはまた別だ、ということになります。カントは前者を合法性（Legalität）、後者を道徳性（Moralität）と呼びます。

傾向性や帰結考量をすべて排除してしまうのが正しいかどうかは別として、カントのこの考えの中には、今日なおわれわれが決して無視できない洞察が含まれています。それは道徳の内面性という問題です。たとえ外面的には適法に見えても、じつは道徳的でない動機によってなされているということはありますし、また逆に、状況や帰結から見れば明らかに不道徳と見なされざるをえない行為の内に、じつは善い意志が隠されていることもありえます。それを判定するのは誰でしょうか。神という切り札を禁じ手にするなら、自分自身というほかはないでしょう。この「内面の法定」には、誰にも知られない真実というものがあり、最後に道徳が働くのはこの法廷においてなのです。

⑥定言命法――普遍的な法則になることを意志しうるように行為せよ

しかし問題は、その道徳法則が何を命じているのか、ということの方ではないか、と思う人もいるでしょう。カントによれば、道徳法則が命じているのは、ただ法則に従えということだけです。でも、法則に従え、などと命令されても、どんな法則なのかを言ってくれないかぎり、従いようがないぞ、と思うかもしれません。しかし、カントは言います。内容をすべて排除しても、法則の概念には普遍性の要求だけは残されている、と。したがって、法則に従えという命令は、「自分の行為原則が普遍的な法則になることを意志しうるように行為しなさい」という内容は残るのだ、というのです。

普遍的な法則になるとは、だれもがそれをするということです。たしかに、悪いことをする人は、ふつう、すべての人が自分のようにすべきだ、とは考えていません。たとえば泥棒は、自分の物が盗まれることを望んでいない。つまり、泥棒という行動原理は普遍化できないのです。ですから、普遍化できないことをしてはいけない、という否定的な形なら、これは成り立ちそうです。しかし、普遍化できるようなことをせよ、という肯定的なバージョンではどうでしょうか。「だれもが一日五、六杯のコーヒーを飲む」ということが普遍的な法則となることを、私は意志することができます。だからといって、一日五、六杯のコーヒーを飲むことが道徳的に正しいことだとはいえないでしょう。つまり、普遍化できないという形で道徳的な悪を取り出すことはできても、普遍化できるという形で道徳的な善を取り出すことはできそうもありません。

カントにおいて、この問題は「命法」という聞き馴れない概念を使って議論されています。命法とは何かといえば、命令が表現される言語形式のことです。もしわれわれが傾向性を持たず、意志が理性によって完全に決定されていたならば、法則が命令として体験される必要はなかったでしょう。しかし、われわれは、理性と傾向性とに引き裂かれた、分裂した存在です。道徳は、理性的な存在者としてのわれわれにとっては、自分自身の自由意志のあらわれにすぎません。しかし、われわれは傾向性によって絶えず理性の法則から逸脱するように駆り立てられてもいる存在です。そういうわれわれにとっては、法則に従うことは事実ではなく義務であって、あたかも他者からの命令であるかのように体験されるわけです。つまり、所与（与えられたもの）ではなく、課題（課せられたもの）としてあらわれるのです。

カントは、この命令の言語形式、すなわち命法を、仮言命法と定言命法に分類します。まず、仮言命法とは、何かを実現したければこれこれをしなさい、という形で、傾向性や目的（実現を意図された結果）を条件として持つ命法です。たとえば「人に好かれたければ人に親切にしなさい」というようなものです。これらは、結局のところ、自分の幸福の追求によって条件づけられることになります。

定言命法は、傾向性や目的（実現を意図された結果）を条件として持たない命法です。つまり、条件節なしに、端的に「これこれをせよ」という言語形式になります。道徳法則の命令は、言語的にはこの形式で表現されると、カントは言うのです。

カントは定言命法にいくつかの定式化を与えていますが、最初のものは「君の行為原則が普遍的な法則になることを、君がその行為原則によって同時に意志できるような行為原則に従ってのみ行為せよ」というものです。それをちょっと変形したのが「君の行為原則が、君の意志によってあたかも普遍的な自然法則となるかのように行為せよ」です。表現は難しいけれど、要するに、先ほどらい問題になっている「普遍化できるかどうか」という道徳基準が「命令」という形で提出されているわけです。

見通しをつけるために大ざっぱな言い方をするなら、ここでいう「普遍性（Allgemeinheit）」はヒュームやルソーで問題になっていた「一般性（generality, généralité）」と同じ要請に答えるためのものだと言えます。すると、カントの定言命法はルソーの一般意志の変種であると言えます。カントはルソーが選挙のときにだけ要求したことを、つねに実践するように要求している、といえるかもしれません。

⑦命法によって表現される義務の分類

この命法によって表現される義務は、自分に対する義務か他人に対する義務かという基準と、完全義務か不完全義務かという基準によって、次の四つに分類されています。

自分に対する完全義務　――例えば「自殺をしない」
他人に対する完全義務　――例えば「守るつもりのない約束をしない」
自分に対する不完全義務――例えば「自分の才能をのばす」
他人に対する不完全義務――例えば「困っている人を助ける」

完全義務とは「傾向性を利するような例外を一切認めないような義務」のことです。つまり、どんな場合でも絶対そうしなければいけない、ということです。不完全義務のほうは、「称賛に値する義務」という言い方もされていますから、場合によってはそうしなくてもよい例外状況がありうるということでしょう。

さて、完全義務の二つは「～しない」という否定形で、何かを「してはならない」という禁止命令です。これはつまり、自殺することや、守るつもりのない約束をすることが、普遍化できないことを示しています。これに対して不完全義務は「～する」という肯定形で、何かを「せよ」という命令です。しかしこれは、自分の才能をのばしたり他人を助けたりすることが普遍化できるということなのでしょうか。カントの実際の説明によれば、じつはそうではなく、ここでもやはり、自分の才能をのばさないことや他人を助けないことが普遍化できない、というのです。

⑧自然の斉一性の要求に対応する理性の普遍性の要求

　自然法則が引き合いに出されていることからもわかるように、理性の普遍性の要求は自然の斉一性《せいいつせい》の要求に対応しています。自然の斉一性とは、自然はいつどこでも同じあり方をしているということです。ですから、もしある二つのケースで違う結果が起きたなら、必ず条件の違いによって説明できるのでなければならない、ということになります。まったく同じ条件なのに結果が違うなどということはあってはならないのです。それと同じように、あるタイプの行為が、彼女にとってはすべきことであるのに、私にとってはすべきことでない、ともし言いたいのなら、彼女と私の間にその違いを説明できるような条件の違いを指摘できなければならないのです。そして、その違いの説明はすべての場合にあてはまるのでなければならないのです。

　ここでたとえば、彼女は女性であり私は男性である、ということが条件の違いとして出されたなら、女性であることと男性であることの違いが、それをすべきかすべきでないかの差異になぜつながるのか、と問われることになります。そのとき、それの説明として提示される理由は、女性と男性の違い以外の場合にも妥当するようなものでなければ、そもそも理由の提示とはいえないのです。

この意味で、普遍化可能性の原理は、理性的・合理的な存在者にとって、つまり常に行為に理由を求められる人間にとって、不可欠な条件なのです。では、なぜ理性的・合理的でなければならないのか、という問いには答えはありません。そう問いたくなる人は、そこでもう理由を問うているのですから、すでに合理性の要求を受け容れているわけです。合理性は、合理性の根拠を問うためにも、その前提となっています。根拠とは、つまり理由のことだからです。

さて、カントの理論はこのような意味での合理性に基づくものだといえるでしょうか。守るつもりのない約束をする人の場合で考えてみましょう。いますぐ金が必要なのに、借りれば、期間内に返すことはできない。でも、返すと約束しなければ金を貸してもらえない。そこで、守るつもりのない約束をする、とします。そのときその人が従っている行為原則を普遍化すると「金が必要なときには、返せないことがわかっていても、返す約束をして金を借りてよい」となりますね。この原則がそのまま普遍化されたら、約束という行為自体が成り立たなくなってしまいます。これがカントの論点です。これは完全義務ですから、どんな場合でも「してはならない」ことになります。

しかし、守れないことがわかっている約束をして金を借りた人が、自分の置かれた状況には、この大ざっぱな行為原則では表現できない特殊事情があって、それを考慮に入れて普遍化すれば、自分の行為は十分正当化できるのだ、と言える場合があるのではないでしょうか。たとえば、彼には三人の子供がいて、今まさに飢えて死にかけており、そこで金を借りる以外に子供たちを救う方法がなかった、としましょう。すると、彼の行為原則は「金を借りる以外に死にかけた子供たちを救う方法がない場合、返せないことがわかっていても、返す約束をして金を借りてよい」となります。もし不完全義務の場合なら、カントもこのような例外を認めるだろうと思われます。しかし、約束の例は完全義務ですから、カントはこのような例外を一切認めません。しかし、このような仕方で普遍化可能な例外を認めたとしても、約束という行為が不可能になったりはしません。カントの主張は無意味に頑《かたく》なで杓子定規である、といわざるをえないのではないでしょうか。

⑨ヘーゲルのカント批判1

また、ヘーゲルはカントを次のように批判しました。泥棒が自分の物が盗まれることを許容できないといっても、その泥棒がプルードン主義者で、所有権の存在自体を否定していれば話は別ではないか、と。つまり、前提になっている規範それ自体を拒否すれば、どんな行為でも矛盾なく普遍化することができるではないか、というわけです。彼は『法権利の哲学』でこう言っています。「所有権が存在し、人間の生命が尊重されるべきだということがすでに他の根拠に基づいて確立され、もし前提されているならば、盗みや殺人を犯すことは実際に一つの矛盾である。そもそも矛盾というものは、何ものかに対する矛盾でなければならない、つまり、確固たる原理として最初から前提された何らかの内容との矛盾でなければならないのである」

つまり、普遍化可能性という形式的な原理だけではだめだと言うのです。所有であれ、生命の尊重であれ、約束であれ、何であれ、それの存在を前提にして、それと矛盾するかどうかを考えるだけでは、足りないのです。倫理学説というものは、そもそもそういう社会的規範そのものがなぜ存在すべきなのか、もまた論証しなければならない、というわけです。

⑩不完全義務の場合

困っている他人を助けるという不完全義務の場合はどうでしょう。約束の場合は、だれもが約束規範を蔑《ないがし》ろにする社会では、約束自体が無意味になるので、守るつもりのない約束をして人をだますことも不可能になるのでした。それとはちがって、だれもが困っている人を助けない社会になっても、困っている人を助けないという行為が不可能になりはしません。つまり、困っている人を助けないという行為原則は、矛盾なく普遍的法則になりうるのです。

それにもかかわらず、われわれはそれが普遍的な法則となることを意志することはできない、とカントは言います。理由はこうです。「人が他人の愛や同情を必要とする場合はいくらでもありうるが、そのとき彼は、自分自身の意志から生じた自然法則によって、彼が欲する援助の可能性をまったく奪われることになるだろうからである」。

しかし、そうだとすると、そういう場合でも他人に助けてもらうことなどは潔《いさぎよ》しとしない、という行為原則の持ち主なら、他人を助ける必要もない、ということになります。あるいは、そういう場合、助けるかどうかはその人しだいであってよい、という行為原則の持ち主なら、やはり他人を助ける必要がない、ということになるでしょう。そして、もちろん、このことに加えて、約束の場合と同じ個別的事情の問題が付加されます。どういう事情でどういう風に困っているのか、それが分からなければ何ともいえないからです。

⑪一般性選択の根拠

すると、結局のところ、この普遍化可能性という基準は、不完全義務の場合はもちろん、完全義務の場合でもヘーゲル的な批判まで考慮に入れれば、道徳原理としてあまり役に立たないのではないでしょうか。

しかし、われわれはこの原理を現に道徳基準として使っています。前回問題にした義賊というのをもう一度思い出してください。義賊の行為が、貧民を救済して貧富の差を是正しているにもかかわらず、道徳的に正当化できない理由は何だったでしょうか。思い出して考えてみれば、ヘーゲルの批判からカント的観点を救い出すことができるかもしれません。義賊の行為が否定されたのは、対比の視点が、そのとき義賊が金持ちから盗んで貧乏人に与えるか与えないかの間にではなく、一般的に所有権が守られるか守られないかの間に置かれたからでした。

問題はしかし、この後者の対比そのものは、いったいどのように決着がつけられるのか、ということです。一般的に所有権が守られたほうがいいのか、そんなことはないのか、という問題です。どちらの方が一般的に見てその社会の人々をより幸福にするか、ということを考える以外にはないのではないでしょうか。それは、結局、前者の対比が問題になる場合と同じ原理に従っていることになります。これが、次回取り上げる功利主義の問題です。

前者の対比の場合、義賊が金持ちから盗んで貧乏人に与えるのとそうしないのとでは、どちらの方がそのときのその社会の人々をより幸福にするか、ということを考えるしかない。たとえば、一〇万円程度の金は盗まれても何とも感じない金持ちから盗んで、一〇万円で不幸のどん底からはい上がれる貧乏人に与えれば、全体としては善いことがなされたといえるでしょう。それと同じように、約束という制度がない社会からそれがある社会への移行が——社会契約によって——なされたなら、やはり全体としては善いことがなされたといえるでしょう。じつはそのことを前提にしたうえで、カントは、永続的かつ日常的に、社会契約の反復を求めているのだ、と考えることができます。道徳法則は、このように、すべての理性的行為者によって、つねにそのつど、自分で、立法されるのです。カント自身はそんなことは感じていなかったかもしれませんが、私は、カントのこの態度の内に、現に存在するこの社会の瓦解への不安のようなものを感じ取って、個人的に深い共感を感じるのです。

⑫「目的」としての「人格」――定言命法のもうひとつの定式

さて、定言命法にはもうひとつの重要な定式があります。それは「君自身の人格のうちにある人間性であれ、他人のそれであれ、常に同時に目的として扱い、決して単に手段としてのみ扱わないように行為せよ」というものです。しかし、まあ、われわれはだれしも、自分自身を単に手段としてのみ扱うことなどは、したくてもできないでしょう。自分を単に手段としてのみ扱うとしたら、いったい誰が、何のための手段として扱うのだ、という疑問が湧いてきます。そうすると、やっぱり、自分自身を単に手段としてのみ扱うことなど不可能だということがわかるでしょう。どんな場合にも、自分自身は何らかの目的設定の主体であらざるをえないのです。「目的として」という言い方はちょっとわかりにくいかもしれませんが、こういう風に「目的設定の主体として」という意味に理解すれば、よく理解できると思います。

そこで、カントはこう言っています。「人間は自分自身の存在を目的それ自体として表象せざるをえない。その限りにおいて、これは人間の行為の主観的原理である。しかし、他のすべての理性的存在者もまた、私に妥当するのとまったく同じ理性的根拠に基づいて、自分の存在を同じく目的それ自体として表象している。それゆえ、この原理は同時にまた客観的原理でもある。そして、究極の実践的根拠として、そこからすべての意志の法則が導出されうるはずである」

ここには、あらゆる道徳的論証の基本形が示されています。要するに、自分にあてはまることは他人にもあてはまるのでなければならない、ということです。ここでカントは、自分自身とそれ以外のものという区別の仕方から出発して、いわばそこで成立していたことを根拠にして、目的設定をおこなう人格とそれ以外のものという区別の仕方へと、対比の拡張をしているのです。それによってわれわれは、自分自身の目的を追求する際に、他人の人格の尊厳を脅かすような手段を採用することができないことになります。

この区別は、尊厳をもつ人格（Person）と価格をもつ物件（Sache）という形で定式化されます。物件は、同じ価格の別のものによって置き換え可能です。つまり、掛け替えがあるのです。すべての商品は置き換えが効きます。つまり、個々の物の価値は、それがどんな種類のものの一例であるかによって全面的に決まってしまうのです。そしてそれらは直接使われるか、または他の同価格のものと交換されます。それらはすべて単なる手段なのです。

しかし、手段としての物件に価格を与えているのは、目的をもった人格です。それゆえ、人格それ自体は、価格を生み出す源泉として、価格とはまったくちがった種類の価値をもつはずです。人格は、価格のような外在的で相対的な価値をもつのではなく、尊厳という内在的で絶対的な価値をもつのです。物件とちがって、人格は価格が同じである他のものによって置き換えるということができません。つまり、掛け替えがないのです。

しかし、資本主義社会では、人格は物件化（Versachlichung）されます。人々は自分自身を置き換え可能な労働力商品として売ることを余儀なくされるからです。これがマルクスの資本主義批判の一つのポイントでした。

カントの人格の尊厳という理念は、個々の人間の自由意志による目的追求に対して敬意をはらうことを要求します。ですから、他人を助けるとは、一般的基準で、その人を不幸な状態からより幸福な状態にしてあげることではありません。そうではなく、その人自身が設定した目的の追求を支援することなのです。

⑬カント哲学全体の中での倫理学の位置づけ

最後に、カント哲学全体の中でのこのような倫理学説の位置について、簡単に見ておきましょう。カントの理論哲学では、世界が因果的なあり方をしている理由が解明されました。簡単にいえば、それがわれわれが世界を把握する仕方だからなのです。因果的に捉えることができたとき、われわれは世界の真相を認識したと考え、因果的に捉えられたそのあり方こそが現実であるとみなす。それ以外の世界の認識の仕方を、われわれは持たないのです。それゆえ、世界は因果的であらざるをえない。こういう議論の仕方を超越論的論証と言いますが、カントは『純粋理性批判』という本で、大略そういう議論をしました。

さて、それでは、すべてが因果的に決定されているのでなければならないそのような世界の中で、人間はどうして、道徳性の前提である自由意志をもつことができるのでしょうか。物理学が明らかにするような世界は、人間の認識の仕方の条件によって因果的であらざるをえないのですから、現象的な世界にすぎません。それに対して人間は、そういう現象的世界に属するだけではなく、それを認識する主体として、そのような世界を越えた実在する世界にも属しているからなのです。つまり人間には、物理的因果連関の外に立つ超越論的自由があるのです。人間は、世界の因果連関からまったく独立に、自由意志を働かせることができる。これは古臭い考え方のように思うかもしれませんが、そうではありません。われわれは今日なお、カントのこの二世界説を超えてはいません。世界の物理学的探索そのものが、その物理的世界の中には位置づけられない自由意志によってなされることからも、これは明らかなことです。

しかし、物理的因果連関の外に立つというだけでは、自由はまだ消極的なものでしかありません。理性は、因果決定論が支配する現象的世界にも属している人間に対して、因果系列からまったく独立の新たな行為をなせという命令を下すことができるのです。これが道徳が存在できる根拠です。また逆に、その命令に従うことができるということが、自分が自由であることを認識できる根拠となるのです。

もちろん、これはカントの哲学体系全体を前提にしなければ意味のない話です。カントの哲学体系全体は今日なお意味を失っていません。問題は、かりにそれを前提にしたとしても、人間が因果系列を免れていることが、なぜ道徳の命令に従うという仕方でしか認識されないのか、という点です。さらに、なぜ人間はその命令に従わなければならないのか、というもっと根本的な問題もあります。カントの場合、それは論証されているというよりは、むしろ前提されているのです。

⑭ヘーゲルのカント批判2

ヘーゲルのカント批判について、要点だけふれて終わりにします。その要点とは、自分で自分を律するという意味での自由がどこで確保されるか、という点です。まず、カントとヘーゲルの共通点は明らかです。それは、欲望や情念のおもむくままに好き勝手なことをすることを自由とはみなさず、むしろ、そういう欲望や情念から意志が自立することこそを自由とみなす、という点です。ですから、この自由の理念には、自己を律するという意味での道徳的含意が最初からあるのです。さて、それではその自由はどこで実現されるのでしょうか。

あなたが欲望に駆られて何かを万引きしたいと思ったとする。そのとき、あなたがその衝動を抑えたとしたら、それは自分の自由を抑圧したことになるのでしょうか。カントもヘーゲルもそうは考えません。むしろ、意志の自由が実現されたと考えるのです。カントなら、そういう行為は普遍化できないのですから、理性的存在者が意志できるものではない、と言うでしょう。しかし、ヘーゲルはその前提に所有権の承認という事実があることを見抜いた。あなたも、市民社会で生活している以上、すでにその法＝権利を承認している。あなたが万引きすれば、あなたは自分が承認している法＝権利を踏みにじり、そのことによって、それを承認している市民としての自分自身を踏みにじることになる。だから、欲望を抑えることこそが自分の意志に忠実であるという意味で自由なのです。

もちろん、カントのように、つねに自分の意志で理性的に行為することは自由であることはたしかです。しかし、世の中に現実に存在している社会規範は、そうした抽象的な可能性が具体的な形で現実化されたものなのです。だから、それに従うことこそが、理性の命令に従うことの具体的な形態なのだ、とヘーゲルは言うのです。

アインジヒトとの議論Ⅲ

利己主義の普遍化は不可能か？

⑮ルソーが問えない問い

ルソーの関心事は社会構成的な問題ではなくて社会改革的な問題だったってM先生は言ってたけど、ということはつまり、囚人のジレンマの話で言うと、ルソーは世界1と世界2の間の選択だけを考えたということかな？（↓二⑯）

いや、ルソーはむしろ世界3を考えていたと思う。世界3というのは、一方は釈放されて他方は二〇年（あるいは一方は助かり他方は死ぬ）というケースだ。ここで注意してもらいたいのは、「一方は」「他方は」という言い方なんだ。いいかい、ここには「俺が」

とか「相棒が」という言葉が入る余地はないのだ。M先生は「社会選択の問い」を「一般性選択の問い」と言い換えていただろ？　あれは実質的にそのことを言おうとしてたんだよ。つまり、あのとき俺が書いた表（→二⑭）でいうと、右下と左上の欄が区別されないんだな。

それは、いちばん重要な区別がされない、ということでじゃない？

ある意味ではね。読んでみればわかるが、ルソーの世界はとても美しい。どこかプラトンの世界に通じる美しさがある。でもそれは熱に浮かされた忘我状態の美しさなんだ。冷めたまともな人間が生きられる世界ではない。

だから、ルソーの場合、その問いの構造からして問えなくなる問題があるんだよね。M先生が挙げている差別撤廃運動の例でいえば、「なぜ私は差別的であってはいけないのか？」というような種類の問いが、問いとして立てられない構造になっているんだと思う。

その通りだ。ルソー的な問題構成では「差別的な社会と差別のない社会ではどちらが正しいあり方をしているか」ということが問題のすべてになってしまう。このとき、こう問うことはもうできないんだ――「もちろん正しいのは差別のない社会だ。さてしかし、なぜ私は差別的であってはいけないのか？」と。ルソーの世界は、まともな人間がこう問うことはありえない世界なのだ。実際、この問いがありえない、無意味な問いだと感じるルソー的な人間は現に存在すると思うよ。逆に、これこそが本物の哲学的問いで、そこにこそ問うべき本質的な問題が隠されている、と感じる人もいるだろう。ホッブズは、そしてヒュームも、じつはそう感じていたはずだ。しかしルソーでは、そしてもちろんカントでも、そういう問いはもう不可能な問いになっている。この断絶はすごく大きい。

M先生が挙げていたフェミニズムの例でも同じだね。あの例では、問いは内向きになるから、「なぜ私はその真の自由に目覚めなければならないのか、そんなつまらないものに目覚めない自由もまたあるのではないのか？」という形になるね。

そうだけど、そういうふうに言ったとしても、根本的にルソー的な人間は、その問いそのものを必ず誤解して、社会選択的な問いに変形して理解するんだな。「だれもそんなつまらないものに目覚めなくたっていいじゃないか？」というような問いにね。そうじゃないんだ。「もちろんだれもがその真の自由に目覚めた社会こそがよい社会だと心から思う。さてしかし、なぜ私はそれに目覚めなければならないのか？」という問いこそが問いたい問いなのに、その意味そのものが理解されずに、どうしても社会選択的な問いに翻訳されて理解されてしまうんだな。

すごくよくわかるよ！　そういう種類の人と話をしても、問題にしたいことの意味そのものが通じないんだよね。問題が社会選択の政治的問題に、どこまでも読み換えられていっちゃうんだ。

⑯義務と傾向性の対立をめぐるカントの議論はつまらない？

で、もうカントの話に入っていいかな？　ぼくは、カントの問いはルソー以上に的はずれじゃないかと思うんだ。だってさ、そもそも傾向性からではなく自由意志からなされた行為だけが道徳的価値を持つかどうかなんて、どうでもいいじゃん。そんなことは道徳的な善悪の本質とぜんぜん関係ないよ。たとえば、ある一つの行為、川で溺れている子供を助けるでも、人の物を盗むでもいいんだけど、そういう行為が、傾向性からなされたのか義務意識からなされたのか、とか、結果によって善悪が判定されたのか意志によって善悪が決まるのか、なんてこと、どっちでもいいじゃん。そんなこととは独立に、まずはそういう行為が道徳的に善いとか悪いとか、いえるわけだよね。そうだよね？　そして、なぜそれが道徳的に善いのか悪いのか、という根本的な問題は、《義務vs傾向性》の問題とも、《善い結果vs善い意志》の問題とも独立だよね？　そんなこととはぜんぜん別の基準で決められなきゃなんないはずだろ？　だからカントが前半で論じている問題は、どうでもいい問題としかいいようがないと思うよ。

たしかに、ついつい人に親切にしてしまう傾向性の善人であろうと、道徳的義務に従って親切な意志の善人であろうと、親切な行為が道徳的に推奨される理由はそんなこととは独立だな。ついつい弱い者をいじめてしまう傾向性の悪人であろうと、道徳的義務に反しようとして弱い者をいじめる意志の悪人であろうと、いじめが道徳的に非難される理由も、そんなこととは独立だ。世の中にはカント倫理学を妙にありがたがる人がいるし、逆に悪しき道徳主義の権化と見なして猛烈に攻撃する人もいるけど、むしろどちらかというと、たんにポイントを逸した的はずれな学説といったほうがいいかもね。

わたしもカント倫理学は枝葉の問題にこだわって本質的な問題をおろそかにしているという印象を持った。それから、もし意志に善を、傾向性に悪をわりふっているなら、それは端的にまちがっていると思う。

そうみんなが一致してしまうと、ちょっと反対もしたくなるね。カント学説のこの部門にも、それなりのおもしろみはあるさ。たとえば、こういう問題はけっこうおもしろい問題じゃないかな。川で溺れている子供を傍観できなくて思わず助けたくなってしまう人、道徳法則が命じるからその法則に対する尊敬の念から助けようとする人、最後に、道徳的に善い人だと思われたいからそうする人、という三人を考えてみる。カントは二番目を持ち上げるけど、しかし、だれでもふつう、最初の人がいちばん善い人だと感じないか？　最初の人は、そもそも自分の行為を道徳の相のもとで捉えていない。単純に居ても立ってもいられなくなってしまって、自然の傾向性につき動かされて川に飛び込んでしまっただけだ。道徳的に行為することを、それ自体で価値のあることだと見なして、自分にその価値を実現させたいと思ったのは、後の二人なんだ。後の二人がむしろ似ているんじゃないか？

なるほど、それはちょっとおもしろいね。道徳を自然な傾向性としている人のほうが道徳的価値が高いような感じがするわけだね。

それにもかかわらず、カントはこう言っている。「義務における命令の崇高さや内在的尊厳は、主観的な衝動が義務の命令を好まず、それに反抗すればするほど、それだけいっそう明白になる」とね。これは裏を返せば、もしある行為をしたいからするとすれば、その行為には意志の努力が含まれていないから、そこには道徳的価値がない、ということだ。俺は、カントのこの主張にも一理はあると思うね。

どういう一理だい？

たしかに傾向性の善人はいいさ。しかし、カントの主張に示されていることは、すべてを自然の傾向性にまかせていては、道徳は機能しないということなのだ。ある限界を超えれば、道徳は反自然的な存在であらざるをえないこと、だから、それは人為的に称賛されねばならないこと、これを忘れてはいけない。だから、意志的に善いことをする人をこそ誉めなければならない理由は、たしかにあるんだよ。カントは、ホッブズやヒュームのように、道徳の存在を説明しようとしているのではないんだ。現に道徳的活動そのものを実行しているんだよ。そう理解すると、カントの言っていることはなかなか的確だぞ。

(→序③、一⑬)

なるほど、そうなのか。そういう活動をはなれて見れば、本当は、道徳的行為それ自体に特別な価値があるわけではないよね？　意志的だろうと、傾向的だろうと、それが何を実現するかということだけが問題なんじゃないかな。

⑰「内面の法廷」の意義

たとえば、わたしが一度だけ何か不正なことをすれば、それによって、世の中全体の悪をすごく減らすことができるとするね。それでも不正に行動すべきではない、とカントなら言うだろうけど。

人々がみんな千絵のその行為を道徳的に悪いことだとみなすんだけど、だれにも分かってもらえないけど、じつはそのことでとても善いことをしている、という状況はありうる。そういうとき、「内面の法廷」は反カント的な方向に移動するんじゃないだろうか。つまり、人にどう思われようと、自分が信じる本当に善いことをするか、それともみんなに善いと思われていることをしてお茶をにごすか。

そういう状況は、わりとふつうに起こるね。そのとき、一般的に善いとされていることではなく、その状況で本当に善い結果を引き起こせることをするのが「道徳的に善い」ことだと思うけど……

まず、実際に引き起こせるか、見通しは甘くないか、という問題がある。たとえ引き起こせたとしても、それが善い結果であるという判断自体がひとりよがりである可能性も捨て切れない。だから、今度は、そのことをいわば自分に対する口実にして、一般的に善いとされていることをしてお茶をにごしてしまおうか……

なんと感動的な内面のドラマ！

昔の小説みたい。むしろ、こういうのはどうかな。もし、道徳的に善い行為が今よりもずっとたくさんされるようになったとしたら、世の中はそのこと自体で今よりもずっとよくなるか。

もし結果として世の中の現実が改善されないなら、その道徳的行為は無価値だろうな。逆のケースで考えた方がはっきりする。世の中から悪いことが――道徳的な意味で悪いことじゃなくて、病気とか苦悩とか困窮のようなそれ自体で悪いことが――なくなって、人が他人から助けてもらう機会がぐっと減ってしまったとしよう。それはもちろんいいことだと思うだろ？　しかし、道徳的行為の数が減ったという意味で、世の中が悪くなったともいえるだろうか？

いえないよ。道徳的行為は手段にすぎない。それ自体としては苦痛なことが多いから、むしろ必要悪と考えたほうがいいと思う。

それでもやっぱり、わたしは「内面の法廷」という問題には現実的な意味があると思う。ちょっと話が先に行っちゃうけど、わたしは、約束という制度が存在することを前提にしたうえで、嘘の約束をするということはやっていいことなんじゃないかと思うんだ。

約束という制度それ自体は、もちろん、嘘の約束をしてはいけないと言っているんだけどさ、制度がそう言っているというそのことを利用して嘘がつけるんだと思うから。それで、話はこれからなんだけど、それと同じように、内面化された道徳だって、それが制度になれば、それを内面で利用できるんじゃないかと思うんだけど。

それはどういう場合？

さっきの感動的な内面のドラマの話でもいいんだけど。アインジヒトが言ったように、見通しが甘くはないかとか、それが善い結果だという判断自体がひとりよがりではないかとか、そういった疑念があることを自分に対する口実にして、自分が善いとみなすことではなくて一般的に善いとみなされていることのほうをしてしまった場合、本当はただ勇気がなかっただけでも、自分ではむしろより深く考えてより善い行動をとったと思いがちだよね。

そういうことなら、逆の決断をした場合だって同じことがいえるよ。自分が一度だけ不正なことをすればこれから起こるはずの悪いことを起こらなくさせることができる、というその信念自体が、じつはその不正なことをしたいために生じた自己欺瞞的な信念かもしれない。だから固執するのかもしれない。

その問題が恐ろしいのは、自分の自己欺瞞に気づいたとき、気づいたというその思い自体が自己欺瞞かもしれない、というところにあるな。自分を、自分の自己欺瞞に気づいてそれを率直に認めることができるほど誠実な人間だと思いたい、という欲求がそこにあるのかもしれないからだ。内面の法廷は、被告人も被害者も目撃者も、弁護士も検事も裁判官も、みんな自分だからね。事実を認定するために必要とされる誠実さという唯一の手段が、それ自体道徳的価値を持っている以上、この法廷では、道徳的価値判断から独立した事実認定が不可能になるんだよ。だから、内面の法廷は泥沼にならざるをえない。

⑱悪事は単なる分業か

ところで、普遍性をめぐる後半の議論のほうは納得できたのかい？

くだらないことを言ってもいい？　ぼくはね、草野球でいつも一塁手をやることにしているんだけど、これは普遍化できないよね。普遍化すると野球というゲームが成り立たないから。だから、一塁手をやろうとする意志は悪なのかな？

それはゲームだから。

社会だって同じじゃないかな。外務大臣はすべての人が外務大臣である社会なんか意志することができないし、花屋はすべての人が花屋である社会を意志することができない。だから、外務大臣や花屋であることは悪いこと……

そんなことを言うと、社会的分業に基づく行為原則はすべて不正ということになるよ……

たしかに、悪事をなす者は、すべての人が自分のように行為することを意志することができない。つまり、その行為原則を普遍化できない。しかし、逆は必ずしも真ならずだ。つまり、すべての人が自分のように行動すべきだとは考えられない者は悪いことをしている、とはいえない。普遍化できない理由にも色々あるからだ。その行為の普遍化がその行為そのものの基盤となっている社会制度を瓦解させるという理由の場合もあるけれど、単に分業原理を破壊する場合もあるからだ。

でも、それを逆手にとって、悪事とはじつは単なる分業なのではないか、と考えてみたらどうかな。外務大臣や花屋が、すべての人が外務大臣や花屋であることを意志することができないのと同じように、泥棒はすべての人が泥棒であることを意志することができないのだというふうに。つまり泥棒は、花屋がそうであるのと同じように、自分を含めた一部の人が泥棒である社会を望んでいるんだよ。だから、泥棒という生き方が普遍化できないのは、花屋という生き方が普遍化できないのと、じつは同じことなんじゃないだろうか。

おもしろいけど、ヘーゲルが言うように、社会の根底にある規範まで考慮に入れると、どうかな。泥棒は所有権という社会規範を侵害しているだろ?

いや、全面的に侵害してはいないよ。所有権一般はちゃんと守っているんだ。自分が泥棒できる程度に、適度に侵害しているにすぎない。だから、適度に侵害される社会が望ましいという形で普遍化できるんじゃないかな。

外務大臣や花屋さんは、それぞれの仕方で世の中のためになるけど、泥棒はぜんぜんならないよ。そして被害を受ける人がいる。

⑲「祐樹のテーゼ」の最初の提示

一つは、社会の側からいって、自分のためにしかならない生き方もある程度は許容するのが健全な社会だ、とはいえないだろうか。もう一つは、逆に泥棒の側からいって、だから泥棒のような生き方こそがいちばん善い生き方だとはいえないだろうか。社会の約束事に自分を妥協させせなくてすむんだから。自己犠牲的要素がきわめて少ない生き方だ、と。

もっとずっと破壊的な犯罪の場合はどう考える?

社会の側からのほうは、許容限度をこえれば、健全さの限界をこえるけど、犯罪者の側からのほうは、ますます善くなると考えてはいけないかな。

いや、原理的には、そう考えることはできると思う。祐樹の言うことを逆から言うとこうなる。一つは、犯罪者の側からいって、それでも社会からの要求もある程度は許容するのが健全な人間だ、ということ。もう一つは、逆に社会の側からいって、だからカントの要求するような社会こそがいちばん善い社会だということ。(→六㉒)

⑳可能な経験は類例をもつ

いちばん善い生き方もいちばん善い社会も不健全なわけだ。でもさ、普遍性というのは行為原則について言われることなんでしょ？　大臣とか花屋さんとか泥棒とかいった職業レベルで捉える必要はないと思うけど。泥棒だって、M先生がよく言っている「義賊」のような場合だってあるし。だから、たとえば「貧しい人たちが飢えているのに金持ちたちがそれを無視しているような状況で、金持ちから盗んで貧乏な人にお金を与えること」という形で行為原則を定式化しておいて、それが普遍化できるか、と問うこともできると思う。

それができるなら、原則はいくらでも細かくできるね。

カントをそう解釈することもできる。つまり、「泥棒はいけない」と「飢えている人を助けるべきだ」というような二つの一般的な原則が矛盾しているとき、千絵が言ったような、具体的状況を盛り込んだ新たな原則をつくってみて、それが普遍化できるかをテストすることで、なすべき行為を決定していく、というようにね。そう解釈しても、いまのこの状況だけを考えるのではなくて、その新たな原則が妥当するすべての状況を考えるかぎり、カントの議論のポイントは失われない。

どんな個別的状況でも、言語で語られるかぎり、一般化されるよね。でも、具体的な状況そのものはいつも、まったく個別的で、類例というものがないんじゃないかな。

人間が自分が直面する状況をそういう類例のないものとして把握しているかどうかは、倫理学というより哲学の重要問題だな。しかし一応は、まったく新しい、類例のない状況に直面することはめったにない、と考えておいていいんじゃないだろうか。

でも、直面するすべてが、まったく新しい、まったく類例のない状況だと考えることもできるね。実際そうだし。

それは魅力的な考え方だけど、文字どおりにとると、われわれはみんな、経験から学んだことを新たな状況に適用すること自体ができなくなるな。

㉑「祐樹のテーゼ」の再提示

なるほど。しかし、そういう細部まで考慮に入れた原則で考えても、ぼくがさっき言ったことはやはり成り立つのではないかな。一つは、社会の側からいって、自分のためにしかならない生き方もある程度は許容するのが健全な社会だということ。もう一つは、逆に自分の都合を最優先して生きる人の側からいって、そういう生き方こそがいちばん善い生き方だということ。

成り立つだろうね。逆からいうと、一つは、自分の都合を最優先して生きる人の側からいって、社会からの要求もある程度は許容するのが健全な生き方だということ。もう一つは、社会の側からいって、そんなやつが一人もいない世の中がいちばん善い世の中だということ。

㉒利己主義の普遍化は不可能か

いずれにしても、「自分の都合」というのが入ってくるところが、カントと根本的にちがうところだよね。原則の定式化に「私」という語を入れることは不可能なのかな？

「私が飢えているのに金持ちがそれを無視している場合、私は金持ちから金品を盗んでよい」というようなの？「私」が何を指すかが問題だけど、「一般に自分自身が」という意味なら、形式的には問題ないと俺は思うね。でも、俺が「この俺が飢えているのに金持ちがそれを無視している場合、俺は金持ちから金品を盗んでよい」と言ったら、これはもちろん普遍的法則とはなりえない。

それは「この俺」がアインジヒトという個別的なものを指しているからだよね？「アインジヒト」という固有名の代わりをしているからだよね？

個別的なものに言及したら、もう普遍的ではなくなっちゃうからね。道徳は本質的に固有名を嫌う傾向があるな。

さっき、ルソーのときに出た言葉でいえば、「一般性選択の問い」でなくなるからだよね。

それ、本当かな。道徳は本当に固有名を嫌うかな。普遍化できない個別的なものが問題なんじゃないような気がするな。道徳が嫌うのは、自分自身だけを特別扱いすることじゃないかな。正確にいうと、自分自身を特別扱いするにもかかわらずだれもがその状況では自分自身を特別扱いしていいということは認めない、ということではないかな。

囚人のジレンマの世界3というやつは、だれでもその状況では自分自身を特別扱いする、ということに対応している。しかし俺はもちろん、俺だけが得をする世界と相棒だけが得をする世界とを同一視したりはしない。

アインジヒトと相棒がまったくそっくりでも？　たとえばさ、逮捕前にはアインジヒトは一匹しかいなくて、取り調べ中に二匹に分割されるから、体も心もそっくりだとしても、それでも分割後に自分であるほうを優遇したいと思うよね？

いつの時点で？　分裂前には、分裂後に自分であるほうなどという区別はそもそも存在しないから、量刑や帰結を総和として捉えて、二匹をひとまとまりとして最も有利な選択肢を選ぶべき理由がある。つまり、表（一〇九頁）の左下を、実現しようとするはずだ。自分であるほうが生じるのは、あくまでも分裂後だ。だから、もし分裂した直後に取り調べを受けるなら、俺と、体も心も俺そっくりの相棒との対比でも、俺は俺が有利になるように考えるさ。

アインジヒトがすぐ釈放されちゃうほうを世界3Aと呼んで、相棒が釈放されるほうを世界3Bと呼ぶなら、ぼくはアインジヒトと友達だから、世界3Aのほうを実現したいと思って、そのために何か工作するかもしれない。3Aと3Bの違いは固有名やそれに類するものを使わないと表現できないけど、重要なのはそのことなのではなくて、ぼくがアインジヒトと友達だということじゃないかな。それだからぼくはアインジヒトを優遇するんであって、もしそうでなければ、道徳とは何の関係もないただの気まぐれじゃないか。

自分自身を特別扱いするにもかかわらずだれもがその状況では自分自身を特別扱いしていいということは認めない、というアインジヒトの行為原則は、本当に普遍化できないのかな。なんか、できるような気がするんだ。固有名が入る必要はないし、言語化できないような個別的事情に言及する必要もないんだから……

俺のその利己主義は、固有名が入る必要がないというよりは、固有名で表現することはできないんだな。利己主義そのものの問題については、いずれ詳しく検討するだろうけど（→四㉒〜㉓）、ここでのポイントはこうだな。カントが「普遍的な法則となりうる」というとき、彼は一つの世界の中でだれもがそうできるということを考えている。だから、利己主義はカント的な意味では普遍的法則になりえないけど、それでも普遍的な原理ではありうるんだ。その意味では、普遍化されると社会が瓦解してしまうような原則だって、普遍化はできる。一つの世界の中では一般的に実現することはできなくても、それでも普遍的な原理だということはある。社会選択ではない、とか一般性選択ではない、というのはそういうことなんだ。実現する複数の可能世界があればそれでいい。そうでなければ、優勝や一等賞をねらうという行為原則だって普遍法則となりえないことになるからな。(→六⑮)

㉓ヘーゲルのカント批判はカントにホッブズでもあることを要求する

カントの定言命法ってさ、ホッブズの「他の人も同じようにする限り」というあの条件とじつは同じことが、条件の提示としてではなく、「だからみんな同じようにしなさい」という頭ごなしの命令として提示されているだけなんじゃないかな。

あと、こういう問題はどうかな。M先生は、「女性であることと男性であることが理由として出されるときは、それは女性と男性の違い以外の場合にも妥当するようなものでなければ駄目なんだ」と言っていたよね。

女性は出産するからその点で優遇される場合がある。それが正当であるためには、もし男性も出産するなら同じような優遇措置を受けるのでなければならない。だから、出産する者が特別な待遇を受けるということは女性性とは無関係、ということだよね？

そんなら、なぜ出産は特別扱いされるべきことなんだ？　今度は、その理由は出産以外の場合にも妥当する理由でなければ理由とはいえないよね。でも、そうやってたどっていくと、最後にはどうしたって、それ以外の場合にも妥当する理由ではなくなっちゃうんじゃないかな？　その意味では、前提になっている規範そのものの正当化を要求する、ヘーゲルのカント批判は、結局は不当な要求になるんじゃないかな。

たしかに「結局」はそうかもしれないけど、それはまだずいぶん先の「結局」じゃないかな。ヘーゲルは、所有権が存在しないこと自体は矛盾を含まないと言ったのと同じ箇所で「全人類が死ぬこと」も同じように矛盾を含まないと言っていた。だから、カントに従うと、「人類が絶滅してもぜんぜんかまわない、自分自身もいつ死んでもぜんぜんかまわない」と思っているやつは、人を殺してもいいことになってしまうというわけだ。実際には、いつ殺されてもいいと思っているやつや殺されたいと思っているやつは、平気で人を殺すかもしれないけど、だからといって「殺してもいい」ことになるわけじゃない。そのことがカント倫理学では説明できない、というわけだ。

「自分が困った時には守るつもりのない約束をしていい」という行為原則は、約束という制度が存在することを前提にしているよね？　でも、この行為原則が普遍化されると、約束という制度そのものが壊れちゃうから、守るつもりのない約束だってできなくなっちゃうよね？　泥棒と所有権の関係もそれと同じだと思うけど……

たしかに約束の場合は、そいつが心の中で約束制度それ自体を否定していても、現にその制度を利用してはいる。泥棒も、心の中で所有制度自体を否定していようと、盗んで自分の物にするという行為自体が所有制度に現に依存している。しかし、殺人はどうかな。殺して生命を奪うという行為は、たとえば生命権というものの主旨を裏切ってそれを利用しているようなものではないな。そこまで来ると、祐樹の「結局」にいたるのではないかな。

でもさ、人間って生きようとしなければすぐに死んでしまうものじゃない？　その人が生きているということは、もう何かさまざまな人間社会の約束事を利用している気がする。そうやって生きているくせに人を殺すということは、そこにやっぱりカント的矛盾はあるんじゃないかなあ。心の中で人類が絶滅したっていいと思っていたとしても、そんなことは関係ないよ。

なるほど、そうもいえるな。ヘーゲルは、カントに同時にホッブズにもなれと言っているわけだけど、それは無理な要求なんだな。カントは成立した社会契約の内部の管理人なんだ。契約がなされた根拠なんかはぜんぜん知らずに、契約の中身だけを崇拝しているんだけど、しかし、まさにそのことこそが、ホッブズ思想を有効に機能させることになるんだな。ホッブズのように契約の前後を対等に見渡せる視点に立ってしまったら、もうカントであることはできない。ちょっと先走って言っておけば、ホッブズ的だけではなくミル的に見ても、カント倫理学に価値はあるかもしれないな。世の中を幸福に満ちたものにしようとする人は、みんながミルの功利主義を忘れてカントの倫理思想を信じる世界こそを、功利主義的に見てよりよい世界だと考えるかもしれないからだ。このことはM先生の次回の講義を聞くとき頭の片隅に置いておいてくれ。

㉔カントの利己主義批判は無効である

功利主義の話が出たんで、さっき言おうと思ったんだけど、功利主義を知らないと意味がわからないと思って黙ってたことを、ついでに言ってしまおうかな。カントは「守るつもりのない約束をしてはいけない」ということの論証としてこう言っているんだ。「義務に基づいて誠実であるのと、不利な結果を懸念して誠実であるのとは、まったく別のことである。というのは、前者の場合にはその行為の概念そのものがすでに私の従うべき法則を含んでいるのに対し、後者の場合には、まずは別の場所から出発して、その行為の結果として何が起こるかを調べてかからなければならないからだ。なぜなら、私が義務の原理に背いたなら、それはまったく確実に悪いことであるのに対し、私が賢さの行為原則に背いたとしても――それを守るほうが安全であるのはもちろんだが――かえって私にとってきわめて有利な結果になることも大いにありうるからである」。この議論は、約束規範の妥当性を功利主義的に基礎づけようとする功利主義理論家に対する批判としては有効だと思うけど……

なぜ約束を守らないといけないかを語るのに、「約束だからだ」とは言わないで、約束行為そのものとは「別の場所」から出発して、守らなかったことの結果としてどんな悪いことが起こるかをまずは調べてまわらなければならないから？

そうだ。ところが、ここで念頭に置かれているのは、功利主義者なんかではなくて、嘘をついても「抜け目なくやろうとしている」たんに賢いやつなんだ。そういうやつは、結果としてどんな悪いことが起こるかをまずは調べたりはしない。むしろ「その行為の概念そのものがすでに私の従うべき法則を含んでいる」ことをまずは知っているんだ。つまり、約束だから守るべきものであることをまずは知っている。だからこそ、その規範を使って人をだますことができる。約束行為の概念そのものに含まれている「私の従うべき法則」の存在をまずは承認したうえで、その法則に単純に従ったほうがいいか、それともその法則を上手に利用したほうがいいか、を考えているわけだ。そういうやつに「約束だから従うべきだ」なんて説教をしてみてもナンセンスなんだよ。なぜなら彼はまずはそれを知っているんだから。

そもそもカントって、道徳に従おうとはしているんだけど倫理学を知らないんでついまちがったことをしてしまう人と、そもそもはじめから道徳に従おうとなんかしていない人とを、区別できないんじゃないかな。

そうだな。カントは、意志の善の基準は「普遍法則となることを意志することができるかどうか」ということだけでいいんだ、という話のとき、こんなことを付け加えている。「もし意志できないなら、その行為原則は忌避されるべきなのだが、それはその行為原則から君にあるいはまた他人に不利益が生じるからではなく、その行為原則が普遍的立法に適しえていないからである」。これもさっきと同じなんだ。「他人に不利益が生じるからではない」というのは功利主義批判。これは道徳に従おうとはしているけど正しい倫理学を知らない人に対して言うべきことだ。「他人に不利益が生じるから」というのはその行為原則を忌避するためのじゅうぶんに道徳的な理由になりそうに思えるからね。これはいわば道徳派の内部論争。これに対して「君に不利益が生じるからではない」というのはそうではない。「私に不利益が生じるから」というのは、その行為原則を忌避するための道徳的な理由にはならないんだ。自分に不利益なことはやるまいと思う人は、意志が善であるための基準を求めた結果まちがってそうするんじゃない。初めからそんなものを求めてはいない。これは、そもそもはじめから道徳に従おうとなんかしていない人の立場なんだ。だけど、カントはその区別ができない。でも、この区別ができない人って意外と多いね。

 つまり、カントは自分の仕事が理解されても世の中の改善に役立たないかもしれないということを知らないんだ。

 でも、カントって世の中を改善しようとしたの？　どういう意味で？　世の中から悲惨なことが減るとかそういうことではないんでしょ？　カント倫理学に従う人の数が増えるという意味で改善されるの？　でも、なぜ数が増えなきゃいけないの？

カントはカント倫理学を広めようとしたのだから、自分自身は、功利主義とはいわないまでも帰結主義者ではあるね。自分が現にカント倫理学説に従ってただ生きることよりも、みんながカント倫理学説に従うようになることに関心があった。そうなったらいいと思っていた。

㉕道徳について哲学することの固有の困難

ところで、M先生は、なぜ理性的・合理的でなければならないか、という問いには答えはないと言ってたよね。そう問いたくなる人は、そこでもう理由を尋ねているからすでに合理性の要求を受け入れているって。わたしはあれはまちがっていると思うんだ。もうその要求を受け入れていたって、後から根拠を問うことはいくらでもできるよ。わたしたちが理由を求める理由を考えることだってできると思うよ。なぜ理由を求めるのかって。

それはそのとおり。そうでなけりゃおよそ哲学なんて不可能だ。2たす2が4であることは、だれでももう受け入れているけど、2たす2が4である理由を問い、それを説明しようとすることはできる。フレーゲというやつは『算術の基礎』という本で、そういう仕事を現にやっている。でも、倫理学の場合には、固有の難しい問題があるけどね。

それは何？

道徳的観点からそう信じるべき正しい理由と、自分の人生の幸福という観点からそう信じるべき正しい理由と、さらに学問的真理認識の観点からそう信じるべき正しい理由とが、それぞれ食い違うことが多いんだ。これまでの議論でもわかるように、道徳についての真理認識の観点から正しいことと、道徳的に正しいこととは違う。倫理学的認識を進めることは、概しては道徳的に善なる行為ではない。しかも、自分の幸福という観点を入れれば、それはさらにまた別だ。善き道徳がこう思って行為しなさいと言うことと、良き人生論がこう信じて生きていきなさいと言うことと、正しい倫理学説がこう考えることができれば真実を知ったことになると言うことは、それぞれ両立しないことが多い。しかも倫理学は、良き道徳が——場合によっては良き人生論が——どういうものであるかについての認識を含むから、倫理学者というものは、一般の人に何を信じさせておくことが世の中全体をよくするか、とか、その人の人生をよくするか、とかは正しく知っていながら、自分自身はそれを直接信じることはできない水準に上がってしまっていることになる。

 自分が教祖で、どうしても信者たちを幸福にしたければ、みんなが幸福になるような嘘をつくよね。でも、自分だけはそれを信じられない……

 そうすると、倫理学書の著者は読者も自分自身も幸福にしないことになる。それでいいんだろうか。道徳や人生に関する知的探究は、つねにその種のジレンマに悩まされるんだ。いや、悩まされるべきなんだ。

㉖他人をあたかも自分であるかのように

まだ、定言命法の「手段としてだけでなく目的としても」というほうが論じられてないけど。あれはちっとも納得できなかった。

カントはこう言ってる。「理性的存在者は、目的それ自体として存在している。われわれは自分自身の存在を、必然的にそのようなものとして考えている。その限りにおいて、これは人間の行為の主観的原理にすぎない。しかし、他のすべての理性的存在者も、私に妥当するのとまったく同じ理性的原理に基づいて、自分の存在を同じく目的それ自体と考えている。それゆえ、この原理は同時に客観的原理である。そして、究極の実践的法則としてのその原理から、すべての意志の法則は導出されうる」。

そんなことが言えちゃうんなら、なんの問題もないって感じ。

「だれでも自分自身を目的それ自体と見なす」というのは、言葉づかいは変だけど、わかるよね。だって、すべてを手段化していって、最後に残るどうしても手段化できないものって、どうしたって自分自身だから。あれこれを手段にしようと思えば、そのときどうしても手段化できないものとして自分がいる。でもさ、「他のすべての理性的存在者も」以下の議論は駄目だよ。だって、他人は自分じゃないもん。他人は、他人にとっての自分でしかない。端的な自分はひとりしかいない。他人にとっての自分も自分であるなら、他人が自分になっちゃう。でも、本当はそうはならないから、自分であるかのように扱え、なんちゃってさ。

そう簡単に馬鹿にしちゃ駄目だよ。M先生も言うように、この思考法には道徳的思考法の基本形が含まれているから、そこにどういう機構が働いているかを見抜かないと。つまり、まずはすべての人がいまの祐樹のように言うところに出発点を置く。それはまさにホッブズ的自然状態だ。そこから社会契約がはじまる。だから、カントはここでもまた社会契約を命法という形で一気に提示していることになる。

㉗意志的に道徳に従わない自由

自由についての議論も同じだよね。自由であれといいながら、他人の自由にも敬意を払えと言うなら、結局、自由であるな、と言っているのと同じことだもの。

「あなたは自然法則によって因果的に決定されてます、しかし、この選択肢だけは自由に選べます」と言って道徳法則を提示するのは詐欺だよ。選べる選択肢が一つしかない自由なんて！

それはそうだけど、そこでもカントの言うことに一理はある。たとえば、煙草をやめたいけどやめられないニコチン中毒の人を考えてみると、欲望への従属がその人から自由を奪っているといえなくはない。中毒までいかなくても、やめるべきだと思っていながらやめられないということはよくある。そのときだって、本当は「べき」という理性的判断に従うほうが自由で、ついつい煙草や酒に手を出してしまうのが不自由だともいえる。そこには意志的な抑制という要素があるから、そのほうが自由だとはいえる。

でも、意志のほうは抑制しないことはできないんだろ?

そう。そう考えれば、そこに新しい不自由がひとつ付け加わるだけだ。道徳に従えないんじゃなくて従わないんだ、というのと同じことで、抑制できないんじゃなくて意志的に抑制しないんだというケースをどう考えるか、カントには答えがない。俺は、抑制する力と同時にあえて意志的に抑制しない力も手に入れたとき、はじめて真に自由な空間が開けるんだと思うね。そのときはじめて、中毒者ならそうせざるをえなかった、煙草を吸うとか酒を飲むという行為が、そうでないことも可能な、自由の相のもとに立ち現れてくるんだから。道徳的善悪だって、その点は同じだと思うね。

ヘーゲルだと、そういう場合、外的な権力が中毒患者をお酒や煙草から隔離しちゃうことも「自由を与える」って言うことになるね、きっと。

たとえば、経済活動の自由を可能にするには、監督官庁《ポリツァイ》が必要だな。ヘーゲルは現実をよく知っているから、無知な大衆が自分の理性で道徳的に正しい行為ができるなんて信じてないんだよ。だから、理性は国家や法律という具体的な形を取らなけりゃだめだと言うわけさ。

道徳に従うことなんかより、自然の因果性を探求する自然科学のほうが、はるかに原理的に自由なんじゃないかな。人間の自由感がどこでどう生じるかを探索している脳科学者なんか、その仕組みを理解できることにおいて、その自由感を超えて自由であることになるから。

スピノザは本質的にそういう考えだね。すべてはじつは因果的に決定されている。しかし、その原因を認識することはできる。認識しようとする意志だけが自由なんだ。スピノザによれば、人が犯罪のようないわゆる悪いことをしないですんでいるとすれば、たまたまそういう境遇に置かれなかったからにすぎない。そして、悪だって、それをせざるをえなかった必然性が真に内的に理解されたら、それはもう善なんだよ。そこに善を見る力こそが人間を自由にする。それで思い出したけど、M先生は最高善についての話を——多分ばかばかしいと思って——しなかったみたいだけど、俺はあの話はけっこう重要だと思うなあ。

㉘善人は幸福であるべき

最高善って?

要するに、道徳的に善であることと幸福であることが一致した状態さ。道徳的に生きている人は、幸福に値する人ではあるけど、現実に幸福だとはかぎらないよな。だから、最高善が実現するためには、道徳的な「神」が存在して、善人を幸福にしてくれることを保証してくれなければならない。そのうえ、それはこの世では実現されないから、人間の魂は「不死」でなければならない。それと例の「自由」とを併せて、この三つが「実践理性の要請」といわれるものだ。

ということはカントも、どれほど道徳法則に従っても幸福になれないならだれもそうしないって、本当は知ってたんだね。

でも、そんなことを「要請」しちゃったら、道徳的行為の動機が自分の幸福になっちゃうじゃない？　カントはまさにそれを否定したかったんじゃないの？

プラトンも『国家』の最後で、結局は同じ趣旨の「神話」を持ち出しているんだ。そうせざるをえないんだよ。倫理学書のそういう構成に、さっき言った「倫理学に固有の難しい問題」を読み取るのが、正確でかつ深い読み方だと俺は思うね。

第四章

ベンサムとミル(功利主義について)

M先生の講義Ⅳ

①直接的善悪によって道徳的善悪を定義する

本日は功利主義という考え方についてお話します。功利主義は、一八世紀末にイギリスのベンサムによって提唱され、その後一九世紀にJ・S・ミルによって広められた道徳理論です。

ベンサムはこの考え方をこう表現しています。「自然は人類を快と苦という二つの主権者の支配のもとに置いた。われわれが何をしなければならないかを指示し、われわれが何をするであろうかを決定するのは、快と苦だけである」。これが功利主義思想の第一段階です。これは人間が事実として何を好み何を嫌がるか、何によって動かされているか、を述べた部分です。われわれはだれでも、楽しく快適なことを求め、苦痛なことを避けようとして生きている、その支配を逃れることはできない、というわけです。

その後で彼は、この「快」を「幸福」と言い換えてこう言います。「功利性原理とは、その利益が問題になっている人々の幸福を増大させるように見えるか、それとも減少させるように見えるかの傾向によって、……すべての行為を是認したり否認したりする原理を意味する」。これが功利主義思想の第二段階で、第一段階の事実認識に基づいて、行為の道徳的是認と道徳的否認を定義しています。行為の結果として、人々の幸福が全体として増大すれば善い行為であり、人々の幸福が全体として減少すれば、つまり不幸が増大すれば、悪い行為、というわけです。

ミルも、この第二段階に関して「行為は幸福の促進に役立つのに比例して正しく、幸福に反することを生み出すのに比例して悪である」という似たような表現を与えています。

ベンサムもミルも、行為を問題にしていますが、この議論そのものは、単なる行為だけではなく、政府の政策や法律の制定、あるいは国家や人物にも、たやすく当てはめることができるはずです。たとえば人物なら、その人生において、関係する人々を幸福にしがちであるか不幸にしがちであるかを考えてみて、「幸福を増大させるのに比例して善い人で、幸福を減少させるのに比例して悪い人である」などと応用することもできます。

ここで「善」と「悪」という言葉の意味について、重要な確認をしておきます。第一段階で登場する快さや幸福は、好ましいものですから、もちろん善です。そして苦痛や不幸は、嫌な、避けたいものですから、もちろん悪です。しかし、いうまでもないことですが、道徳的に悪いわけではない。不幸な人は、たとえ「悪い」人生を送っていると言えても、決して「悪い」人ではありません。幸福な人は、たとえ「善い」人生を送っていると言えても、決して「善い」人ではありません。道徳的な善悪が登場するのは、あくまでも第二段階においてです。そして、功利主義思想の特徴は、第一段階で登場した、道徳と無関係な直接的な善悪によって、道徳的善悪が定義されることにあるのです。

この考え方は、カントと対比したとき、違いが際立っています。功利主義では、カントの義務論があれほど否定した、行為が結果として何を生み出すか——とりわけ幸福を生み出すか不幸を生み出すか——という帰結主義的考慮が優先されて、すべての道徳は結局のところ仮言命法になります。

②道徳それ自体に価値はない

カントとの対比に関連して、ここでちょっと問題になる論点があります。第一段階の道徳的でない善悪は第二段階の道徳的な善悪の一部でないことは明らかです。しかし、その逆はどうでしょうか。第二段階で登場する道徳的善悪は第一段階の道徳的でない善悪の一部に繰り込まれることになるのでしょうか。

幸福の増大は善いことです。その実現に道徳的行為が介在していてもいなくても、そのこととは関係なく、それ自体として善いことです。だからこそ、幸福を増大させる道徳的行為は、それ自体として善いことを実現する手段として善いことだとされるわけです。

では、道徳的な善の増大も善いことでしょうか。功利主義者の答えは、こうなると思います。もちろん、善いことだ。道徳的善とは、定義上、結果として幸福を増大させる行為のことなのだから。道徳的な善があるところには必ず道徳的でない善、つまり幸福の増大があるはずだから。しかし、もう一歩突っ込めばこうも言うでしょう。もちろん、道徳的行為なしでそれと同じ結果が引き起こせるなら、事態の全体としての価値はまったく同じだ。だから、道徳的行為それ自体が付け加える価値は存在しない、と。

つまり、功利主義者は、いわゆる道徳的に悪い行為がなされたとしても、もし道徳的ではない意味での悪い結果は起こらなかったとすれば、それは悪くはなかったと考えるわけです。不正な行為がもっともっと多かったとしても、もしだれもそれによってより不幸にならないならば、それは悪い事態ではない。ゆえに、その行為はじつは不正な行為でもなかった、ということになる。

人がひとり殺されることと、人がひとり死ぬことを比べたとき、前者のほうがより悪いことだというべきでしょうか。功利主義者は、それ自体としての悪はどちらもひとりの人間が死ぬということだけだから、どちらの悪の量も同じだ、と答えるでしょう。カント主義的要素も加味した折衷主義者なら、殺人のほうは、道徳的な悪も付け加わるのだから、悪の総量ではそちらのほうが多い、と答えるでしょう。

もし道徳的に善い行為が、今よりももっともっとたくさんなされるようになったら、そのことによって、それが生み出す結果を度外視しても、世の中は今よりももっともっとよい世の中になるでしょうか。世の中の不幸や苦痛がなくなっていって、人々が他の人々から助けられる必要がなくなっていったとしましょう。それはもちろん善いことでしょう。それでも、道徳的行為が減ってしまうという意味で、それは悪いことだといえるでしょうか。カント主義とはちがって、功利主義者は、そんなことはいえないと答えます。

③功利性原理の「証明」

さて、ミルは『功利主義論』において、功利性原理に「証明」を与えていますので、次にそれを見ておきましょう。その証明も二つの段階に分けて理解することができます。第一段階は、「幸福はそれ自体として望ましいものであり、それ自体として望ましい唯一のものである（つまり幸福以外のものがそれ自体として望ましいことはない）」です。第二段階は、「幸福がそれ自体として望ましい唯一のものであるならば、全体の幸福は行為の道徳的に正しい目的である」というものです。そして、第一段階は前半と後半の二つに分かれます。

④「証明」の第一段階前半とムーアのミル批判

さて、第一段階の前半はこういう認定から始まります。「ある対象が見えるということの唯一の証拠は人々が実際にそれを見るということである。ある音が聞こえることの唯一の証拠は人々がそれを聞くということである。われわれの経験の他の源泉についても同様である」。ここまではいいですよね。しかし、ミルは続けてこう言います。「同様に、何かが望ましいということを示す証拠は、人々が実際にそれを望んでいるということしかない、と私は思う。(途中省略)なぜ全体の幸福が望ましいかについては、達成できると信じるかぎり、事実、だれもが自分自身の幸福を望んでいるということ以外にいかなる理由もあげることはできない。ところが、それは事実なのであるから、幸福が善であること、つまり、各人の幸福はその人にとって善であり、したがって全体の幸福はすべての人の総体にとって善であることについて、われわれは事情がゆるすかぎりでのすべての証拠をもつばかりか、要求しうるすべての証拠をも手にしたのである」。

ミルのこの議論は、二〇世紀になって、G・E・ムーアという人に批判されたのですが、むしろその批判によって、この議論はきわめて有名になったといえます。ムーアは『倫理学原理』において、こう主張しました。——「見える」や「聞こえる」は、それぞれ「見ることができる」や「聞くことができる」という意味だから、人々が実際に見ることや聞くことによって、そうであることを証明できる。しかし、「望ましい（desirable）」は、「望むことができる」という意味ではなく「望むに値する」とか「望むべきである」という意味であるから、人々が実際に望んでいることによってはそうであることが証明されはしない。人々が実際に幸福を望んでいるという単なる事実判断から、幸福が望ましい、望まれるべきである、という価値判断を引き出すのは「自然主義の誤り」である。――

たしかに、見えないものを見ることはだれにもできませんが、望ましくないことを望むことは容易です。もちろん逆に、望ましいことを望まないこともです。それゆえ、ミルの論証はまちがっているとムーアは主張し、自然主義の誤謬をおかさない「直観主義」という立場を提唱しました。何が望ましいことであるかは、どんな種類のものであれ、事実にかんする判断から推論によって導き出すことはできず、ただ「直観」によって直接知るしかないのだ、という主張です。

その主張はいわゆる「開かれた問い」の論法というものに基づいてなされています。たとえばミルが「善とは全体の幸福の最大化のことだ」と言うとします。しかし、「全体の幸福の最大化は本当に善だろうか？」と問うことはやはり有意味ですね。あるいは、「この行為は全体の幸福を最大化するけど善くないかもしれない」と問うこともできる。しかし、もし善が「全体の幸福」といったような自然的性質で定義できるのだとしたら、こう

したさらなる問いはすでに自己矛盾のはずでしょう。だから、そんなことはじつはできないのだ、というのです。（↓六⑦）

⑤ムーアの批判からミルを擁護する

しかし、ミルは、ムーアのそのような立場こそをあらかじめ批判していた、とこの箇所を読むこともできるのです。つまり、人々が実際に望んでいることこそが望ましいことなのだ、それを離れて、真に望ましいこと、望むべきこと、などはないのだ、とミルは主張していた、と読めます。もちろん、「見える」や「聞こえる」との類比は、自分のこの立場を鮮やかに示すためのレトリックですから、文字どおりの類比が成り立つわけではありません。つまり、ムーアとちがってミルは、「望ましい」という語の意味についての議論をしているのではないのです。語の意味はもうわかったものとして前提したうえで、その「望ましい」ものは、実のところは人々が現に望んでいるものなのだ、と主張しているのです。ですから、これはまあ証明というよりは主張ですね。みんな幸福になることを望んでいるじゃないか、だからみんなが幸福になることが善いことなんだ、それ以外に本当に善いことなんかあるわけないだろう？　というわけです。

ムーアの批判に反して、この主張にはむしろきわめて重要な指摘が含まれていると考えることができます。それは、人々が実際に受け入れることができる、現実に意味のある道徳というものは、必ず、人々が現実に望んでいる、現実に好んでいることに基づいていなければならない、ということです。人々の現実の欲求と離れたところに、真の道徳的価値などというものがあることはありえない、ということです。道徳とは、人々が現実に何を好み何を嫌がっているか、という事実に基づいて、それを社会の中で効果的に実現するための工夫なのであって、人々の現実の欲求や嫌悪を超えたところに、真に実現すべきものなどはない、ということです。

⑥証明の第一段階後半――究極目的としての幸福

そしてもちろん、人々は幸福を望んでいるのです。ミルが言いたいことは、みんなを幸福にするか不幸にするかが道徳的善悪の唯一の基準であるということであるわけですから、そのために次にミルが証明しなければならないことは、人々が実際に幸福だけをそれ自体として望んでいるということ、幸福以外のものが望まれるのは、それ自体のためではないということです。これが第一段階の後半にあたるものです。

われわれが望み、欲するたいていのものごとは、それ自体として望まれ、欲せられているのではなく、何か別のものごとを得るための手段として望まれ、欲せられていますね。私はいま、この講義をしながら、老眼鏡が欲しいと思っているのですが、それはもちろん老眼鏡というものそれ自体が好きだからではありません。近くのものを――たとえば本の活字や自分で書いたノートの字を――はっきりと見たいからです。ですから、老眼鏡以外のものでそれができるなら、老眼鏡は要らない。では、活字や文字をはっきり見たいのはなぜかといえば、活字や文字をはっきり見ることそれ自体が好きなのではなく、本やノートに書かれている内容を速く正確に知りたいからです。ですから、はっきり見ること以外の手段でそれができるなら、はっきり見える必要はない。では、本やノートの内容を速く正確に知ることは、それ自体として私が望んでいることか、といえば、それもそうではない。というふうに、目的－手段の連鎖を追って行くと、最後に究極目的に行きつくはずです。それは何か。幸福である、というのがミルの答えです。

幸福だけがそのものそれ自体のために欲せられている唯一のものであって、他のすべてのものは幸福を得るための手段である、というのがミルの主張です。ひとこと注意しておきますが、これはあくまでも事実についての主張です。幸福だけを求めなさい、他のすべてのものは幸福を得るための手段としてだけ求めなさい、などという規範倫理学的主張をしているのではありません。これは規範倫理学的主張を導くための前段階の事実認定の主張です。しかし、みなさんは、この事実認定は正しいと思いますか。

ベンサムはこの事実認定にかなり自信を持っていたようですが、『功利主義論』のミルはそれほど自信満々でもないようです。彼は、一見すると幸福とはぜんぜん結びつかないようなものを、人々が実際にそれ自体として欲している場合があることを認めています。

たとえば、ほかならぬ道徳的な善ですね。人々はこれを、自分の幸福とはまったく結びつかない場合でも、自ら求めて実現しようとすることがあると、ミルは言っています。かりにこの二つの事実認定がどちらも正しいとすると、ちょっと厄介なことになります。

ミルの功利主義では、すべての人が幸福を求めているという事実認定から出発して、だからすべての人の幸福が実現されるのが善いことなんだとされて、したがってそれを実現するような行為が道徳的に正しい行為だ、と議論が進むわけです。もしこれが正しいなら、だれでも究極的には自分の幸福だけを求めているわけですから、他人の幸福を含む全体幸福を目指すなどということは、それがどんなに道徳的に正しいことであっても、自分の幸福の実現のための手段としてしかありえないことになります。つまり、それによって自分の幸福が実現されるという保証ないし見込みがないかぎり、だれも決して道徳的に行為しません。人々が私利私欲を捨てて、道徳的義務それ自体のために献身するなどということはありえないことだということになります。

しかし、ベンサムとちがって、ミルは事実としてそれはありうるとみなし、かつそうなることを推奨しています。しかし、もしそうだとすると、だれでも自分の幸福だけを究極目的として生きているという事実認定の一部に、ほころびが生じてしまいます。そのあたりのところを、ミルはどう考えているのでしょうか。

⑦実現のための手段ではなく一部分

彼は、道徳的価値を実現しようとすることは、自分の幸福実現のための手段なのではなく、自分の幸福の一部分なのだと考えています。これは、道徳理論という側面をはなれて、幸福についての理論という面から見れば、納得できるものではないでしょうか。

幸福を実現するために、そのための手段として何かをしているばかりでは、それによって実現される幸福なるものは、ずいぶんと抽象的で無内容で痩せ細ったものになってしまうでしょう。たしかに老眼鏡は、ほかの手段で文字がはっきり見えさえすれば、それで取り替えることができます。しかしそのことによって実現されることが、たとえばこの授業をもっときびきびした活気のあるものにするということであれば、それによって得られる喜びはほかのことでは取り替えられません。つまりそれは私の幸福の部分であって手段ではないのです。

どんなことでもそうでしょう。私は哲学と倫理学を研究していて、新しい知見に到達すると幸福になります。しかし、研究は幸福を得るための手段でしょうか。ほかの手段でその幸福が得られればそれで代替が可能なのでしょうか。そうではありません。研究は幸福の部分です。その人の人生に応じて何が幸福であるかは多種多様ですが、何であれ目的として欲せられているものは、幸福のための手段としてではなく、幸福の部分として欲せられているのです。道徳的価値の実現や真理の探究以外にも、美、健康、友情、愛情、金銭、権力、名声など、こうしたすべては目的実現のための手段であるだけでなく、目的そのものの一部分をなしているのです。

そこで、ミルはこう結論づけます。「なんであれ、それ自体を超えた目的――究極的には幸福――に達するための手段として以外に望まれているものがあるならば、それはそれ自体幸福の部分として望まれているのであり、幸福の部分にならないかぎり、それ自体として望まれていることはない」。

ベンサムでは、幸福はすべて等質な快い経験であって、量的に加算できるものでした。ミルは、幸福を等質的で加算可能なものとして見ることを否定します。ミルでは、ベンサム的な単純で等質的な幸福主義《ヘドニズム》では収まらないものは、すべて「幸福の部分」として解釈されていきます。幸福そのものではないのに、それ自体として欲せられているように見えるものがあると、必ずそれは幸福の一部として欲せられているのだ、ということにされます。そうすると、幸福だけがそれ自体として欲せられる唯一のもので、その他の、それ自体として欲せられているように見えるものは、実はみな幸福の部分として欲せられているのだという主張は、内容のない、単なる定義となってしまいかねません。実際ミルは「幸福」を「欲求の満足」とも定義していて、そうなると、人々が究極的にそれ自体として望むのは幸福だけだという主張は、「人々は、そうなって欲しいと自分が思っていることだけをそうなって欲しいと思っている」という同語反復《トートロジー》になってしまいます。

さっきもちょっと言いましたが、現代の功利主義においては、幸福という概念よりも「選好充足」というような概念のほうが好まれる傾向があります。何が究極的価値か、などという面倒な問題は棚上げにしておいて、人々がとにかく何らかの選好（preferの名詞形であるpreferenceをこう訳す）をもっているという否定できない事実から出発することにするわけです。幸福を目的とするなどと言うかわりに、「選好充足の最大化」を目指すなどという言い方をします。そうすると「幸福とは何か」といった厄介な問題にかかわらないですむのです。とりわけ、真の幸福とは何か、幸福であると感じることと本当に幸福であることとが食い違うことはありえないのか、といった面倒な問題にかかわらないですむのです。そのことによって見失われる問題も多いと私は思いますが、たしかに功利主義の精神の徹底化がなされているとはいえます。つまり、プラトンやアリストテレスの講義のときに論じた「真の幸福」の探求という要素が倫理学から完全に消えるわけです。

⑧「証明」の第二段階

次に、証明の第二段階に移ります。ここで、行為者自身の幸福から全体の幸福への移行がなされることになります。これまでのところの全議論がかりに受け入れられたとしても、それは各人にとって自分の幸福が望ましいということが分かっただけのことで、ある意味で、自明のことが言われたにすぎないとさえ言えましょう。そこから、個人の集まりである社会にとっては、社会全体の幸福が望ましいということであるから、それを目指すべきである、というような結論は、そんなに簡単に出てくるものでしょうか。

ところが、最初に紹介した引用文では、そこのところは「各人の幸福はその人にとって善であり、したがって全体の幸福はすべての人の総体にとって善であること」というふうに、「したがって」のひとことで済まされています。それに、「すべての人の総体」などという主体は存在しないわけですから、かりに全体の幸福が目指すべきものであることがわかったとしても、いったいだれがその実現を目指すのでしょうか。だれもが自分の幸福を目指すなら、だれもそれを目指す人はいないことになります。

『功利主義論』のもう少し後の方で、ミルは少し別の論拠を提出しています。それは功利性の原理においては「一人の人間の幸福は他の人の幸福と正確に等しく数えられるのでなければならない」とか、「それを感じるのが同じ人であるか別の人であるかにかかわりなく、等しい量の幸福は等しく望ましい」といった主張です。

しかし、ある人の幸福は他の人の幸福と正確に等しく数えられる、といっても、それはいったいだれにとってかということが問題です。ある人と他の人が両方とも他人なら、そうも言えましょうけど、片方が自分だとすると、証明の前半の趣旨からいっても、まさに「等しく」ないということにならざるをえないのではないでしょうか。もう一つの引用文はもっとおもしろいですね。「感じるのが同じ人であるか別の人であるかにかかわりなく」とミルは言っているのですが、これは、自分であっても他人であっても、という意味を含むでしょう。たしかに、しかし、自分であっても他人であっても等しい量の幸福は等しく「望ましい」でしょうけど、しかし、それを実際に「望む」のは自分です。そして、自分が実際にそれを「望む」という事実認定から、ミルは、それの「望ましさ」を導き出したのでした。

とするとつまり、こういうことになります。それぞれ自分だけがそれを「望む」という事実から、ミルは「望ましさ」という客観的価値を導き出した。そうしておいて、客観的価値なのだから他人もまたそれを「望むべき」なのだ、ということになって、そこに道徳的価値が成立することになった、と。

⑨ミルにおける普遍化（一般化）のプロセス

そうだとすると、今度は逆向きの問いが出されるでしょう。その「望むべき」ことを、それではいったいだれが実際に望むのか、という問いです。ミルの功利主義に少なくとも原理的な答えは見当たりません。では、可能な答えは何でしょうか。なぜわれわれは他人の幸福もまた実際に望むことになるのでしょうか。もしそれを真剣に考えれば、そこでホッブズからカントにいたるあの議論をもう一度反復しなければならないことは明らかではないでしょうか。要するに、原理的な答えは、社会契約（に類するもの）が結ばれたから、というものであらざるをえないのです。功利主義はそれが実現されるためには社会契約を——少なくともそれに類する何かを——必要とするのです。

ホッブズあるいはヒュームの時に講義したような何かが必要とされるわけですが、それがもうできあがっている段階で考えるなら、ミルが最も対立していたはずのカントの考え方から重要な要素を密輸入してきてもいいのです。いや、むしろそれが必要になります。それは、いわば頭ごなしに、道徳とは本質的にこういうものだ、という形で導入されることになります。つまり、「人はみな自分の幸福を望んでいる」という事実認定から「幸福の実現は望ましい」という道徳的価値判断が導き出された時点で、すでにあの「普遍化」のプロセスが遂行されていた、と見なすことです。というのは、その人の幸福はその人自身にとって望ましいというのは、無意味な主張だからです。その人の幸福はその人自身が望んでいるにすぎません。望まれていることの実現は、一般的に——つまりだれにとっても——望ましいのであって、この移行のプロセスにおいて、だれに望まれているのかという問題は、すでに視野の外に出されて、切り捨てられて、暗黙の普遍化がすでになされているわけです。

ミルの思想全体を考慮するなら、この移行において重要なことは、この切り捨てがなされることによってはじめて、私が望んでいる私自身の幸福という私的な価値が道徳的価値に変換されることです。私は自分が望んでいる対象が一般的に望ましいものなのだという自己主張ができるようになるのです。なぜそんなことができるのでしょうか。それは、それぞれ自分の幸福を望んでいるという点において形式上同じ立場に立つ他人の幸福実現にもそれぞれ同じ価値が認められることによってです。desire から desirable への移行の真の意味はそこにあります。ここでは、道徳的判断は個別的な事実――固有名で表現されるような――に依存してはならない、というあの普遍性の条件が暗に働いているわけです。これが利己主義と功利主義を隔てる条件になるわけです。

このことは、ミルの『自由論』という別の著作を参照すると、かなり納得がいきます。すべての人は、自分の好みに従って自分の幸福を望み、その追求が他人によって侵害されない自由がある、とミルは言いたいのです。しかし、私の幸福は私にとって善であって、私の幸福追求は私の自由であるから、だれもそれを妨害できない、ということを主張するためには、一般にある人の幸福はその人自身にとって善であって、その人の幸福追求はその人の自由であるから、だれもそれを妨害できない、という形にその事実を変換せざるをえません。繰り返しますが、desire から desirable への移行の真の意味はここにあります。

この移行によって、自分の幸福も他人の幸福も同じ価値であるということになります。われわれはみな、他のすべての人の幸福や不幸を、自分自身のものと同じ重要性をもつものと見なさなければならないことになります。こうして一般幸福の立場、すなわち功利主義道徳が成立します。功利主義者に言わせれば、道徳そのものが成立するわけです。『功利主義論』と『自由論』を統一的に解釈するなら、このプロセスは、自分の幸福追求の自由から出発して、その自由は功利主義道徳によってしか確保されない、という仕方で功利主義道徳が主張されるにいたるプロセスなのだ、と解釈するのが自然なのです。

さて次に、功利主義の問題点について、主なものだけ指摘しておきましょう。

⑩問題点⑴ 平等・自由・真理

第一に、幸福の総量が大きければいいならば、自由や平等は犠牲にされることになります。貧富の差がかなりあっても全体として豊かな社会のほうがいいか、全体としてはかなり貧しいがみんなが平等な世の中のほうがいいかは、たしかに問題です。しかし、平等という価値が存在することは、だれも否定できない事実です。これがしかし、功利主義ではうまく説明できないのです。あるいは、功利主義には配分原理がない、と言ってもいいでしょう。功利主義の側からの可能な応答は、平等それ自体には価値がないというものです。もし人々が不平等な状態に満足していて、それで幸福なら、それで何の問題もないでしょう。自由についても同じです。ついでにいえば、このことは幸福以外のすべての価値についてあてはまりますから、たとえば「真実を知る」などということについても、同じことがいえます。真実を知らなくても、それで幸福なら、それで何の問題もない。一生涯真実を知らないために自分が幸福だと思い込んで死んでいった人の人生は幸福だったことになります。ですから、すべての人がそのような状態にある世の中は善い世の中だということになります。

⑪問題点⑵ 測定方法

第二に、幸福や不幸の量、快や苦の量のはかり方の問題があります。一人の人間なら、二つ与えられたときどちらを選ぶかという「選好」によってはかることができましょうが、別の状況に置かれた別の人間の、どちらがどれだけ幸福かとか不幸かとか、そんなことが測定できるでしょうか。私が右手と左手に同時に怪我をしたら、どちらがより痛いか、わかります。片方が一週間前でも、記憶によって比較は可能でしょう。しかし、他人の怪我と私の怪我の痛さを比較することが、はたしてできるでしょうか。他人どうしでも同じです。

⑫問題点⑶ 総量に意味があるか

さらにもう一つ、平等の問題とも関連して、こういう問題があります。不幸や苦を幸福や快で埋め合わせることができるか、ということです。これも一人の人間なら、今の苦しみが後で報われることで、苦しみは幸福によって埋め合わされるということがあるでしょう。しかし、ひとつの社会の中で、ある人が苦しんでいて他の人が楽しんでいるとき——かりにマイナスの幸福とプラスの幸福が測定可能で相殺可能だとしても——それはひとりの人間の中で苦が快によって埋め合わされるようには埋め合わされないのではないでしょうか。その意味で、社会と個人とはまったく違うあり方をしている。個人なら、苦しい下積み生活の末についに栄冠を獲得して後に悠々自適の人生を送るのは結構なことですが、社会にそれをあてはめると、下積み生活担当者と栄冠獲得・悠々自適担当者が始めから別々の人なわけです。それでも満足する社会という名の共通の主体なんて存在するでしょうか。そんなものはそもそも存在しないのです。

この問題点は、あえてもう少し不自然な想定をしてみると、さらに際立ちます。他人にちょっとした危害を加えると極度の快感を感じ、異様な幸福感に満たされる人々がいたとしましょう。この人々の感じる快の量は非常に多いので、被害者の苦（マイナスの快）の量をはるかにしのぎます。そうすると、功利主義道徳にしたがえば、この人々の他者危害行動は善であり、奨励されるべきこととなるでしょう。

不自然でない例をあげれば、白人は黒人よりも優遇されるべきだという強い人種差別的な欲求をもっている人がたくさんいたら、そういう人々の欲求あるいは選好も平等に考慮に入れなければならなくなりますから、功利主義的に見て、黒人は差別されるべきである、ということになるでしょう。

⑬修正案⑴ 消極的功利主義

功利主義の側からの修正案の一つは、消極的功利主義という考え方です。つまり、積極的に幸福を増大させることよりも、消極的に不幸を作り出さないことのほうを優先するという考え方です。道徳は人々をより幸福にするための社会政策ではなく、むしろよけいな不幸を作り出さないための防御的な社会制度だと考えるなら、この考え方は擁護できるでしょう。

⑭修正案⑵ 規則功利主義

しかし、もっと根本的な修正案は、功利性原理を行為に直接適用するのではなく、規則に適用するというものです。これは、行為功利主義に対して、規則功利主義と呼ばれます。ヒュームについての講義のとき、義賊の話をしたのを覚えていますか。あのとき、私はこう言いました。義賊がそのとき金持ちから盗んで貧乏人に与える場合とそうしない場合とが比較されるべきなのではなく、一般的にそのようなことがなされる場合となされない場合とが比較されるべきなのだ、と。あの時は言いませんでしたが、前者が行為功利主義で、後者が規則功利主義なのです。

これはいわば裁判官の立場と立法者を区別して、道徳的評価を二段階にすることです。

裁判官はもちろん法律に照らして事件を裁くのですが、その際その法律そのものの評価はしません。逆に立法者は、個々の事件を直接に判断するのではなく、法律の存在価値を評価して、作ったり無くしたり改正したりします。その際、立法者のおこなう法律評価の基準は、功利主義によれば、功利性原理です。それに対して裁判官は、個々の事件に功利性原理を直接適用して判決を導き出すなどということをしてはなりません。あくまでも、法律の条文に即して判決を導き出すのです。このことを法律の場合から広げて一般化すれば、行為の道徳的評価は道徳規則によってなされ、その道徳規則の評価は功利性原理によってなされる、という二段階があることになります。

R・M・ヘアという人が、こういう例を挙げています。ある病院に二人の患者がいて、生き延びるためには、一人は新しい心臓を、もう一人は新しい腎臓を、必要としています。そこにたまたま一人の浮浪者が迷い込んできたとします。功利主義に従うと、医師たちは浮浪者を殺して、その心臓と腎臓を二人の患者に移植して、一人の犠牲で二人の生命を救うべきだ、ということにならないか？　これがヘアの問いです。彼の意図とはちがいますが、例だけ借りて考えてみましょう。

行為功利主義に従えば、そうすべきだとなるでしょう。とりわけその二人が生きているとこれから世の中のお役に立ちそうな人たちで、浮浪者が世の中に害悪を与えそうな人だったりすれば、なおさらそうなります。規則功利主義に従えば、どんな場合であれ、そんなことをすべきではありません。それは立派な殺人です。そのケースでも殺人が禁じられるべきなのは、殺人の禁止が規則として通用しているほうが、そうでないよりも一般的に世の中を善くするからです。ほとんどすべての人にとってそうであることは、まず疑う余地がないでしょう。

さて、そうであるとしても、このケースにおいてもそうであったといえるか、という問題は残ります。たしかに個々の医師などが個別的ケースに自分で功利性原理を直接適用して判断を下すのは危険なことですから、規則功利主義に従ったほうが安全ではあるでしょう。そして、規則功利主義的な観点から見てまともに育てられた人なら、かりに法的観点を除外しても、そこで浮浪者を殺してしまうことなどなかなかできないでしょう。しかし、ひょっとすると、医師は、まともに育てられて、まともな道徳的直観を身につけているがゆえに、本当に道徳的に正しいことをしそこねてしまう、ということがあるかもしれないのです。たとえば、この状況が平時ではなく異常な戦乱状況で、数十万人の命を救うために例の二人の存在が是非とも必要な状況であっても、医師は平時にまともな道徳的直観を身につけてしまっているがゆえに、浮浪者を殺すことがどうしてもできない、ということはありうることです。つまり、善人であるがゆえに最善の行動が取れないということがありうるのです。

しかし、世の中が比較的安定しているかぎり、多分、そういうケースはあまり多くないでしょう。むしろ、逆のケースのほうが多いのではないでしょうか。逆とは、医師やその他のふつうの人々が、個々の行為に功利性原理を適用したりはせず、ふつうの道徳的直観を持って、ふつうの道徳的規則を信じているがゆえに、それゆえにかえって、功利主義的に見て善い結果が起こる、というケースです。功利主義的に見て善い結果が起こるとは、みんなの幸福が減らずに増える、ということです。おもしろいことに、功利主義は、直接に信奉されないほうが、功利性という基準からみて善い結果が出る、ということがありうるのです。これは、功利性というものが非常に抽象度の高い原理であることの証明でもあります。

⑮修正案⑶ 権利論

第三の修正案は、ロナルド・ドゥオーキンという法学者が主張したことで、とくに最後に挙げた問題点にかかわるのですが、すでに功利主義の枠をはみだして「権利」という概念に訴えるものです。

ドゥオーキンは選好を個人的選好と外的選好に区別します。個人的選好というのは、ごくふつうの、自分の利益への欲求ですが、外的選好というのは、他者が利益や不利益を獲得することに関する自分の欲求です。もしこの区別をせずに選好充足の最大化をめざすと、先ほども申しましたように、白人は黒人よりも優遇されるべきだという強い人種差別的な選好を持っている人がたくさんいたとすれば、功利主義的に見て、差別することが正しいということになってしまいます。女の子をいじめている男の子に、先生が「人の嫌がることをしてはいけません」と言ったら、男の子が「ボクは女の子をいじめられなくなると嫌だから、先生はぼくが嫌がることをしている」と言ったという話がありますが、問題点は同じです。

多数決原理は、個人的選好と外的選好を区別できません。これはきわめて重要な事実です。つまり、多数決に従うかぎり、差別的偏見を持った人が多ければ、差別は永遠に解消されないのです。権利の本質は、多数決や功利性原理によっては守られず、逆に侵害される恐れのある、少数派の選好を守ることにあります。それゆえに、権利はふつうの功利主義的計算を超えた特別の意味があるのです。

⑯帰結主義の分類

最後に、帰結主義ということが何を意味するかについて、少し議論をおぎなっておきます。というのは、行為の結果が善ければいいんだ、といっても、たまたま善い結果だっただけでは、やはり道徳的な価値があるとは言えないからです。酔っ払いがふらついて子供にぶつかって跳ね飛ばしてしまった。するとそこに車が通りかかって、酔っ払いがひかれ、子供は助かった。これを崇高な自己犠牲的行為だという人はいないでしょう。功利主義においても、やはり、行為の意図という要素は不可欠です。一応、こういう分類ができると思います。

第一は、結果的に正しい行為。これは行為の結果として実際に起こったことから見て正しい行為です。俗に言う「結果オーライ」というやつです。第二は、客観的に正しい行為。これは一般的、常識的に言って、そういう結果が起こると予測可能であることから見て正しい行為です。第三は、主観的に正しい行為。これは当人が自分の行為の結果としてそれが起こるであろうと信じていた内容から見て正しい行為です。じつはこの第三は、二つに分けることができます。帰結－主観的に正しい行為と意図－主観的に正しい行為です。前者は、当人がそれが起こるであろうと予測していた結果から見て正しい行為です。後者は、当人がそれを引き起こそうと意図していた結果から見て正しい行為です。ある行為が複数の結果を引き起こすことを知ってはいても、自分が引き起こそうとしているのはそのうちの一つにすぎないということは、よくあることでしょう。

人は、結果的に不正な行為をしても、道徳的に責められることはありません。それは不運というものです。客観的に不正な行為をすると、狭い意味で道徳的に責められはしませんが、たとえ主観的に正しかったとしても、しばしば非難され、信用を失います。主観的に不正な行為は、たとえ結果的に、そして客観的に正しかったとしても、道徳的には責められます。ここで、帰結－主観的に不正な行為と、意図－主観的に不正な行為の区別がどう効いてくるかは興味深い問題です。悪い結果が起こることを知ってはいた、しかし、それを引き起こそうと意図したわけではない、というケースです。医師が極度の苦痛に苦しむ患者に、苦痛を軽減する処方を施すとき、結果として患者が死ぬことを知っていても、殺そうとしたわけではない、ということはありえます。患者を殺そうとしたならば、道徳的にゆるされないが、これはゆるされる、という区別は成り立つでしょうか。(→三④)

アインジヒトとの議論Ⅳ

利己主義と《魂》に対する態度

⑰義務論と帰結主義

このまえのカントについての話のときに、ぼくが「何と感動的な内面のドラマ」とか言った問題、まだ覚えてる？（↓三⑰）だれかが一度だけ不正なことをすれば、世の中の悪の量をずっと減らすことができるとしても、義務論者はそれでも「不正なことをすべきではない」と言う。それに対して、功利主義者のような帰結主義者は「そういう場合には不正なことをしてもいいんだ」と言うんだろう、と思っていたけど、そうじゃないんだよね？

悪の総量を減らすなら、不正でもそれをすべきだ、とは言わないさ。むしろ、悪の総量を減らすなら、それは不正であるはずがない、というように言うだろうね。

ちょっと古いけど、ユーゴスラビアの大統領がコソボで「民族浄化」という名の人権侵害をやって住民を虐殺したとき、北大西洋条約機構は「正義の戦争」だとして空爆をしたよね。あのとき、あくまでも話し合うべきだという意見があった。たしかに「あくまでも話し合うべきだ」と言っていさえすれば、それはもちろん正しい意見だし、自分の手も汚さずにすむけど、でも、その間に人はどんどん死んでいく。「あくまでも話し合うべきだ」ということが「一〇万人死ね」というのと結果的には同じことであるとき、そういう意見を語るのは不正なことなのかな？

「あくまでも……べき」という理想論を語りつづける人は、たぶん、道徳というものに対するカント的な崇拝に近いものがあるんだな。帰結――この場合ならどのような国際秩序をどのようにして構築するか――から独立の道徳的価値など本当は存在しないさ。それでも、ここが重要な点だけど、その種の崇拝をしている人――あるいは国――の存在が、帰結主義的に見て、よい結果を生み出す可能性はある。

でも、そもそも義務論と帰結主義の違いというのが、やっぱりよくわからないよ。だって、何かをすべき義務って必ず結果がどうなるかを含んでいるんじゃないの？　困っている人を助ける、だったら、その人が助けられて喜ぶとかさ。だから、結局、そんなにちがわないんじゃないかな？

いつも掃除をして自分の部屋や家を綺麗にしている人にも、じつは綺麗好きの人と掃除好きの人がいるって、知ってる？　その違いはね、自分が掃除しなくても部屋や家が綺麗ならそれでいいかどうか、に現れるんだ。自分が掃除しなくても、部屋が綺麗ならそれでいい——むしろそのほうがいい——なら、その人は単なる綺麗好き。逆に、たとえ結果として綺麗にならなくても、とにかく掃除をするということをしないではいられないなら、その人は掃除好きだ。綺麗好きな人と掃除好きな人とは、事実としてはもちろん重なることが多いけど、分けて考えることができるし、実際、一方だけの人もいるんだな。道徳的な人についても、同じことが言えるだろうな。

なるほど。掃除好きな人が義務論的で、綺麗好きな人が帰結主義的か。でも、掃除ってやっぱり綺麗にするためのもので、それ以外の意味はないんじゃないかなあ。

そのことを忘れて、掃除が自己目的化したほうがより綺麗になるんだとしたら？

⑱シジウィックと直観主義

うーん。功利主義の問題点はいろいろあると思うけど、まず第一段階の、自分の幸福が唯一の究極的な道徳外的善だ、みたいな話、あれが問題だと思う。そこから功利主義がどうして導き出せるのか、やっぱりわかんないな。

M先生は社会契約や普遍化が隠されていると考えていて、『自由論』のミルの考え方とつなげて説明していたけどね、あれはあれでそう悪くはない。しかし、導き出せないとはっきり言ってしまったほうが正直かもしれない。シジウィックという倫理学者が実際にそう主張したんだ。彼は、一般幸福の実現を推奨する道徳は、人間が自分の幸福の実現を欲しているという心理的な事実とは関係ないので、前者を後者から導くことはできない、と主張した。それでも、シジウィックは功利主義者だったので、功利性原理は証明なしに受け入れられるほかはない、と考えた。彼の考えによれば、われわれの道徳的思考の根底には、われわれには自明と思われる確信があって、それが正しいという理由はもう与えることができない。つまり「直観」によってそうとわかるとしか言いようがないというわけだ。シジウィックが残念ながらそうなのだと認めたそのことを、M先生も言及していたムーアは、むしろ積極的に評価すべきことと見なしたわけだ。ムーアのミル批判と直観主義という立場は、そこから来ているわけさ。

その批判のほうは納得がいくけど、直観主義というのは何だか変な立場だね。

直観主義というのは功利主義とかそういう規範倫理学上の立場ではなくて、そのような道徳的判断が何に基づいてなされるかということを研究する、メタ倫理学上の立場なんだ。だから、直観主義的なカント主義者もいる。メタ倫理学についての講義もそのうちM先生がしてくれるんじゃないかな。

⑲自然主義の誤謬ではなく普遍化の誤謬

で、例の「証明」については、アインジヒトはどう思う?

ある意味ではやはり、ムーアの批判は正しかったことになると思うね。M先生は「望まれていることでなければ望ましいことにはならない」という自然主義を受け入れていたようだけど、実際に望まれているということは、いわば必要条件の一部にすぎない。たしかに、実際に望まれてもいないことが、本当は望ましいことだなんてナンセンスだとはいえる。しかし、だからといって、M先生の言うとおり「望ましい」の段階で「だれにとっても」が密輸入されたとすれば、必要条件の別の重要な一部が知らない間に入ってきてしまっていることになる。これは論証としては許容しがたい暴挙だ。その意味では、望まれていることが望ましい、なんて言えるわけがない。そんなことが言えるなら「だれでも自分の恋人に恋をしている、それゆえ、だれでも恋されている人に（自分が恋をしている相手でなくても!）恋をするべきだ」とだって言えちまう。

でも、これがまちがっているのは、望まれているという事実から望ましいという価値を導き出す「自然主義の誤謬」が犯されているからじゃない。人々がそれぞれ自分についてそれを望んでいるという事実から一般的にだれでもそれを望むべきだという道徳を導き出すという、いわば「普遍化の誤謬」が犯されているからなんだ。いや普遍化していいんだよ。だけど、それがどうしてなされるのかということが、ホッブズ以来問題になって来たことなんだからね。M先生は好意的に解釈していたけど、そこを丁寧に論じていないミルの議論は無意味じゃないかな。そう解釈すれば、ムーアの批判は正しかったことになる。

M先生は『自由論』との関係で解釈してたけど、あれは駄目？

あれが正しいなら、根底にあるのはあくまでも自分の幸福追求なんだから、他人の幸福追求も同じように尊重するというのは、自分のそれを認めさせるための戦術にすぎないことになるな。つまり、だれもが、すべての他人の幸福や不幸を自分自身のものと同じ重要性をもつものとみなしているかのように見せかけることになる。だから、自分の幸福や不幸についても、他人たちにそう見せかけてもらうことになる。そのようにして一般幸福の立場、すなわち功利主義道徳が成立する、というわけだ。

しかしまあ、それは事実じゃないの？

⑳道徳的価値の直接的価値への組み込み

M先生は、功利主義では、道徳的行為なしで同じ結果が引き起こせるなら、実現される全体としての価値はまったく同じだって言ってたよね。道徳的行為が付け加える価値は存在しないって。たしかにそうだと思うけど、むしろ逆に、道徳的な行為がなされるとマイナス価値が付加される、ってことはないの？

道徳的に行為することは、自分の幸福を犠牲にすることで、苦痛で不幸だから？

そう。同じ幸福な事態でも、道徳的行為なしに引き起こせるほうがより善い、といえそうな気がするけど。

まさにその通り。だから、道徳的行為がまったくなされない社会こそが、功利主義的に見て最善だ。と言い切ってしまいたいところだけど、じつは難しい問題がある。道徳的行為自体が自己目的化すると同時に、それ自体が一つの価値になる。そうすると、その価値を実現することによる喜びもまた生まれるんだな。だから、純粋に功利主義的に、快楽や幸福の総量という観点から見ても、道徳的行為の介在が事態を悪くするとばかりは言えない。

千絵の言うとおりだとすると、逆に、不道徳な行為の場合だと、どうなる？　人がひとり殺されることと人がひとり死ぬことを比べたとき、功利主義者はどちらの悪の量も同じだと言うけど、カント主義的要素も加えた折衷主義者は、殺人のほうが悪の総量が多いと言うって、M先生は言っていたよね。でもさ、もし殺人による快楽というものがあったなら、殺人のほうが善いということにならないかな？

まさにその通り。そして、意志的になされた殺人なら、殺人による快楽あるいは幸福という要素は、必然的に存在するんだ。少なくともベンサムやミルの功利主義を前提にするかぎり、そういわざるをえない。だから、人がひとり死ぬことより、人がひとり殺されることのほうが、善いことだといえる面が確実にあることになる。

それはちょっと受け入れがたい意見だなあ。

受け入れがたいのは、千絵がすでにそこに道徳的価値を持ち込んで考えているからじゃないかな。

そう。それ以前の段階で考えるなら、必然的にそうなるはずだ。もしまったく被害者がいないなら、人を殺す快楽を味わうことそれ自体は、悪ではなく善だ。ひとり自室で殺人シミュレーションゲームに興じるやつを、われわれは恐れ、嫌悪する。しかしそれは、そいつのその傾向性に恐れを感じるだけで、それらをぜんぶ除去して、彼の快楽だけ取り出して考えれば、それは善だと言わざるをえない。繰り返すが、これはまったく自明な事実を確認しているにすぎない。明晰に思考できさえすれば、だれでも賛成せざるをえないはずのことだ。もし反発を感じるとすれば、哲学的議論をその抽象度にふさわしい水準で思考できていないだけなんだ。

でも、この場合もやっぱり、さっきと同じで、「と言い切ってしまいたいところだけど、じつは難しい問題がある」わけでしょ?

そうなんだ。道徳的行為自体が一つの価値になるのと同じように、不道徳な行為自体が——結果を度外視して——一つのマイナス価値になる。そうすると、そのマイナス価値を実現することによる苦痛もまた生まれるからな。だから、純粋に功利主義的に、快楽や幸福の総量という観点から見ても、不道徳な行為の介在が事態を善くするとばかりは言えない。しかも、ここで重要なことは、道徳的な価値やマイナス価値は、他者との関係において生じるものだから、他者と語り合う場面では、すでに必ずこれが成立していて、かつ前提されている、ということだ。殺人による快楽はそれ自体としては善だというような主張を人々が受け入れがたい理由はそこにある。それは、人々の間で通用する「言説」としては、存在する必要がない、存在することが不適切な種類の言説だからだ。（↓終③～⑤）

㉑「よい」は正反対の意味を同じ意味として持つ

たとえばね、ある人が、駅の階段で怪我をしたお年寄りを助けていてデートの待ち合わせ時間にすごく遅れてしまったとするよ。本当は早く待ち合わせ場所に行きたかったけど、いわば道徳的にそのお年寄りの世話をしたわけだよね。そのときでも、その人は自分の快楽や幸福のためにそうしたの？

そいつがだれかに強制されたのでなければ、そうだ。いや、たとえ強制されていたって、その強制がピストルを突き付けられて「そうしなければ殺す」というような脅しだったなら、そいつはやっぱりその状況下での自分の最大幸福を実現しようとしたといえる。自由意志によってやったことは、すべて自分の最大幸福の実現を目指していたと理解する

ことができる。

わからなくはないけど、ちょっと不自然じゃないかな。ピストルを突き付けられたからいやいやながらそうした、とか、本当は早くデートに行きたかったのだけどやむをえずお年寄りを助けたとか、そういう「断念」の要素が無視されてる気がする。

それは簡単に説明できる。脅しの例では、ピストルを突き付けられる以前の状況での幸福追求はもちろん断念されている。しかし、どんな状況でもつねに多くのことが断念されているのだ。これは、脅されているという新しい状況下での、多くの断念をへた、新しい最大幸福の追求なんだ。道徳的行為も本質的には同じだな。そいつが年寄りを助けたいと心から思ったなら、話は簡単だ。そうしないと、そいつは苦痛を感じ、不幸になるんだ。そいつがもっとカント的なやつで、それが自分の義務だと思ってそうしたのだとしても、義務を無視することはそいつには苦痛で、やはりそうすることがそいつ自身の幸福につながる。ポイントは、道徳を考慮に入れたうえでの自分の幸福と考慮に入れないそれとの対立にある。

それにはぼくもちょっと疑問がある。根本的な疑問は、道徳的に行為することは快い、幸せなことなのか、それとも苦痛な、嫌なことなのか、ということ。いったいどっちなんだろう。というのは、道徳的行為は必ず自分の幸福追求の断念を含むはずなのに、強制なしにもそれが選ばれる——しかも喜んで——ことがある。それはなぜなんだろう。

だから、道徳的に行為することは、道徳を考慮に入れない水準では、苦痛な、嫌なことだけど、道徳を考慮に入れた水準では、快い、幸せなことになりうるんだ。それは、道徳的行為が、道徳的でない価値と同じ水準での価値の仲間に入るからだ。道徳的でない直接的な価値と道徳的価値とは、祐樹の言うとおり、もちろんある意味では正反対のものだよ。道徳的でない直接的な価値は、自分の快適さや楽しさのことなのに、道徳的な価値は、それを犠牲にして成り立つ、他者の快適さや楽しさへの配慮に本質があるんだからね。ところが、その道徳的価値が、道徳的文化の中では、道徳的でない直接的な価値と同じ種類の価値に転じるんだ。だから、「よい」とか「good」という言葉は、本当は正反対の意味を同じ意味として持たされることになったんだよ。

M先生はどうかわからないけど、道徳主義的な人って、たいてい、道徳的行為は苦痛であるという意見を躍起になって否定して、道徳的行為は気持ちがいいと言いたがるくせに、それならすべての道徳的行為は自分の気持ちよさのためになされるんだ、というと、それも嫌がるんだよね。

それは構造上の問題だから、道徳嫌いの人のほうも同じことなんだ。道徳的行為は気持ちがいいという意見は否定して、苦痛だと言いたがるくせに、すべての道徳的行為は自分の気持ちよさのためになされる、という意見は好むだろ？

二〇〇一年の一月だったと思うけど、JR新大久保駅で、線路に転落した男の人を助けようとして、李《イ》秀賢《スヒョン》さんと関根史郎さんが亡くなったんだけどね、あれは彼らにとって幸福なことだったのかな？

彼らが幸福だったはずはない。しかし、道徳的価値が実現されたことは疑う余地がないから「善い」ことがなされたとはされるだろう。しかし「善い」ことが起こったと思う人は少ないだろう。俺が彼らが幸福だったと思わない理由は、彼らは決して死ぬつもりではなかっただろうからだ。その点で、彼らの行為はいわば失敗したのだ。だから、それは不幸な出来事だったというほかはない。しかし、もしはじめから死ぬつもりだったなら、それは幸福な死だったというべきだな。

もしかして、道徳的に行為する動機が世間体だったら？

世間体も、それを気にしているやつにとっては、考慮に入れるべき重要な要因だ。「世間体が悪いことをするぐらいなら死んだほうがましだ」と思っているやつにとっては、自分の世間体を悪くしないために死ぬことは、そうしないで世間体が悪いままに生き延びるよりも、幸福なことなのだろう。

ということはつまり、アインジヒトとしては、すべての行為は自分の幸福を目指してなされるという考え方を肯定するわけだね？　それは、結局、利己主義ということと同じだよね？

㉒道徳的動機は利己主義に包含されねばならない

いい機会だし、どうせM先生はそんな話はしないだろうから、利己主義について少し話しておこうか。まず利己主義者とは何よりも自分の利益を追求する者のことだけど、この場合「利益」は、ミルの言葉の使い方では「幸福」と同じ広い概念だ。

利益というと金銭的な感じがして、幸福というと気持ちのよさや心の安らかさのようなものを思い浮かべるから、ぜんぜん違う感じがするけどね。

地位や名誉や権力のようなものを入れてもいいし、人から好かれること、愛されること、とにかく自分が欲しいと思うすべてを含めていいんだ。悟りたいやつには悟ることが、無我の境地に達したいやつには無我の境地に達することが、人を思いやる心を持ちたいやつには人を思いやる心を持つことが、それぞれそいつの利益でありかつそいつの幸福だ。幸か不幸か、その「利益」や「幸福」はそれほどバラバラではなく、多くの人においてかなり一致する。ほとんどすべての人間が、病気よりも健康のほうがいいと思っているからな。この「いい」が、「利益」であり、「幸福」であり、そしてもちろん道徳的でない直接的な「善」でもある。そうしたものをだれよりも自分が持つことを求めるならば、その中身が何であろうと、そいつは利己主義者だ。たとえ自分が欲しいものが「思いやり」のような利他的なものであっても、それはかわりない。

世界平和を求めている人にとっては世界平和が？　だとすると、利己主義者でない人というのはいるの？

いない。完璧に気が狂ったやつ以外は、だれでも利己主義者だ。自殺する者も自分の幸福のために自殺する。こういうふうに人間は事実として利己的であるという主張を、心理的利己主義とか記述的利己主義とか言って、倫理的利己主義とか規範的利己主義と区別するんだ。倫理的利己主義とか規範的利己主義というのは、人間が事実として必ずしも利己主義的でなくても、そうであるべきだとして、利己的な行為原則を推奨する立場だ。

なんでわざわざ推奨なんかするの？

それは極めて興味深い問題に関係しているから、後でくわしく論じよう。もう一つのよくなされる分類は、短期的利己主義と長期的利己主義との分類だ。これも重要。短期的利己主義は、長期的に見た自分の幸福を度外視しても現在の自分の欲求を満たそうとする。いまどうしてもたばこが吸いたければ将来肺ガンになることなど意に介さない。長期的利己主義はその逆に、現在の自分の幸福を断念しても全体として見た場合の自分の人生の最大幸福を考えて、いわば理性的に統御して利己的に生きる。

短期的といっても、いつの短期でもいいわけじゃないんだよね。必ず今を中心にした短期なんだよね。あたりまえのことだけど……

いやいや、それもまた極めて興味深い問題に関係しているから、これまた後でくわしく論じよう。

長期的利己主義者は、そのほうが全体としての自分の人生に有利だと判断したときには利他的に振る舞うことになるよね？

完璧な長期的利己主義者は、外見上道徳的なやつと区別がつかないことがあるから、実証主義的な見地からは、そもそも区別がないともいえる。道徳とは、利己主義者が自分の長期的な幸福を考えて自分を理性的に統御したときには多少とも利他的に振る舞わざるをえないようにさせるシステムのことだ、と見なすことができるからね。

そうすると、短期的な利己主義者は決して道徳的になれないね。

その意味ではそうだ。

長期的利己主義者だって、他人に害悪を与える不道徳なおこないが長期的に見ても自分の幸福につながると判断したときには、たとえばけっして発覚しないという見通しが立ったときなんかには、それを実行することになるわけだよね。だから、道徳的な人とはやっぱりちがうんじゃないかな。

そこで、さっき論じた問題がまた出て来るわけだ。だれにも知られない状況で、内面化された道徳に従う喜びもまた、自分の幸福の一種だとみなさなければならない、ということだ。逆に言えば、だれにも知られない状況で、不道徳なおこないをすることもまた、当人にとって不幸と感じられなければならない。

なるほど、またさっきと同じで、道徳主義的な人は、だれにも知られない状況で道徳に従う喜びだって自分の幸福追求の一種だ、という意見は嫌いそうだけど、不道徳に行為をすることは当人に不幸と感じられる、という意見は好みそうだな。

道徳嫌いの人はその逆だな。ともあれ、そこまで包含すると、すべての人は利己主義者であるという普遍的で記述的な利己主義が完成するわけだ。

でもそれは、たしかM先生も言っていたと思うけど、トートロジカルで無内容な主張じゃないの？

完成までのプロセスを考慮に入れれば、決して無内容な主張じゃない。

つまり、ただ道徳的に善いことをしたというだけで本当に嬉しくなれるか、たんに道徳的に悪いことをしたというだけのことで本当に落胆し本当に不幸になれるか、という実質のある心のあり方の違いが効いてくるんだよね。

ということは、つまり、普遍的で記述的な利己主義という考え方が、あたかもトートロジーであるかのように、本当に完璧にあてはまってしまうのは、むしろすごく道徳的な人なんだね！

もちろん、たんなる長期的利己主義者だって普遍的で記述的な利己主義だよ。しかし、そいつらは文字どおり利己主義者で、真に道徳的な行為はしないんだから、それはまああたりまえだ。重要なのは、長期的考慮のためでも世間体のためでもない、利己主義に対立してたはずの真正の道徳的行為が、利己主義に包含されることなんだ。そこに実質内容があることは、包含されるからこそそれはその人を動かす力になるという点に現れる。だから、その点に関するかぎり、俺はシジウィックやムーアよりも、ベンサムやミルを支持する。成功したとは思わないが、彼らの言おうとしたことには真実がある。

たしかに、シジウィックやムーアの考え方では、直観的に認識されたその「善」が、なぜ人を動かす力になるのか、その動機はわからないね。

㉓言うことに意味がないと同時に言われるべき必然性のある主張

さっき千絵は「なぜ利己主義を推奨なんかするのか」と言ったけど、ここでその問題に入ることができる。まず、利己主義を推奨するとは何をすることなのか、と考えて見よう。それは、さっきの千絵の言い方を借りれば、道徳的に善いことをしただけで嬉しくなったり、道徳的に悪いことをしただけで悲しくなったりするような人であることをやめよう、と呼びかけることだ。普遍的な記述的利己主義の立場からいえば、どっちにしても利己主義であることにかわりはないのに、どうしてこんな呼びかけが意味を持つのだと思う？

それに、もし自分が本物の利己主義者だったら、道徳に洗脳されたその種のへなちょこ利己主義者に本物の利己主義者に立ち戻って欲しいなんて思うかな。本物の利己主義者なら、他人がへなちょこ利己主義者であるほうが自分にとって有利だと思うんじゃないかな。

そこにとんでもない逆説があるんだ。本物の利己主義者が他人にも本物の利己主義者になって欲しいと思って、そう呼びかけたくなるのは、その人のためを思うからなんだよ。つまりそれは、利己主義者の非利己的な道徳なんだ。たとえ自分の利己主義にとっては利益にならなくても、むしろ害になる可能性があっても、他人に道徳なんか本気で気にするのはやめろよ、と言いたくなるんだ。ニーチェにはその傾向がはっきりとある。

利己主義者の愛だね。

その愛は、同じ一つの世界の中で両立できないことを要求しているにもかかわらず、成立すべき必然性がある。そこに「主義」というものの——せんじつめれば言語というものの——不思議があるんだ。その構造をつかむことが重要だ。そうすれば、M先生が『自由論』とからめてミル解釈として語っていた内容も、もっと本質的な構造として理解できるだろう。そうすれば、道徳というものの本質構造も理解できるはずだ。(→七⑫)

それは、おもしろそうだね。

功利主義ももちろんそうだけど、フェミニズムもリベラリズムもマルクス主義も保守主義も、この世のありとあらゆる主義主張は、少なくともそれが他人に向かって語られるかぎりは、他人たちにも自分と同じ主義主張を持ってもらいたいと思っているはずだ。そうでない主義主張なんて、何のための主義主張なのかわからない。ところが、そうでないかもしれない主義主張がいくつかある。いまここで問題になっている利己主義がそうだし、自民族中心主義という意味での民族主義もそういう問題を孕んでいるけど、いちばん先鋭な形であらわれるのは独我論というものだ。

全世界が――他人も含めて――自分の心の中にあって、その外なんか存在しない、という主張だね。

俺以外のやつが独我論者だとしたら、俺はその意味を理解することはできるかもしれないが、主張に賛成することはできない。なぜなら、少なくとも俺はそいつの心の中なんかにいないことを俺は知っているからだ。だから、俺が存在するかぎり、そいつの主張はまちがっていることになる。しかし、逆に、俺の側が独我論者ならそういう問題はない。でも、その場合、俺は俺の独我論を他人にどう伝えたらいいのだろうか。他人がそれを理解する――あるいはひょっとして賛成する――とは、何が起こることなのだろうか。けっして賛成されないとわかっていることを、言ってみる価値があるだろうか。

つまり独我論は、独我論は真理なのだからだれもが独我論者であるべきだ、というふうな形で主張することができないんだね。

利己主義もそうかな?

そうだ。それは利己主義が独我論に基づいてるということではない。構造上の同型性があるというだけだ。しかし、この構造上の同型性は世界の存在構造そのものに基づいているから、根はひとつなんだ。

利己主義者は、記述的に、だれもがじつは自分自身の幸福の実現だけを目指して行為しているのだ、と主張することはできる（そして、そのときは道徳的行為もその「利己」に含まれてる）。だけど規範的に、だれもがそれぞれ自分自身の幸福実現だけを目指して行為すべきだと主張することはできない（もちろん、このときはその「利己」に道徳的行為は含まれていない）。なぜなら、そう主張することは——とくにそれが賛成されてしまったら——自分の利己主義に反することになるから。ということだよね？

俺は利己主義者だから、どんなやつも——そいつ自身のではなくて——俺自身の幸福に貢献するように行為して欲しいと思う。だから、俺はそいつらに利己的になって欲しくない。利己主義もまた、独我論と同様、利己主義は正しいのだからだれもが利己主義者であるべきだというふうに主張することはできない。俺以外のやつが利己主義者だとしたら、俺はそれに賛成することはできないんだ。なぜなら、少なくともこの俺はそいつの幸福のために人生を捧げたくないからだ。俺が俺の欲望を持って存在するかぎり、そいつの主張は否定されなければならない。

独我論や利己主義も、ひとつの主張ではあるのに、本質的に、他人から賛成されてはならない主張なんだね。

ということはつまり、他人に向かって言うことに意味がない主張、ということだよね？　言ったとしても、同意されたときには、ちがう意味になっちゃうから。でも、どうしてそんなものがあるんだろう。……もしかして、わたしというものが存在するからかな。

それに同意はできない。いや、俺がいるからだ、と言わざるをえないからね。ともあれ、ウィトゲンシュタインという哲学者は、独我論は言葉で語ることができないと言ったんだけど、じつはそれと同じ意味で、利己主義も言葉で語ることができないといえるんだ。

それはホッブズの社会契約の話のときにアインジヒトが言ってた、自分を「だれも」のひとりとして把握する、って話と関連してるよね。たしかあのとき、それと、自分を持続的な主体として把握することの、二つがあれば、社会契約が成り立つとか言ってなかったっけ？

そう。そして、いま話していることは、ちょうどその逆の方向の話だ。

ルソーの話のとき、囚人のジレンマに関してアインジヒトが「一方が釈放されて他方が二〇年」という言い方じゃだめだって言ったけど、あれも関連してるよね？　そういう種類の一般性選択でもないということだよね？　あと、カントの話のときに祐樹が言ってた「自分自身を特別扱いするくせに、同じ状況ではだれもが自分自身を特別扱いしていいということは認めない」ということとも、同じ問題だと思うな。

㉔「今」は一般的な時点の一つではない

そうだな。そこでやっと、さっき千絵の言っていた「短期的といっても、いつの短期でもいいわけじゃなくて、必ず今を中心にした短期だ」という話に入れるんだ。なぜいつの短期でもいいわけじゃないのかといえば、それはまさしく時間に関する一般性選択じゃないからだ。

つまり、現在のぼくの幸福にいちばん役立つことは、ぼくという人間の人生全体を考えたときに、ぼくの幸福に反することかもしれない。

そうなんだけど、それだけのことなら、どの時点をとりあげても、その時点についていえることだろう。どの時点を取ったって、その時点の祐樹の幸福にいちばん役立つことは、祐樹という人間の人生全体を考えたときに幸福を最大化することではない。祐樹がアルコール中毒なら、客観的に見れば、どの時点を取っても祐樹は酒を飲みたいだろう。しかし、酒を飲むことが祐樹の人生全体を不幸なものにすることを祐樹は知っている。だから、一般的に酒を飲むべきでないと決意することはできる。それでも今だけは例外にしたいんだ。各時点と全人生を対比することは、ちょうど諸個人と社会を対比することに相当する。

なるほど。ぼくはそういう一般的な個人の一人なのではないということが、いまやっている議論のポイントなんだったね。

だから、それと同じ意味で、「今」というのもそういう一般的な時点の一つではないということが、この議論のポイントなんだね。わたしはわたしの人生の各時点でどんな生き方をすればいいかというのは、自分に関する一般性選択の問題にすぎないわけだ。

そうだ。今どうしたいかという問題は、自分に関する一般性選択の問いじゃないんだ。カントは、個人的な行為原則が普遍的な法則となりうるか、と問うたけど、あのときすでに普遍化の第一歩は終わってしまっている。だって、個人的な行為原則だよ。そんなもの自体がないのが当然なんだ。行為原則って、ひとりの人間の内部での普遍的法則のことなんだから。

利己主義に対応させて利今主義というものを考えると、それは「どの時点においても、その時点の幸福や快楽を最優先すべきだ」という主張であることはできないんだ。

そういう普遍化は、それだけですでに今の幸福に抵触するからね。利己主義者が利己主義を他人に主張できないのと同じ構造だ。

でもさ、各時点を等し並みに扱うのではなくて、その時点を——その時点だけを——特別扱いするというまさにそのことを、各時点に普遍化するってこともできるんじゃない？

それは、さっき千絵が言ってた「利己主義者の愛」に対応する「利今主義の愛」ということになるだろう。利己主義者の愛が一つの世界の中で両立しないことを推奨しているのと同様に、一人の人間の中で両立できないことを推奨していることになるな。そして言語をもつ以上、その成立にもまた必然性がある。

でも、一人の人間の内部での「時点間囚人のジレンマ」というのも考えられるんじゃない？

まったく形式的には考えられるだろうね。俺と相棒の代わりに、今の俺と一年後の俺を考える。二人とも酒を飲まなけりゃ二人ともまあ健康ではある。二人とも酒を飲むと二人とも——といっても二人とも俺ではあるわけだけど——肝臓をやられる。今の俺が飲んで一年後が飲まないと、今の俺が気持ちよくて一年後が耐え難い。今の俺が飲まないで一年後が飲めば、その逆……

今のアインジヒトが快楽を求めると、一年後のアインジヒトも利今主義者で同じことを考えるから、二人とも飲んで、結局、アインジヒトは肝炎になる。

とはいえ、一年後の俺だけに飲まれちまうのは悔しいし、もし一年後が飲まないでくれれば勿怪《もっけ》の幸いだから、今の俺はやっぱり飲む。元来の囚人のジレンマとちがう点は、全体を通じた快や苦の共通尺度がなくて、しかも、起こる時期がずれている。そもそも肝炎になるのは今の俺じゃない。

同じ点は、飲んで快適か飲まないで苦痛かという今のアインジヒトが選べる対比と、健康か肝炎かという今のアインジヒトが選べない対比とが、対比されている点だね。そのうえ、意思疎通は完璧にできて、逆に隠し立てはできない。

㉕利己主義と利今主義の相違点

利己主義が功利主義に変化する錬金術よりは、利今主義が利己主義に転化する化学変化のほうが合理性があるような気はするね。

俺は、俺であるというまさにそのことによって、ほかのやつが否定するであろう行為理由を最優先すべき理由を持っている。今の俺は、今の俺であるというまさにそのことによって、他の時点の俺が否定するであろう行為理由を最優先すべき理由を持っている。どちらも、全体の視点から見れば不合理かもしれない。しかし、そんなことは俺や今の俺の関心事ではない。しかし、いま千絵や祐樹が言ったように、社会の統合度より個人の統合度のほうが高いだろう。いちばんの違いは、ある極めて特殊な隠し立てのできなさが存在していて、まさにそれの存在こそが、そいつがそいつであり続けるということの本質を構成している、ということだ。

M先生も言ってたけど、各個人の幸福と不幸が相殺されて、差引されたその全体を享受する社会なんて主体は存在しないけど、幸福と不幸が相殺されて、差引された全体を享受する個人という主体は存在するわけだ。

でもさ、一人の人間の中の意思疎通だって程度問題でしょ。忘れてしまうことだって多いし。長期記憶というものが持てない人の利己主義は必然的に利今主義になるのかって問題もあるよね。逆に、社会だって、個々の人間はバラバラでも、友達とか親子とかの特殊なつながりというものもあるじゃない。それは一人の人間の内部での記憶のようなものに対応するんじゃないかな。バラバラさとつながりという点では、どちらも同じことだと思うけど。

たしかにそうも言えるけど、それはどちらも全体の側からの言い分だな。まず、俺の観点から見れば、ほかのやつは俺が知っていたり知らなかったり、好きだったり嫌いだったり、とにかく俺との関係におけるそいつらにすぎない。そいつらそのものなんて存在しない。次に、今の俺の観点から見れば、一年後の俺は今の俺が予想し意志する一年後の俺にすぎない。一年後の俺そのものなんて存在しない。存在するのは今のこの俺だけだ。そして、実際に存在するのはこういう視点だけだ。

そうかなあ。人生全体や社会全体を考える視点もあると思うけどな。

もちろんあるさ。だからこそ、道徳的に善いことをしただけで本当に嬉しくなったり、道徳的に悪いことをしただけで本当に悲しくなったりできるんだ。しかし、さっきも言ったように、重要なのは、そういう真正の道徳性もまた利己主義に包含されるからこそ人を動かす力になる、ということなんだ。同じことは、自分の人生全体の考慮についてもいえる。俺は、自分の人生全体にとって善いことをしただけでいま嬉しくなるし、自分の人生全体にとって悪いことをしただけでいま悲しくなる。ここでも重要なことは、そういう長期的利己主義もまた、利今主義に包含されるからこそいまの俺を動かす力になる、ということなのだ。

真正の利己主義者が、他人にもそういう——道徳的でない——真正の利己主義者になって欲しいと思って、そう呼びかけることがありうるように、真正の利今主義的な現在の自己が、他の時点の自己に向かって、諸時点を考慮に入れた軟弱な利今主義ではなくて、真正の利今主義に目覚めて欲しいと思って、そう呼びかけることも、やっぱりあるかな？

もちろん、あるさ。そういういわば自暴自棄のすすめこそが、最も深い自己愛でありうることも、ぜひ理解してほしいな。健全に自暴自棄的であることは、ぜひとも必要なことだから。（↓終④～⑤）

第五章

アインジヒトのはじめての講義

ニーチェとキリスト教道徳

(功利主義と利己主義について話しあった後のある日、アインジヒトは千絵と祐樹の二人だけを相手にして、キリスト教道徳とニーチェの倫理思想についての講義をおこなった。彼はそれをM先生の物まねでやってみせた。口調から身のこなしまであまりにそっくりだったので、千絵と祐樹は内容が理解できなくなるほどおかしかった。)

①二種類の悪――本当に悪いのはどちらか

道徳的な価値がそれ以外の直接的価値とはまったくちがう種類の価値であることは、これまでに何度も問題にしてきました。社会契約や功利主義についての議論では、そういう道徳外的な直接的価値がどのようにして道徳的価値に転化するか、そして逆に、道徳的価値がどうして直接的価値の一部に編入されるか、ということを論じてきました。

ニーチェは、この点に関して、きわめて独創的な心理学的説明を与えた思想家です。ルサンチマンという心理現象が機縁となってこの逆転が起こったというのです。ルサンチマンは怨恨とか反感とか訳されますが、要するに、現実の世界で成功している人、うまくやっている人に対する、現実の世界で成功できない人々——ニーチェは「弱者」と呼びますが——の僻みとか妬みとか恨みといったものです。その恨みを現実の世の中での競争や闘争によってはらすのではなく、価値基準のほうを密かに逆転することによってはらす、これがポイントです。つまり、闘いの最中に、闘いのルールのほうを密かに変更することによって、闘いに勝つのです。

このプロセスを、彼は「道徳における奴隷一揆」と呼びました。彼の言葉から引用しつつ説明するなら、「本来の反応、つまり行為における反応が拒まれているため、想像上における復讐によってだけその埋め合わせをする者たち」によって、ルサンチマンが創造的になって、新しい価値が産み出されるようになったとき、この一揆が始まるとされます。この一揆によって新たに作られる道徳を、彼は「奴隷道徳」と呼びます。そして、こう言っています。「すべての高貴な道徳が自己自身に対する勝ち誇った肯定から発するのに対して、奴隷道徳は最初に外のもの、他のもの、自己でないものに対して、否と言う。この否定こそが、その創造行為なのである」。

この価値の転倒によって、善と悪の対立の意味が、つまり肯定的価値評価と否定的価値評価の対立の意味が、まったく変わってしまうのです。本来の「善」はまさに「自己自身に対する勝ち誇った肯定」であり、これは優良であること、良質であること、という意味での肯定的価値でした。それは媒介を経ない直接的自己評価です。この善に対立する悪は、質が劣るという意味での悪、つまり劣悪さです。この善悪は、どちらも道徳的価値ではありません。それに対して、この一揆による価値転倒によって生まれた善悪は、もちろん道徳的な価値です。この価値転倒によって、道徳的価値が他の諸価値をはるかに凌駕し、群を抜いた特別の地位を獲得することになります。そうなる必要があったからです。

さて、道徳的な悪が生じたとき、真に「悪い」状態にあるのはだれでしょうか。一つの考え方はこうです。たとえば、怪我をさせられたり、持ち物を盗まれたりしたなら、害をこうむった者に「悪い」ことが起こったのです。この場合には、そこに道徳的要素がなくても、たとえば自然災害によって同じことが起こったのだとしても、その「悪」の量も質もまったく変わりません。もう一つの考え方はこうです。そのとき、だれかが怪我をさせたり、物を盗んだりしたのであれば、それを行なった者に「悪い」ことが起こっているのです。この場合には、そこに道徳的要素がなければ、たとえば自然災害によって同じことが起こったのだとすれば、その「悪」は消滅します。

もちろん、二種類の「悪」が存在します。では、どちらが本当の意味で悪い状態にあるでしょうか。本当の意味で悪いのは、道徳的な悪を犯したほうだと考えるのが、すなわち「奴隷道徳」の立場です。善についても同じです。本当の意味で善いことは、道徳的に善いことなのです。ここで価値の転倒が行なわれているのがわかると思います。本当の意味で悪いことは、道徳的に悪いことなんかじゃないですよ。怪我をしたとか、必要な物がなくなった、ということのほうですよ。それは明白なことです。道徳的悪なんて、それを引き起こしたから悪いだけで、二次的、派生的な悪にすぎない。だから、世の中から道徳的な悪がなくなったって――道徳的な善がどんなに増えたって――悪そのものはなくならない。それに対して、悪そのものがなくなった世界には、道徳的な悪も存在しません。どんなに邪悪なことを意図しても決して実現できないなら、それはそもそも悪ではないからです。

それにしても、なぜこのような価値転倒が起こるのでしょうか。ニーチェの答えは、他の価値を所有することができず、この価値を祭り上げるしかなかった病弱な精神に対して、それが代償的な力を与えるからだ、というものです。病弱な精神に対して代償的な力を与えた僧侶という人種がいたからだ、というものです。つまり、必要からの捏造です。

②キリスト教道徳の構造

さてここで、ニーチェの話を中断して、キリスト教についてお話しなければなりません。倫理学の講義ですから、キリスト教の道徳についてだけお話すればいいわけですが、そこには難しい問題があります。まず、当然のことですが、キリスト教道徳は宗教としてのキリスト教の教義と深く結びついていて、切り離すことができません。ですから、どうしても少しは宗教の話に入らなくてはならないということです。もう一つは、ちょっと矛盾したことを言うようですが、福音書でイエス自身が語っている道徳的な教えと、宗教としてのキリスト教の教義との関係は、じつはあまりはっきりしないのです。歴史的に見れば、宗教としてのキリスト教の教義の中心的な部分は、イエス自身が語ったことではなく、イエスの死後にパウロらによってつくられたものです。イエス自身は、死後、自分が人類の罪を贖《あがな》って死んだとされることや、その後復活したとされることを、予想だにしなかったでしょう。イエスは、キリスト教の教義どころか、キリスト教という観念そのものを知らずに生き、知らずに死んだのです。

しかしここでは、イエス自身がみずから説いたことと、後のキリスト教の教義との差異と連関といった問題には深入りしません。イエスとキリスト教に共通の「キリスト教道徳」といえるもののなかで、ニーチェの議論が最もよくあてはまるのは何か、と考えて見ると、「だれかがあなたの右の頰を打つなら左の頰をも向けなさい」とか「敵を愛し自分を迫害するもののために祈りなさい」といったイエスの言葉が思い浮かびます。左の頰も向けたり、祈ったりすることによって、闘いの勝敗を決するルールそのものを――自分に都合のよいものに――変更し、それによって勝利をおさめることができるわけです。道徳でしか闘えない者は道徳で闘います。それは仕方のないことなのですが、そのとき、道徳が異様に高尚なものに祭り上げられてしまうのです。

有名な「山上の垂訓」では「心の貧しい人々は幸いである」から「義のために迫害される人々は幸いである」まで八種の「幸い」な人々が登場しますが、すべてふつうの意味で不幸な人々か、または「憐れみ深い人々」や「心の清い人々」のように道徳的な人々です。真に幸福なのはそういう人々であり、そういう人々だけだというわけです。

それでは、このようなキリスト教道徳はとうぜん利他主義的であるかといえば、それが必ずしもそうではないのです。そこがおもしろいところです。ごく通俗的に理解しても、もしこの世で悪いことをしたら地獄に落ちることが確実であるなら、道徳的に悪いことをするのはそのまま自分にとって直接的に悪いことだということになります。つまり、利己主義が道徳に直結する。だから、文字通りの意味で、道徳的行為こそが真に自分のためになる。「だれでも自分を高くする者は低くされ、低くする者は高くされる」わけです。これは、地獄とか天国といったものを、自分の死後のことと理解しようと、歴史的な未来のことと理解しようと、そのときどきの心の中の出来事と理解しようと、もっと形而上学的に理解しようと、どう解釈しても同じことです。

しかし、宗教として見た場合には、事情はもう少し複雑です。情欲を持って女性を見ただけで姦淫したことになる、といった言い方に代表されるように、キリスト教の道徳的要求は内面にまで食い込んだきわめて厳しいものですから、生身の人間は文字通りその要求のままに生きられるはずがありません。そこで、だれもが神の要求であるはずの道徳に背くことにならざるをえない。つまり「罪」を犯すことになるのです。罪とは神からの離反です。

宗教としてのキリスト教の教義の中心は、神のひとり子であるイエス・キリストが人類の犯した罪を贖って死んでくれたという思想にあります。キリスト教徒は、このことを信じ、自分の犯した罪のゆるしを祈ることによって「義とされる」のです。ここには、罪を犯した者だけが——そしてその罪を自覚した者だけが——救われるという独特の構造があります。浄土真宗の開祖である親鸞も、自分自身が極悪人であることを正しく認めることによって（のみ）極楽浄土に行ける、というようなことを言っています。ある種の宗教において、罪の自覚に類する要素が果たす役割は大きいのです。

ついでに言いますと、哲学の開祖であるソクラテスという人物は「無知の知」ということを言いましたが、これも罪の自覚と同じ構造をしています。知恵者を自認している者たちが善き生の何たるかを実は知っていない。自分も同じく知ってはいないけど、知らないということを知っているという点で、あの知恵者たちよりも知恵がある、というわけです。どちらも、個々の勝負を避けて、つねに最後の切り札だけで勝つ特殊な方法なのです。もちろん、これが必要な人はいますよ。問題は、いったん開発されてしまえば、これはいつでも使える一つの技法になってしまう、ということなのです。

罪をゆるすということにおいて発揮される美徳が、すなわち愛（チャリティ＝キリスト教的愛）です。これは、裁判における第三者による公正な処罰のようなものとは違って、被害を被った者が相手を直接に人格的にゆるす行為です。ですから、アリストテレス的観点から見れば、この愛は文字どおりの不正です。なぜそんな不正を犯すのでしょうか。ニーチェ的観点から見れば、この愛の本質は価値判断の水準を作り変えることによる復讐です。つまり、この「愛」が発揮されることによって、「罪」がつくられ、たんなる犯罪者は罪《つみ》人《びと》に仕立て上げられるのです。逆説的な言い方になりますが、「罪」は、それがゆるされることにおいて――そしてその「ゆるし」に「愛」を見ることにおいて――はじめて作り出されるのです。キリスト教的観点から見れば、愛は他の美徳とならぶ一つの美徳ではなく、それによってものごとの善悪の意味が根本的に変わるほどの、まったく特別の美徳ですが、ニーチェ的観点から見れば、その美徳はまさに新しい「器量」、新しく開発された、高次の、きわめて卓越した戦略なのです。

③ニーチェの仕掛けた闘い

少し宗教の話に食い込むことになりますが、このことは自分の中の秘められた部分で神と出会うという思想と関連しています。心の奥底に秘められた、人には言えない邪な思い、そうしたものをすべてさらけ出す場こそが神との出会いの場になります。しかし、なぜそもそもそのような秘められた場所があるのでしょうか。それはもちろん道徳が神聖視されて「内面の法廷」が成立しているからです。そもそも、深刻な意味を持つ悪とか罪とか負い目といったものは、それ自体で価値を持つ道徳の存在を前提としてしか存在することができません。

キェルケゴールというキリスト教思想家はこんなことを言っています。世の中のすべての人がその持てる力のすべてを結集してもできないことがある、それは罪なき人を罰することだ、と。それは死者を殺すことができないのと同じほど明らかだ、と。犯罪（crime）に関しては冤罪ということがありえますが、罪（sin）に関しては冤罪はありえないのです。なぜなら、究極的には罪そのものが、そしてそれだけが罰だからです。外的な罰は必要ないのです。これが聖化された道徳の完成形です。

カントのとき自己欺瞞の話をしたのを覚えていますか。あの問題が恐ろしいのは、自分の自己欺瞞に気づいたとき、気づいたというその思い自体が自己欺瞞かもしれない、というところにありました。自分を、自分の自己欺瞞に気づいてそれを正直に認めることができるほど誠実な人間だと思いたい、という欲求がそこにあるのかもしれないからです。内面の法廷は、被告人も被害者も目撃者も、弁護士も検事も裁判官も、みんな自分です。もちろん神は見ているのですが、神は声を発しません。事実をありのままに認めるために必要とされる誠実さという唯一の手段が、それ自体道徳的価値である以上、この法廷では、道徳的価値判断から独立した中立的な事実認定が不可能になるのです。

自分の中の否定的な要素をありのままに、つまり誠実に認めるというやりくちは、つねに、ワンランク上の価値を手に入れるための手段になっていきます。だからといって、私はそういうやりくちを否定するつもりはありません。すべてのマイナス要素をプラスに転ずる起死回生の一発がどうしても必要とされるケースはたしかにあるものです。しかし、このシステムもまた固定されれば、うまく利用されるだけのものに転化していくのです。そこで、もしこのシステム自体を疑いの対象とするほど、さらに徹底的に誠実であろうとすればどうなるでしょうか。内面の法廷は泥沼にならざるをえません。ニーチェの仕掛けた闘いは、その種の泥沼化の始まりを意味していました。

さて、この宗教システムで切り捨てられるのはだれでしょうか。罪なき者、自己の内部に本質的な悪を認めることを拒否する者です。しかし、なぜ拒否するのでしょうか。自分自身を道徳的に善だと認めるからでしょうか。そうではありません。これはその種の――キリスト教道徳システムの側から見た場合の――「自惚れ」とは無縁なのです。そうではなく、そもそもそうした道徳的善悪というもの自体を、たいしたものだと感じないということなのです。心の奥底に秘められた人に言えない邪な思いなどはないのです。悪がないからではなく、悪などというものはたいしたものではないからです。人に言わないのは戦略上――あるいはたしなみとして――言わないだけのことです。道徳的な善悪は、それ自体としてはさほど価値のない、便宜的につくられた、有用ではあるが本質的に二流の価値にすぎないからです。ですから、神からゆるされるべき罪などというものは、もともとありえないのです。

　古代ギリシアとキリスト教の二つの伝統を受け継いだヨーロッパは、倫理思想の面でも葛藤に直面しました。ギリシアの価値実現型の倫理とキリスト教の義務遵守型の倫理の対立に直面したヨーロッパ中世は、これを性格と意志という二つの領域に配分するという解決策を案出しました。性格は生まれつき決まっている面もあり、そのうえどんな人でも完全に善だったり悪だったりするわけではありません。善悪の争いに決定的な答えが出されるのは、つねに意志においてなのです。こうして、意志の自由というものが、きわめて重要な意味をもつことになります。みずから悪を犯しさえしなければ、悪を被ることはありえない。外的な偶然がその人に悪をもたらすなどということはありえないのです。

④生存上の必要から「真理」を捏造すること

さて、話をニーチェに戻して、それではニーチェはそうした「必要からの捏造」の精神を否定したのか、といえば、そう簡単ではありません。たしかに第一に、ニーチェは、必要からの捏造のからくりを明らかにすることによって、キリスト教徒やその他のニヒリストたちが「実在する」と主張するものがじつは捏造物であることを示そうとしました。それが「道徳の系譜学」という作業の主題でした。それによって、道徳というものそれ自体が自己欺瞞的なあり方をしていることが暴露されることになります。愛や親切や同情を称揚しているが、じつは無力な者の内向した憎悪や復讐の現われにすぎない、云々。

しかし第二に彼は、必要から捏造したものを「実在する」ものだと主張する者たちに対して、じつはすべては必要からの捏造に過ぎないのだ、それ以外のものはないのだとも主張しました。それが「力への意志」と「パースペクティヴ主義」の教説です。この観点から見ると、奴隷道徳の成立に対するニーチェの態度も異なってきます。たとえば、価値転倒の張本人である僧侶について、ニーチェは次のように言います。「人間のこの本質的に危険な存在様式、すなわち僧侶的な存在様式という土壌の上で、人間ははじめて一個の興味深い動物となったのであり、そこにおいてはじめて、人間の魂はより高い意味での深さを獲得し、そして邪悪になった」。つまり、僧侶には創造的な力があって、彼らによって創り出された奴隷道徳にも一個の芸術的価値があるのです。

それにもかかわらず、第三に彼は、自分の必要から真理を捏造するのではないような精神のあり方を求めていた。それが永遠回帰や運命愛の思想なのです。たくさんの引用が可能ですが、初期の断片から以下のものを拾っておきましょう。「だれも自分の行為に対して責任を負うべきではない。だれも自分の性質に対して責任を負うべきではない。裁くことは不正であることと同じである。個人が自分自身を裁くとき、これはやはり当てはまる。その命題は日の光のように明るいが、それでも各人はむしろ影と虚偽の中に戻る——帰結を恐れて。」(『人間的、あまりに人間的』I、三九)

ニーチェとは、ヨーロッパ文明という巨大な抑圧機構が見た(その成立の秘密をひそかに自分にかいま見せた)「夢」のような存在なのです。ですから、彼の言うことはすべて真実を突いてはいます。しかし、相互の連関をたどって統一的に理解しようとしても、それは無駄な努力に終わるでしょう。

⑤錬金術の不可能性と生きる意味の問い

さて、ニーチェは、キリスト教道徳に対立したので、その影響の強いルソーやカントとの対立関係は表面的に見ても明白です。では、ホッブズやヒュームについてはどうでしょうか。あるいは、ベンサムやミルについては。この点に思いいたれば、ニーチェの思想が悲劇的なものでしかありえないことがわかります。彼は、ホッブズからミルにいたる試みが決して成功しないことを、あらかじめ見抜いていたのです。そして同時に、それに代案がありえないこともです。彼はそのことを「近代のニヒリズム」と呼びました。

ホッブズについての講義の冒頭で、私が——私ってM先生のことですよ——語ったことを思い出してください。アリストテレスとホッブズの間には完全な断絶がありました。社会契約説や功利主義は、それを埋めるための、直接的な善から道徳的善を作り出すための錬金術だったわけです。ニーチェはしかし、そんなものがあるわけがないことを知っていました。

ホッブズからミルに至る近代の道徳理論家がだれも問題にせず、プラトンやアリストテレスとニーチェが共通に問うている問いがあります。それは、生きる意味の問いです。どうしたら充実した有意義な生を生きられるか、という問いです。プラトンにおいても、アリストテレスにおいても、この問いこそが倫理的な問いでした。それが道徳的な善悪の問いと直結していたのです。つまり、生きる意味の問いがそのまま倫理学の問いであり、それ以外の場所に倫理など考えることもできなかったのです。倫理学は人生論であり、人生論がすなわち倫理学だったわけです。

ニーチェも同じです。しかし、もうその直結の条件は完全に失われている。そういう時代に固有の人生論＝倫理学を求めること、これがニーチェの課題だったわけです。つまり、いかなる目的連関からも外れて、ただ存在する孤立した人間に課された「固有の働き（仕事、任務）」、これこそが彼の課題でした。これは、成功の見込がない、無謀な試みだったかのように見えます。

しかし、それは少なくともきわめて正直な問い方だった、とはいえるのではないでしょうか。今日、われわれが倫理の名のもとに問わざるをえない問いは、じつはこの問いであるはずだからです。私たちも、終章でこの問いにもういちど立ち返って、ニーチェを離れて、自分の力で考えてみることにしましょう。

第六章

M先生の講義V

現代倫理学(メタ倫理学と正義論)

1 メタ倫理学――実在論と反実在論、内在主義と外在主義

本日は現代倫理学の二つの問題を扱います。一つは道徳に関する実在論と反実在論をめぐる議論で、もう一つは、現代の正義論です。

①初期のメタ倫理学

さて、早速、最初の問題ですが、まず、歴史的経緯を少しお話しましょう。功利主義の

問題のとき、ミルの「証明」を批判したG・E・ムーアを覚えていますか。ムーアが直観主義という立場に立ったということを、そのとき言いましたが、直観主義というのは、それ自体としては功利主義に対立するような主張なのではありません。直観によって功利主義の立場に立つことも十分できるからです。では、直観主義とは何か、といえば、それは道徳の内容ではなく道徳的判断の本質についての一つの立場なのです。ですから、その道徳的判断がどういう内容のものであるかは、さしあたって無関係なのです。どういう内容の道徳的判断であれ、およそ道徳的な判断がなされるとき、そもそも何がなされているのか、ということが問われていることなのです。こういう問題の立て方をメタ倫理学と呼びます。これに対立させるときには、道徳の内容に関する議論は規範倫理学と言います。

しかし、それならこれまで扱ってきたプラトンからミルにいたる倫理学が、その意味での規範倫理学であったかと言えば、必ずしもそうとはいえません。道徳の内容についての議論というなら、たとえば「胎児が子宮外で生存可能になった段階での人工妊娠中絶は是か非か」といった問題を論じるのがまさにそれで、今日ではなぜか「応用倫理学」と呼ばれています。人工妊娠中絶合法化に賛成の立場がpro-choiceと呼ばれ、反対の立場がpro-lifeと呼ばれることからもわかるように、これは母親の選択権を優先するか胎児の生存権を優先するかの論争ですから、文字どおり道徳の内容についての議論です。プラトンからミルにいたる西洋倫理思想史を眺めてみれば、むしろ意外なほどそうした道徳の内容に関する議論が少ないと言えます。つまり、プラトンもホッブズもカントもミルも、みんな、道徳の内容については、その当時の通常の常識的な道徳を前提にして、それぞれかなりメタ倫理学的な議論をしていたといえるのです。

さて、ムーアによって口火を切られた、固有の意味でのメタ倫理学の話に戻りましょう。ムーアはミルを自然主義として批判しましたが、そのミルの自然主義とムーアの直観主義は、今日ではともに「認識説（cognitivism）」と一括され、その認識説の内部での対立と見られています。認識の仕方は違っても、どちらも道徳的判断が客観的な何かの認識を含むと考えるからです。自然主義が人間という生き物が持つ快楽や欲求に関する事実——つまり自然的事実——の認識から道徳的判断が論理的に導き出せると考えるのに対して、直観主義は、いかなる種類のものであれ、自然的事実の認識から道徳的判断を導き出すことはできず、道徳的認識はただ道徳的直観によってしかなされないと考える、そこが違いです。

この認識説に対立する立場は「非認識説（non-cognitivism）」です。道徳的判断は客観的に存在するものの認識ではないと考える立場です。非認識説は情緒主義と指図《さしず》主義に分かれます。前者は道徳的判断は主観的情緒の表出にすぎないと考え、後者は道徳的判断は普遍化可能な指図を意図していると考えます。前者の代表者はC・L・スティーブンソンという人で、後者の代表者はR・M・ヘアという人です。

しかし、そもそもこんな議論がなぜ重要なのか、疑問に感じる人がいるかもしれませんので、非認識説の立場から認識説を批判する議論を一つ紹介して、この種の議論にも意味があることを示したいと思います。もし「善い」とか「悪い」といった言葉が客観的な何かを指しているとしたら、これらの言葉を同じ意味で使いながら違う主張をすることはできないはずです。たとえば「女は家で家事に専念すべきだ」という主張と「外に出て働くべきだ」という二つの対立する主張において、「べき」は同じ意味で使われています。「……ことが善い」で言い換えても同じです。もし認識説の言うように「善い」という語が客観的な何かを指すなら、対立する両者は「善い」という語によって違うものを指していることになるので、そこに意見の対立はないことになります。対立する両者の意見はそれぞれ異なる「善い」の意味においてどちらも正しい、ということもありうることになります。これは変ですよね。

指図主義の立場からいえば、「家事に専念すべきだ」と「外で働くべきだ」と言う人は、それぞれそうすることを普遍的に推奨しているのであって、つまり、そういう推奨の行為をしているのであって、それぞれ異なる「善」という性質をそこに認識しているのではないし、その性質を指しているのでもないのです。ですから、「べき」や「善い」という言葉の意味そのものは、両者でまったく同じなのです。だからこそ、それら二つの意見は対立できるわけです。つまり、意見の対立が成り立つためには、言語の一致が前提になるわけです。

②現在のメタ倫理学

さてしかし、現在では、メタ倫理学的な議論の中心は「実在論」と「反実在論」、さらに「内在主義」と「外在主義」をめぐる議論に移っています。実在論とは、さしあたって、何かが人間の意識から独立に客観的に存在するという主張であると理解してください。反実在論は、もちろん、その逆です。そうすると、大ざっぱにいえば、認識説が実在論に対応し、非認識説が反実在論に対応することがわかると思います。内在主義とは、一応、道徳的認識には動機となって人を動かす力があるという説だと理解してください。外在主義は、もちろん、その逆で、認識したからといって、それだけでそうするようになるわけではない、という主張です。

③道徳的反実在論と道徳的実在論

近年、道徳に関する反実在論を強力に主張したのは、J・L・マッキーの『倫理学』という本でした。この本の副題は「善悪を作り出す」で、道徳的善悪に関する議論はすでに存在している客観的真理を発見していくようなものではなく、むしろわれわれが工夫して創造していくものだ、というのがその趣旨です。要するに、実在する客観的な道徳的善悪のようなものは存在しない、ということです。マッキーはこう言います。もし客観的な価値が存在するとすれば、それは世界に存在する他のものとはまったくちがった特異な存在であることになる。それは、客観的に実在するものであって、かつ、人々をある特定の仕方で行為するように動機づける力を持っている。それは、プラトンの善のイデアのように、それを認識した者に、それを追求するように動機づける内在的な力を持った、神秘的な存在でしかありえない。そんな特異なものがあるという主張はおかしい……。

つまりマッキーは、人間の価値的態度というものは存在してよいけれども、客観的な価値的性質などというものが存在すると考えるのは、われわれの科学的世界像と不整合な奇妙な存在論だというわけです。マッキーの反実在論は、実在論を客観主義と言い換えれば、もちろん主観主義ですが、あくまでも哲学的主観主義であって、ふつうの意味での主観主義とはちがいます。彼はそれを第一階と第二階という言葉で分類しています。第一階の道徳的主張とは先ほどの「胎児が子宮外で生存可能になった段階での人工妊娠中絶は許されない」とか「成人どうしの合意による売買春は別に悪いことではない」とかというような種類の主張です。たいていの場合、ふつうの人は第一階の道徳的信念しか持っていません。第二階とは、そうした特定の道徳的信念についてのではなく、およそ道徳的信念なるものについての、そもそも道徳的信念とはいかなるものであるかについての哲学的主張です。ですから、第二階の道徳上の主観主義は、必ずしも第一階の道徳的な主観主義を意味しません。第二階の道徳上の主観主義は、道徳的見解が人々の間でかなり一致するという意味での客観性を認めることができます。このような一致を間主観性と呼ぶなら、第二階の道徳的主観主義は道徳に間主観性があることを認めることができるのです。

さて、それでは道徳的実在論はどうでしょうか。そもそも道徳的実在論とは何を主張するのかといえば、先ほどの古典的分類でいえば、非認識説を否定して認識説に立ちます。つまり、道徳的な知識というものが存在すると考えるのです。もう少し専門的な哲学的表現を与えるなら、道徳的言明は真か偽かのいずれかの真理値を持つと主張するわけです。そして、道徳的信念が道徳的知識になるためには、その信念がその信念から独立した客観的な何かによって真（または偽）とされねばならないと考えるのです。

自分が実在論的であるか反実在論的であるかを考えるためには、こういう問題を考えてみればいいと思います。道徳的な思索や議論をしているとき、すでにある何らかの真理に到達しようとしているのか、それとも、道徳的な思索や議論を深めることによって道徳を作り上げていこうとしているのか、という問題です。発見されるべき正しい答えがすでに存在し、その答えに到達しようとしているのか、それとも、そういう答えをこれから作り出そうとしているのか、ということです。もちろん、前者が実在論、後者が反実在論です。

④内在主義と外在主義

このとき道徳が発見されたにせよ発明されたにせよ、そんな思索や議論をわざわざしたからには、発見または発明されたその道徳に従うように動機づけられているのは当然ですよね。そうでなければ、何のためにそんな考察や議論をしたのかが分からなくなってしまいますから。そう考えるなら、あなたは内在主義者です。そして、とりわけ道徳的真理が発見されると考える場合、発見されたその真理は、発見者にそれが道徳的に正しいことを確信させてもなお、発見者をその道徳に従うことに動機づけないかもしれない。そう考えるなら、あなたは外在主義者です。

⑤反実在論者への実在論者の反論

さて、それではマッキーのような反実在論に対して、実在論者はどのように反論するのでしょうか。実在論者が反実在論の挑戦に答えるとして、二つの形が考えられます。実在論なのですから、信念を真たらしめる客観的な何かがあることは前提です。そこで、先ほど言った内在主義と外在主義の対立が意味を持ってくるのです。つまり、内在主義者なら、客観的に実在する道徳的事実を認識することが認識者の行為を動機づけると主張します。これはマッキーが特異であると、つまりおかしいと言っていたまさにそのことです。それをおかしくはないのだとして認めるのが内在主義です。

実在論で内在主義という立場は、客観的実在の認識と動機づけという二つの要素を結びつけなければなりません。それに対して、外在主義の立場に立ってしまえば、そんなことは必要なくなります。客観的事実を認識するが、それによって動機づけられることはない、と考えればよいわけです。実在論で外在主義という立場は、道徳的事実をいわば単なる自然的事実と同じように扱うわけです。ある道徳的主張を真として受け入れたとき、その人はそれに従って行為したくなっているかもしれませんが、そうだとしても、その人が持った道徳的信念そのものの内にその人を動機づける力が内在しているわけではないのです。その人にはたまたま——つまりその道徳に外在的に——そういう欲求があっただけのことなのです。

この組み合わせからわかることは、ふつう反実在論者は内在主義的だろう、ということです。思索や議論によって自分で作り出した道徳的見解に、従うように動機づけられていないというのでは、その人は何のために何をしたのか、わからなくなってしまいますからね。実際、マッキーは内在主義を前提にしたうえで、それゆえに実在論はおかしい、と言っていました。以下では、まず、それはおかしくないと考える内在主義的な道徳的実在論の立場を紹介し、次に外在主義的な道徳的実在論の立場を紹介します。

⑥内在主義的な道徳的実在論

内在主義者は、道徳的認識は、それだけで、それに従って行為する動機を与える、と主張します。つまり、対象の認識がそれ自体で主体を動かす力となるので、主体を動かすその認識とは独立の欲求などは必要とされないのです。道徳が直接的に主体を動かすという点では反実在論者と共通ですが、反実在論はまさにそれゆえに道徳は認識ではなく欲求や情動や指図や傾向性だと考えていました。また、道徳は認識であるとする点では外在主義的な実在論者と共通ですが、外在主義者はまさにそれゆえに認識は行為を動機づけることができないから行為にはそれ以外の欲求が必要だと考えているわけです。

しかし、内在主義によれば、道徳的認識は、当人の欲求に反してさえも、ある特定の仕方で行為をすることを要求します。たとえば、十代の若者たちが数人で老いた浮浪者に暴行をはたらいている現場を目撃すれば、だれでもその出来事それ自体のうちに道徳的な負の価値を、すなわち悪を認めることができます。それは客観的真理の認識です。そして、その客観的真理の認識それ自体が、それを目撃した人にある種の行為を引き起こす動機を与えるのです。それは、自分の欲求に反して、浮浪者を助けることかもしれません。

この出来事に道徳的な悪を認識することが、客観的真理の認識とはいえないと言う人もいるかもしれません。たしかに、道徳的認識においては悪と見なされるその同じ出来事が、生理学的認識においては、脳や神経系の電気化学的変化とそれに伴う筋肉の収縮過程と見なされるでしょう。科学的認識は出来事の道徳的性質にかんしては中立的ですが、それはそのほうが説明や予測のために役立つ場合があるからです。道徳的事実もまた、生理学者が記述する科学的プロセスと同じように、客観的に実在してはいるのです。ただ、切り取ってくる局面が異なるだけです。

いま、この教室に動物園から逃げ出したライオンが入ってきたとしましょう。ここにいるだれもが、こわがるのではないでしょうか。われわれはみなライオンをこわいものとして認識し、かつ逃げるという行動を動機づけられます。そのとき、ライオンのこわさは、ライオンという客観的対象に内属する形で客観的に実在する、と言ってよいのではないでしょうか。つまり、ライオンは客観的に「こわい」のです。そして、それだからこそ、特定の反応を引き起こすのです。もちろん、生理学的には違う説明も可能です。しかし、これと同じように、先ほどの浮浪者暴行事件は客観的に「悪い」、そしてそれだからこそ特定の反応を引き起こす、と言っていいのではないでしょうか。

ライオン闖入とか浮浪者襲撃とか、ほとんどの人が一致する例ばかり挙げるのはずるい、と言う人がいるかもしれません。ライオンの代わりに大型犬だったり、浮浪者の代わりに悪徳政治家なら、評価的認識の、したがって動機づけられる行為の不一致が起こるではないか、というわけです。しかし、その場合でさえ、対象自体がこわさやこわくなさを、悪さや悪くなさを担う、ということに変わりはないのではないでしょうか。科学者だって科学的見解が異なることはあるのですから、その点では同じことであろうと思います。

結局、われわれが世界を分節化して認識するとき、すでにわれわれの価値関心に従ってそうしているのであって、客観的真偽といっても価値を背負ってはいるのです。その意味で「犬」「大きい」「赤い」といった事物の捉え方と「こわい」「親切だ」「悪い」といった事物の捉え方のあいだに決定的な違いはないのです。

⑦外在主義的な道徳的実在論

では、外在主義の場合はどうでしょうか。外在主義者は道徳的知識が必然的に行為を動機づけるとは考えないので、そのことによってマッキーの批判には反論できます。動機づけがなければ、道徳的知識はべつに特異な存在ではなくなるからです。

ところで、ムーアのミル批判のときに「開かれた問い」の論法というのがあったのを覚えていますか。(→四④) 外在主義はムーアが批判した「自然主義」の条件にぴったりあてはまるわけですが、ムーアのような批判を意に介しません。なぜでしょうか。その理由は、ムーアのあの論法は、善だけでなくたとえば熱のような自然的性質にもあてはまってしまうからです。「善」の場合と同様、「熱は分子の平均運動エネルギーである」という科学的真理に対して、「熱は本当に分子の平均運動エネルギーなのか?」と問うことは自己矛盾ではありません。なぜなら「熱は分子の平均運動エネルギーである」という主張は、「熱」という言葉の意味と「分子の平均運動エネルギー」という言葉の意味が同じであるなどという主張ではなく、「熱」として指されてきたものがじつは分子の平均運動エネルギーという性質と同じものであった、という世界に関する事実を語っているからです。だから、その同一性は経験的探求によって発見されたわけです。言葉の意味を発見したのではなく、実在する本質を発見したわけです。

「善」についての自然主義者の主張――ミルをはじめとする――についても同じことが言えます。だから「善」という言葉は「社会全体の快を最大化する」という意味ではなくても、「善」によって指されている対象が「社会全体の快を最大化する」ということである、ということはありうるのです。そして今後、「全体の快を最大化する」に代わる、何らかの自然的性質が、「善」が指してきた対象として発見される可能性はある、そう外在主義的な実在論者は主張するわけです。

この場合、その善を認識するときに、それへと向かう必然的な動機づけを心の中に持つ必要はなくなります。熱の本質が分子運動だとわかれば、熱く感じることも、熱さの感じを思い浮かべることもなしに、熱(=分子運動)を指して熱について語りうるのと同じことです。ですから、たとえば悪魔なら、先ほどの浮浪者襲撃事件を悪として認識しつつも、いやまさにそれゆえに、なすべきことがなされているという強い肯定的な情動を抱くこともできるわけです。悪魔ほどではなくても、道徳を人並みに認識することはできても、それにあまり心を動かされない人は実際に存在します。「それが善いことだとは思うが、私はそもそも善人でありたいとは思わない」と言って、善いことへの動機づけを拒否することも可能です。「私は自分が道徳的にすべきことが何であるかは分かっているが、それをするつもりはない」と言って、道徳的動機づけを拒否することもできます。これらの人々は、道徳的には善くない人々でしょうけれど、認識においても、言葉の使い方においても、まちがっているわけでも矛盾しているわけでもありません。つまり「善」は、通常は肯定的情動をともなって称賛し推奨するのに使われる言葉ですが、それの実在する本質が発見されたならば、そうしないでそれを指すこともできる、というわけなのです。

⑧M先生による内在主義的実在論の擁護

このことは、おそらく、「熱」についてのあのような議論ぬきにでも言えることです。道徳というものを客観的に存在する社会的な掟として、自分に外在的なあり方でとらえたなら、外在主義は必然的な帰結でしょう。しかし、人間は自分自身の道徳というべきものを持つことがあります。ニーチェという哲学者は、それまでの道徳を奴隷道徳として批判して、新しい独自の道徳を提唱しましたが、このとき彼が外在主義者であることは不可能なことです。「道徳」という言葉をそういう広い意味で使うなら、それは「いかに生きるべきかにかんする一つの信念体系」といったようなことになるでしょう。「道徳」をそのように広義に理解すると、外在主義は不可能になるはずです。

私たちが本当に知りたいのは、この「いかに生きるべきか」という問いにかんして、世界の客観的事実に基づいた、客観的な答えがあるのかどうか、ということではないでしょうか。その点にかんしては、内在主義が事態の正確な描写を与えていると思います。自分が何らかの価値を認識して反応をするとき、対象はその反応にふさわしいものとして立ち現れるのですが、そこで重要なことは、本人が対象と反応のそのつながり方を意識している必要はないということです。むしろ、自動車の運転技能のように、対象認識と反応が無意識的に結合しているほうがよいのです。これが以前に「器量」と訳した「アレテー」の真の意味です。運転の能力は、単なる客観的認識でもなければ、単なる主体的表現活動でもなく、外界の事実を認識してそれに正しく反応する能力ですね。そして、その能力だけが、他者にとって安全な運転と同時に自分にとって快適なドライヴを可能にするのです。人生におけるアレテーの役割もそれと同じです。道徳は、このレベルで成立しているのでなければ、そもそも成立しているといえないようなものです。

⑨歴史的経緯

さて、ここから話題を変えて、リベラリズム（自由主義）、リバタリアニズム（自由至上主義）、コミュニタリアニズム（共同体主義）という三つの政治思想上の立場について、その倫理学的側面についてお話しします。問題場面が異なるので、これらの三つが、いままで論じてきたメタ倫理学上の三つの立場と対応しているわけではありません。しかし、たとえばコミュニタリアニズムなら、いま説明した内在主義的な考え方と親和性があるというような、弱い対応がないわけではありません。リベラリズムをロールズで、リバタリアニズムをノジックで、コミュニタリアニズムをマッキンタイアで代表させて、その考え方のエッセンスだけを理解してもらいます。

その前にまず、政治思想としてのこの三つの考え方がどのように生じたのかを簡単に見ておきましょう。リベラリズムとはもちろん自由主義のことですが、その自由とは元来、絶対王制における君主の権力からの個人の自由を意味していました。イギリスにおいて、そういう個人の権利の確立をめざしたのがホイッグ党のリベラリズム運動で、それに対する文字通りの反動として出てきたのがトーリー党の保守主義です。保守主義は、個人の自由に対抗して、伝統的規範の重要性を主張するわけですが、これが現代のコミュニタリアニズムにつながります。一方、絶対王制時代には国家の干渉からの個人の自由を求めていたはずのリベラリズムが、みずからが国家権力を掌握すると、税金の徴収に基づく財の再配分に積極的に乗り出します。恵まれない人々に対するいわゆる福祉政策です。リバタリアニズムは、このような意味での国家の介入でさえも不当であると考える過激な自由主義なのです。

しかし、アメリカにおいてはこの構図が変形します。アメリカでは、リバタリアニズムこそが守るべき伝統で、それに対抗する形でリベラリズムが存在するので、保守主義者がリバタリアンということになるのです。しかし、ロールズもノジックも、理論上は功利主義を批判するという形で自説を展開しました。二人とも、功利主義が社会というものをひとまとまりのものと考えて、幸福や不幸の全体量を問題にするだけで、その配分の仕方を問題にしないことを批判の対象とします。ロールズから見れば、多数者の幸福の量だけ問題にしたら、少数者の権利が侵害されることになりますし、ノジックから見れば、結果的な幸福の総量で測るということ自体が、個々人の正当な権利というものを無視していることになるからです。

⑩ロールズとリベラリズム

ロールズがめざすのは、すべての人々が合意できる正義の原理です。すべての人が合意して契約を結べる条件、つまりすべての人にとって自分の利益になるような合意の条件が探求されるのです。彼は正義の概念を一種の社会契約説に基づいて基礎づけようとします。

そこでロールズは、合意がなされる原初状態(initial position)として、人々が「無知のヴェール」の背後で原理を選択するというちょっと変わった思考実験を導入します。何について無知なのかといえば、自分がどういう人なのか、ということについてです。つまり、自分がどんな社会的地位にあるのか、どんな能力や経歴をもっているのか、どんな人生設計を抱いているのか、といったことを何も知らない状態です。こういう状態で、いろいろな利益と不利益を分配するための原理にかんして合意を求められている、とします。人々はこの課題を自己利益の観点から解こうとするでしょう。つまり、自分自身の利益を最大にし、不利益を最小にしようとするでしょう。ところが、人々は自分自身について何も知らないのです。

この原初状態の人々は、無知のヴェールという条件があるかぎり、大きな貧富の差を容認するような原理は避けようとするでしょう。自分が最も貧しい立場にあるかもしれないからです。それからまた、有能な人ほど報酬を受け取るというような原理、特別な才能があればなおさら受け取るといったような原理も、避けようとするでしょう。自分にはそういった能力がないかもしれないのです。つまり、自己利益によって動機づけられているにもかかわらず、無知のヴェールを通すことによって、あらゆる立場の人々の利益を平等に考慮せざるをえなくなるからです。要するに、自己についての知識がない状態でなされる社会契約が、公正さとしての正義の原理を与えるというわけです。

このような原初状態にある人々は、次のような二つの原理を選択することになるはずだ、とロールズは主張します。第一は「各人は、平等な基本的諸権利と諸自由に対する十分に適正な制度的保障を要求できる正当な資格を等しく持つ。この制度的保障は、すべての人の同様な保障と両立するかぎりでのものである。そして、このような制度的保障において、平等な政治的自由が、そしてそのような自由だけが、その公正な価値を確保されるべきである」というものです。第二は「社会的不平等と経済的不平等は、次の二つの条件を満たさなければならない。第一に、公正な機会均等という条件のもとですべての人々に開かれている職務と地位に結びついていること。第二に、社会の最も恵まれない成員にとって最大限有利になるようであること」というものです。

かんたんに言い直せば、第一原理は、平等に分配された最大限の自由の保障ということであり、第二原理は、すべての人々の生活の改善に役立つかぎりでの不平等の容認ということです。たとえば、特別な才能に恵まれた人が特別の報酬を得ることが正当化されるのは、それが最も恵まれない人々の利益になる場合だけだ、ということです。ということは、功罪に応じた褒賞という意味での正義は否定されているわけです。つまり、ロールズの正義原理は、最初に平等に基づく正義が導入され、そこに全体の利益の観点が付け加わるという構造になっていて、功罪に基づく正義という観点は基本的には否定されているのです。

ここで、ロールズのこの議論に対して、ごく自然に二つの疑問がわいてきます。まず第一に、ロールズが設定するようなきわめて特殊な状況の下で、だれもがある原理を選択するという理由だけで、なぜわれわれはその原理を受け容れなければならないのか、という疑問です。これはきわめて根本的な疑問ですが、ロールズの答えはこういうものです。この仮想の社会契約は、一見、まったく道徳を知らない裸の個人から出発して、そこから道徳理論を構築しようとしているように見えるかもしれないけれど、じつはそうではなくて、近代の民主主義社会の中で育ってきて、現代において暗黙のうちに認められているある考え方を前提にして、その本性を明らかにしているにすぎないのだ、と。

しかし第二の疑問は、たとえそうだとしても、それはそもそも成功しているだろうか、というものです。ロールズに反して、彼が想定したような原初状態で人々が選ぶかもしれない社会形態は、少なくとも三つ考えられます。第一は、ロールズが好むような福祉社会で、最下層の人々が優遇されますが、そのために他の人々の重税は避けられません。第二は、貧しい人々を援助はしますが、最低限度においてだけです。第三は、有能な人や努力した人や運のよい人が、それに応じて報酬を得るような優勝劣敗の社会です。さて、この三つのうち、どれが最も正義にかなっているでしょうか。第一番目だと言う人もいるかもしれませんが、問題は、それがロールズの原初状態の想定から必然的に出てくるか、ということです。原初状態の人々が、自己利益を動機としかつ無知のヴェールの背後に居ながらも、もし大胆でギャンブル好きなら、第三の形態を選択するかもしれません。また、第二形態を選択するのがいちばん理性的な選択かもしれないでしょう?

ここから、こういう問題が生じます。たとえ第一形態を望ましいと考える人でも、それを正義と呼ぶことは拒否する、という可能性があるのです。恵まれない人に手を差し伸べることは、もちろん善いことであり、すべきことですが、しかしそれは正義の範囲を超えた慈善《チャリティ》に属するという考え方です。もし正義の問題なら、恵まれない人々は援助される権利があり、恵まれた人々はそうする義務があることになるでしょう。それに対して、慈善は与える側の好意でするものであって、そこに権利義務関係はありません。

この問題は、次に取り上げるノジックの問題提起と深く関連します。ノジックは、恵まれない人々は援助される権利があり、恵まれた人々はそうする義務があるといった考え方を拒否するのです。

⑪ノジックとリバタリアニズム

ノジックによれば、権利というものは、あくまでも人々の行為に対する横からの制約(side constraint)として機能するものなのです。それは何を目指すべきかを教えるようなものではありません。権利は自分の目的を追求するに際して、他者に対して行なってもよいことに制限を設けるだけです。それだからこそ、個々人の権利は絶対不可侵なのです。というのは、個々人の権利を侵害できるような、それ以上の社会的価値は存在しないからです。

この考え方では、税金による財の再配分をはじめとする国家による強制は、ほとんど拒否されることになります。人々の権利を守る役割しかもたないような最小限の国家だけが正当化されます。それ以上に大きな国家は、必然的に人々の権利を侵害することになるからです。一般的福祉の増大や社会的平等の促進という社会的な目的を追求するためであっても、国家が個人に対して強制力を行使することは正当化できない、というのです。

ノジックが認める正義は、彼が権原(entitlement)と呼ぶものの正当性に由来するものに限られます。あなたが一片の貝殻を持っているとします。あなたがそれを自由に処分できる権原はどこから生じるのでしょうか。ノジックの権原理論によれば、次の二つしかありえないことになります。第一は、あなたはそれを海岸で拾った、その際、それはだれの物でもなく、ほかに拾おうとする人はいなかった（つまり、取得の正義原理に従って財を取得している）。第二は、海岸でそれを拾った人から、もらうか買うかの連鎖の結果として、今あなたがそれを保有している（つまり、移転の正義原理に従って財を保有している）。この二つです。ですから、このような権原に基づく所有のみが正義原理に従っていることになります。大金持ちの人々がいる一方で、極貧の人々がいるような社会でも、その不平等が個々人の正義にかなった自発的で非強制的な活動の結果として生じたものであるならば、その社会は完全に正義にかなった社会だということになるわけです。

ノジックの議論を読むと、思い出すことがあります。だいぶ昔のことなのですが、私は私鉄の始発駅から電車に乗ろうとしていました。来ていた電車はもう発車まぎわで、すでにかなり混んでいましたし、私は比較的遠くまで行く必要があったので、座って行きたいと思い、一台待って次の電車に乗ることにしたのです。ところが、次の電車に乗って座っていると、発車まぎわにお年寄りが乗ってきて、私の前に立ったのです。私はロールズ的に席を譲りましたが、しかしノジック的に座っている権利があったのではないか、と今も思うわけです。というのは、私は座るためにわざわざ一台待ったわけですし、そのお年寄りだって、もし座って行きたいならそうすることができたはずだからです。つまり、私には席を譲らなければならない義務はなかったし、お年寄りにも譲られる権利はなかった。これはたんなる慈善による行為にすぎなかったといえるでしょう。

しかし問題は、それだから鉄道会社がシルバーシートのような優先席を設置するのは正義に反するといえるか、ということですね。優先席を設置することによって、席を譲るという行為は慈善の問題から正義の問題に移されることになるでしょう。このことが正当化できるか、とノジックは問いかけたのだと私は理解しています。

⑫マッキンタイアとコミュニタリアニズム

さて、最後にコミュニタリアニズム（共同体主義）です。マッキンタイアはこう言っています。ロールズやノジックの前提から、彼らが導き出すような結論が本当に出てくるかどうかはたしかに問題だけれども、もっと重要な問題は、彼らの前提からしか彼らが導き出すような結論は出てこないということだ、と。彼らの前提からは彼らの結論が出てくるかもしれないが、それはそういう結論が出てくるような前提を置いたからにすぎない、というわけです。この対立を調停できるようなもっと深い原理はないのでしょうか。

ロールズにとっては、いま貧窮している人がそうなった経緯は問題ではありません。とにかく必要としている人がいるということだけが問題なのです。ノジックにとっては、経緯だけが問題で、現在の必要性は正義の問題とは無関係です。そこで、マッキンタイアはこう言います。ロールズやノジックの考えが暗黙のうちに、つまり無自覚に、前提しているはずなのは、ふさわしさ（desert）という原初的な観念である、と。ロールズの考えに共感する人が考えていることは、自分たちがこのように、不平等に貧困であるのは不当なことであり、それにふさわしくないということです。一方、ノジックに共感する人が考えていることは、それだけの仕事をしたのだから、自分はその代価を持つに値する、持つにふさわしい存在だ、ということです。

しかし、ロールズとノジックでは、ふさわしさという概念に先だって正義という概念が定式化されねばなりません。彼らの出発点は、社会は個々人からなっていて、個々人はそれぞれの利害関心を持っているのだから、利害を調整するための規則を定式化しなくてはならない、ということです。つまり、人々それぞれの利害は人々が取り結ぶ社会的倫理的諸関係に先だって存在していると考えられています。それに対して、マッキンタイアによれば、ふさわしさという観念はそれに先行していて、共同体という観念を前提としています。共同体は、個人にとっての善と共同体にとっての善の両方に関して、そしてそのつながりに関して、共有された理解が絆になってできています。そういう共同体では、個々人はそのような共通の善との関係においてはじめて、自分の利害を認知するのです。

それに対して、ロールズたちが出発点にしているのは、人間にとっての善き生とは何か、というまさにその点に関して、人々の意見が一致しない、ということです。だから、われわれが持っている善き生についての理解を、正義原理の定式化から排除して、だれもが利害関係を持つような善の調整だけを考えるべきだ、ということです。しかし、そうした理解のもとでは、その正義に従う動機は——そのほうが自分に有利だということ以外には——存在しないでしょう。「ふさわしさ」を測るための共通善という尺度が存在しないからです。そのうえ、マッキンタイアによれば、現代の道徳的諸概念は、それがじつは存在しないという事実を隠すようにできているのです。なぜなら、道徳的諸概念はすべてそれが存在していた時代にできたものなので、それの持つ本来の動機づける力を、共同体に共有された共通善から得ているからです。

マッキンタイアの考えでは、道徳的であることと自分の人生に意味を持たせることとは一体化しています。しかし、契約思想や功利主義では、道徳的な善はそれに外在的な目的を達成するための手段にすぎません。道徳以外の手段でその目的が達成されることはありうることですし、もし他の手段でそれが達成されるならば、道徳など存在しなくてもよいことになります。それに対して、マッキンタイアをはじめとするコミュニタリアニズムの考え方では、幸福で充実した生とは人々の道徳的結びつきの内部ではじめて、そしてその内部でのみ、成立するものなのです。ですから、他の手段でそれが実現する可能性はそもそもないのです。その内部で生きることが、そしてそれのみが、幸福で充実した人生の本当の意味をはじめて理解させてくれるからです。(↓一⑪)

たしかに、本当に楽しいことは、報酬や評価とは無関係に、それ自体で楽しいですね。しかし、それがいつも道徳的な善さと合致していると考えるのは、少し話がうまくできすぎているような気がしないでもありません。コミュニタリアンであるM・J・サンデルは、ロールズやノジックが前提にしている個人を、歴史的伝統も社会的背景も何もない「負荷なき自我（unencumbered self）」だとして批判しました。実際には、人間はだれでも、はじめから歴史的社会的関係に埋め込まれて、その中で各自のアイデンティティを形成しているはずなのに、彼らはそれを無視しており、そのことによって道徳的価値の本質を理解不可能なものにしてしまっている、というわけです。

しかし、サンデルのこの批判はあたらないのではないでしょうか。なぜなら、実際にはロールズもノジックも、すでにそれぞれの歴史的社会的伝統を背負っており、それを正当化するための議論を展開しているにすぎないからです。ただ「伝統によって正当化されている」などという開き直り方をしたくないだけでしょう。リベラリズムもリバタリアニズムも、それに献身することが生きる意味を与えてくれる場合がありうる程度には、すでに一つの伝統を形成しているのではないかと思います。

アインジヒトとの議論V

これらの論議のどこがつまらないか?

⑬なぜ友達を殴ることは悪いことなの?

 最初にM先生は「女性は家事に専念するのが善い」というような主張を例にして、男権主義者とフェミニストが同じ意味で「善い」という言葉を使っているって言っていたけど、でもさ、男権主義者とフェミニストがメタ倫理学上の立場でも対立していたら、そうならないよね?

 そうすると、それぞれの「善い」の意味でどちらも正しいことがありうることになるのかな。

その種のことは実際によく起こっているさ。対立する二者の間に、意見の違いだけでなく言葉の意味の違いもあるのに、両者がそれに気づかない、といったような。一方は反実在論的に推奨し指令しているけど、他方は実在論的でかつ外在主義的に道徳的事実の存在をただ指しているだけとかね。そういう種類の対立もまたありうる、ということを明らかにした点が、メタ倫理学というものの功績だな。

それはつまり、たとえば「成人どうしの合意に基づく売買春は何も悪くない」と言う人と「いや悪い」と言う人がいて、「悪い」の意味が違うので実際に意見の対立がない場合はありうるということ？

そう、ありうる。

ということはつまり、意見が対立するためには言葉の一致が必要だということだね。

そのとおり。……なんだけど、逆もまた真だ。つまり、逆に、言葉が一致するために、言語修得の初期の段階では、意見の一致が必要とされる。子供は、推奨語としての「善い」と非難語としての「悪い」を学ぶのと同時に、たとえば「友達を殴ることは悪いことだ」といった道徳的判断を鵜呑みにさせられる。いわば意味と意見を同時に教えられる。このことで直観主義者の言う「直観」が成立するわけだ。このとき、存在したはずの友達を殴ることの善さ——まさにそれが存在したからこそ道徳的悪さが発動してその存在を否定しようとしたはずのその善さ——は、あたかも最初から存在さえしなかったかのように、闇から闇へと葬られることになる。

ということはつまり、子供には「友達を殴ることは本当に悪いことなの？」と問うことがゆるされていないということだね。

そう。問いがまだ「開かれて」いないんだ。この開かれていなさこそが直観が成立するための条件なんだ。

でも、大人になれば、言葉の意味だけ判断から切り離して保存しておいて、その意味を使ってきわめて特異な道徳的判断を表明することもできるようになるわけだね？　つまり、「（道徳的に）悪い」という言葉を使って「友達を殴ることは本当に（道徳的に）悪いことなのか？」と疑問に思うことが可能になるわけだ。

逆に、道徳的判断だけ切り離して保存しておいて、その意見を特異な言語で表明しても、ありふれた意見ならたやすく解読できる、という逆のことも言えるね。

少し大きくなって意味と判断が切り離せれば、いわば問いが開かれるわけだけど、問いは必然的に二つの意味を同時に持ってしまうな。一つは「社会的に〈してはいけない＝悪い〉とされていること（これは客観的事実が認識される）を、私がしてはいけない（これは主体によって指図される）のはなぜか？」という問いだ。もう一つは「社会的にしてはいけないとされること（これは客観的事実が認識される）を、私が〈してはいけない＝悪い〉（これは主体によって指図される）のはなぜか」という問いだ。どこが違うか、わかる？

「悪い」という言葉が、社会的にしてはいけないとされていることを指して使われるか、自分がしてはいけないと自分に指図する意図で使われるかの違い？

そうだ。そうなればもう、「悪い」の一語によって、社会的に「してはいけない」とされることの認識と、自分が自分自身に「してはいけない」と命ずる指図とを結合するわけにはいかないのだ。この分離が常に可能であることこそが、道徳的価値という特殊な価値の本質なんだ。

でも、その分離可能性が道徳的価値の本質なんだとすると、内在主義というものは必然的にまちがっていることにならない？

なるね。社会的に「してはいけない」とされることには理由がある。これまでやってきた、功利性とか、普遍化されると社会が瓦解するとか、そういう種類のことはみんなそうだ。自然主義的に、あるいは実在論的に言えば、それが「悪い」ということの意味なのだ。「意味」という言い方が気に入らなければ、「実在する本質」といってもいい。しかし、それをすべて認めても、だからといって自分がその悪を避けなければならない理由にはならない。「なぜ私はそうしなければいけないのか」と問えるし、問えるどころか、実際にそうした「してはいけない」とされていることの客観的理由を十分に理解し、認識しても、それに従って行為する気にはならないことは、むしろふつうのことだ。もともとする気にならないようなことだからこそ、わざわざ道徳という外的な規範がつくられたんだから、それはまああたりまえのことだ。そんな外的規範に魅力を感じるのは、よほど本質的に人目を気にするやつか、道徳的な神さまでも信じているやつぐらいのものだ、ということにもなる。

⑭外在主義的な反実在論と偽善の可能性1

社会的に「してはいけない」とされているような客観的な道徳規範についてはそうかもしれないけど、自分独自の道徳的意見についてはそうはいえないでしょ？「成人どうしの合意に基づく売買春でも売買春は悪い」という意見を持っていて、それなのに売春や買春をする人っているかな。

そんなの、いくらだっているさ。

それは、意志の弱さでしょ？

その場合もあるけど、そうじゃなくて、たんに道徳的意見にすぎないから、という場合があって、それがふつうだと思うな。たんに道徳的意見にすぎないから、それに従って行為する気なんかさらさらないよ、という場合。

じゃあ、道徳的意見って何のために持つの？

料理とか、音楽とか、そういうそれぞれの領域に属する事柄にかんする自分の意見というものがあるのと同じで、道徳的意見というのは、道徳という領域に分類される事柄にかんする自分の意見のことだよ。もちろん、客観的真理の認識なんかじゃない。あくまでも意見にすぎない。でも、道徳という領域における自分の意見は、ほかに動機になるものが何もないなら別だけど、ふつうは自分を動かす力にはならない。なぜかといえば、道徳という領域は、ふつうの人はみんなそうだと思うけど、少なくともぼくの人生にとっては、それほど重要ではない領域だからさ。

なるほど。つまり祐樹は反実在論者で外在主義者なんだ。おもしろいことに、M先生はその組み合わせを考慮の外に置いていたな。そんなことはありえないと思っていたのかもしれないけど、もう一歩突っ込んで考えると、祐樹のその立場のありえなさは、むしろ道徳的にいちばん悪い立場であるがゆえのありえなさなのかもしれないな。道徳の客観性も信じなければ、自分の主観的道徳にさえ従う気がない。いちばん信用の置けないやつだ。ゆえに、そんな立場は道徳的にあってはならない、ゆえにそんな立場はありえない……

でも、祐樹みたいな考えだとしたら、そもそも道徳的見解なんて持つ必要がないから、それは飾りみたいなものにならない？

道徳的見解なんて、飾りみたいなもんだよ。ときどき公の場なんかで意見を求められたときに表明するための。どこまでもたんなるタテマエにすぎない。そんなものに心を動かされることは、特殊な場合しかありえない。ぼくは心の底からそう思うよ。

そんなに力まなくても、それはある意味ではまったくあたりまえのことさ。何度も確認してきたことだけど、道徳的な善悪はね、ホッブズが「契約」という媒介を入れざるをえないことを洞察したように、「いい湯だな」とか「いい旅行をした」とかの「いい」とはまったくちがって、直接的に善いことが道徳的に悪いことになって、直接的に悪いことが道徳的に善いことになるという、逆転したあり方をしているんだからね。ニーチェは道徳上の奴隷一揆による価値転倒なんて大げさなことを言っているけど、そんな大げさなことを言わなくても、その本性上、はじめから転倒によって成り立っているのは自明のことなんだ。つまり、本性上タテマエ的性格を持たざるをえないということさ。だからこそ、道徳にとっては——道徳にとってだけは——偽善というものが本質的な意味を持つんだ。他の領域の価値評価で偽善なんて無意味だろ? 「いい湯だな」や「いい旅行をした」には偽善なんて無意味なのに、道徳的な善の成立にとってだけは偽善の可能性が必然的な要素とならざるをえないんだ。偽快も偽美も偽真も無意味なのに、偽善の可能性は道徳的な善そのものの本質に食い込んでいるんだよ。偽善可能性が本質的な構成要素にならざるをえないということこそが、道徳という特殊な価値の本質にあるんだ。このいちばん肝心なところがわかっていない内在主義者とかコミュニタリアンとかは、ホンマのアホとしかいいようがない。

 だから、もし飾りでもタテマエでもない自分の生き方の指針のようなものがあるとしたら、それは道徳という領域には属していないと思うよ。属していることなんかありえ

ないはずだよ。（→六⑰）

しかし、そのありえないはずのことが起こってしまう場合があるんだな。いやそれどころか、その二つが、つまり道徳と生き方の指針とが、ぴったり重なってしまうことさえある。どういう場合に——気の毒なことに——ぴったり重なってしまうのかは、まさしくニーチェ的な問題だったわけだ。

でもさ、ニーチェが言うような病的な重なり方でなくて、本当に幸福に重なってる場合もあるような気がするんだけどなあ。内在主義とかコミュニタリアニズムとかは、同じ一つの社会に生まれ育って、同じ価値評価が共有されていて、その内部でのみ喜びや悲しみが意味を持つような世界では、正しい世界観であるような気がする。マッキンタイアたちの言う「ふさわしさ」というのはそういうことでしょ？　客観的に存在している価値にふさわしく反応する行為が道徳的に正しくて、それができる人こそが美徳をそなえた人で……

でも、かつてはそういう調和的世界があったというのは彼らのでっちあげだろうな。マッキンタイアは『美徳なき時代』の最後で、ニーチェ的超人が世界の中に自分に対して権威を持つ客観的な善を見出さないことを槍玉に上げて、「ニーチェ的な道徳の諸概念もまた、自然権や功利性と同じく虚構にすぎない」と言っているけどね、しかし、それを言うなら「そして、私の言う客観的な善もまた同じく……」と付け加えてもらわないとね。

じゃあ、そこに近代と前近代の違いを見るのはまちがい？

近代になって伝統的な共同体が解体したのは事実だ。だから、自明視して育てられてきた規範から脱して、新たに出会った他者と契約によって外的規範を作り上げていくというお話が、がぜんリアリティを持つようになったのも事実だろう。しかし、一面からいえば、M先生も言ってたと思うけど、それもまた新しい共同性にすぎないから、それぞれの別々の善を相互に保護しあうために寄り集まった、共同性なき個人の集合体にも、それに固有の高次の共通善や、それを実現するための新たな友愛はありうるし、他面からいえば、古い共同体もまた、それを意識させない機構が巧妙に組み込まれていただけで、先鋭な利害対立の世界だったんだ。そんなところに本質的な違いなんかないさ。

それじゃあアインジヒトは、現代の政治思想上の対立に本質的な価値を認めないの？

もちろんだ。俺のような猫から見れば、ああいうのは、それぞれ偉そうなことを言っているけど、人間たちの各種利害関係を代弁して学説っぽく装っている文字通りのイデオロギーにすぎない。言えることは、それを自覚してほしいということだけだ。

⑮無知のヴェールと利己主義の普遍性

ロールズの原初状態って、ホッブズの自然状態にちっとも対応してないよね。ロールズ的な原初状態の想定を採用することになったとしたら、そのときすでにホッブズ的な自然状態は終わってるじゃん。ロールズ的な原初状態を採用するべきかいなかを、社会契約で決めなければならないはずだから。ここがいちばん肝心なところなのに、そこを飛び越えているロールズの議論は、ホンマのアホとまでは言わないけど、やっぱり特定の利害を代弁した政策提唱という意味しかないと思うな。

あれはね、共感能力に訴えないで、利己的なままで、弱者の身になってみることができるための思考実験にすぎないんだ。ホッブズのときに論じた囚人のジレンマだって、自分がどっちになるかわからなければ、同じ効果が得られるさ。（→三㉒）だけど、俺なら無知のヴェールという想定を逆手に取って、そもそも様々な社会制度の内から一つを選択するという仕方でこの問題を解くことを拒否して、「とにかく俺であるやつが最も有利になる」ということを普遍的に選ぶね。

それって普遍的なの？　自分という個別的なものに言及してるのに。

個別的なものなんかに言及してないさ。だれが俺であるかわからないんだから。俺であるという性質が普遍化可能であるということこそが倫理の基礎だと思うね。

それは、だれでもそれぞれ自分だってことじゃないの？

まったくちがう。どの世界をとっても、そこで俺であるやつ、というふうに普遍化できるということだよ。アインジヒトなどという個体に言及せずに。

よくわからないな。

ロールズよりもR・M・ヘアのほうが自分の思考法の手の内を明かしているから、ここはヘアで考えた方がわかりやすい。彼は「他人の身になってみる」ことの例として、スミスを拷問にかけようとしているジョーンズが、スミスの身になってみるという場合を論じている。そこでヘアは、「ジョーンズがジョーンズはスミスと同じ状況にあると想像する」ということと「ジョーンズが自分はスミスと同じ状況にあると想像する」ということとは違うと言うんだ。どう違うのだと思う？

ジョーンズが発言する「私」と、だれかが発言する「ジョーンズ」とは、同じ人を指しているよね？

「私」と「ジョーンズ」とは同じ人物を指しているのに、二つの表現の間には違いがあるんだ。違いは、ジョーンズが「ジョーンズがスミスと同じ状況にあったなら、彼はひどく苦しむだろう」と言うことと、ジョーンズが「私がスミスと同じ状況にあったなら、私はひどく苦しむだろう」と言うことの違いだ。ジョーンズがスミスと正確に同じ状況にあるなどということはありえないことだけど、それにもかかわらず、ジョーンズが「私がスミスと正確に同じ状況にある」と言えるような状況はありうる。なぜなら、ジョーンズやスミスはそれぞれ固有の性質を持つけど、「私」はそういうものが何もないからだ。ある人のことを「ジョーンズである」と言うなら、その人がある一群の客観的性質を持つということを言っていることになるけど、ある人のことを「私である」と言うときには、その人がある特定の客観的性質を持っているということを言っているわけではないんだ。したがって、私自身が他のだれかの身になってみるということは、私自身が相反する二組の性質を同時に持つということではなくて、私が一組の性質を失って別の一組の性質を獲得することだ、というわけだ。

それはそうなんじゃないの?

ここまでは俺もそうだと思う。ヘアはこのことを根拠にして、いよいよ自分の倫理学説を展開していく。「私」や「あなた」のような言葉は、そういうふうに記述的内容がないのだから、あなたと私が単に人物を取り替えただけでは、世界の普遍的性質は変化しない。われわれは、自分が他者からしてほしいと望むのと同じように、他者にしてあげるべきなのだが、それは自分がいま他者からしてほしいと望むことを他者にしてあげることではなく、他者のしてほしさを持って他者の境遇に身を置いたときに、自分がしてほしいと望むことをしてあげるべきなのである。そして、ヘアはそういう想像が可能だと言うんだ。

なるほど。ロールズの無知のヴェールの想定に対応しているわけだ!

ところがこの議論は自分自身の首を絞めてしまうことになる。「私」がそのように無内容なら、それを優遇することを普遍的に指図できてしまうからだ。一方で、他人の身になるという思考法が実効性を持つためには「私」を無内容化する必要があるけど、そうすると、その「私」を特別に優遇することが普遍的に指図できることになってしまう。他方、「私」を記述内容を持ったものとして――つまり一組の性質を持った人物として――捉えれば、その優遇の普遍化はできなくなるけど、他人の身になってみるなんてことがそもそも論理的に不可能になってしまう。

もうちょっと具体的に言ってくれないかな?

じゃあ、ａ、ｂ、ｃ、という三人からなる社会を考えてみよう。ａが俺だとわかっているなら、俺はａにいちばん有利な社会を望むだろう。だが、だれが俺なのかわからない場合はどうするか。俺はその社会の制度を、俺がだれであったとしても損害の少ないものにしようなどとは思わないね。単純化のため貧富の差だけで考えて、富んでいる方からａｂｃ、ａｃｂ、ｂａｃ、ｂｃａ、ｃａｂ、ｃｂａという六つの組み合わせが考えられる。そして、もうひとつ完全に平等な世界も付け加えよう。最初のａｂｃ世界だけとっても、ａが俺であるＡｂｃ世界、ｂが俺であるａＢｃ世界、ｃが俺であるａｂＣ世界、どれも俺でないａｂｃ世界、という四つの可能性が考えられる。ａｂｃ世界の客観的内容は、どれが俺であるかにかかわりなく不変だ。違うのはその不変のａｂｃ世界の中のだれが俺であるかということだけだ。それを考慮に入れると、七種の世界に掛ける四で全部で二八種の世界が考えられることになる。このとき俺が最も望むのは、Ａｂｃ、Ａｃｂ、Ｂａｃ、Ｂｃａ、Ｃａｂ、Ｃｂａの六つの世界だ。これができることによって、徹底的利己主義が、以前に論じた利己主義の矛盾を免れて、主義として成り立つんだ。つまり、他人の利己主義を一切拒否して、しかも利己主義を主義として普遍的に指図することができる。だれであれ俺であるやつの選好を最も重視すべきだという普遍的指令を発することができる。

でも、指令を発する相手はこの世界の中に実在しないんだし、一つの世界の中ではどれが自分であるかは固定しているんだから、実質的には特定の人物を優遇することになるんじゃないかなあ。

そうだ。一つの世界の中で、aというやつの立場とbというやつの立場が入れ替わることはあっても、俺がaからbへ入れ替わるようなことはない。それが「運命」ということの本質だ。だから、実際には現に俺であるやつを優先するという形であらわれざるをえないけど、それはたまたまそうなのであって、その心は、現に俺であるこの個体を優先しているんじゃなくて、たまたまこいつであるけど、もしそうでなかったらこいつでなくてそいつになるようなあるものを優先しているわけだ。

それはロールズの思考実験の意義をぜんぜん無視してるんじゃないかなあ。アインジヒトの哲学にすぎない。

ある意味ではもちろんそうだ。しかし、自分自身にかんする個別的知識はまったくないという条件は無視していない。しかも、どの世界にも唯一の自分というものが存在するという普遍的条件にしか訴えていない。だから、まさにこれこそが自然の正義というものなのだよ。これこそがすべての出発点なんだ。そして、同じことは「俺」だけでなく「今」についてもいえる。

それって、まえに言ってた普遍的利己主義とは違うんだよね？

普遍的ではあるけど、現実世界の中でだれにでも当てはまるという意味での普遍性ではないからね。

⑯権力現象としての道徳

それなら、ノジックのような立場からのロールズ批判についてはどう思う？

たとえば、他人からの特別の恩恵を受ける必要がまったくない人というのはいるだろうけど、他人からの危害を受けない必要がまったくない人というのはいない。だから、それはだれにとっても必要不可欠な規範になるだろうな。そういう最低限必要な社会規範が「正義」と呼ばれるにふさわしい。もちろん、危害を与えることが喜びであるからこそ危害を与えるということが存在するわけだから、このような規範が存在することは、たとえば危害を与える者にとって、個別的には悪いことでありうる。しかし、まさしくロールズ的考慮によって、一般的にはそういう正義規範の存在が必要であることに、たいていの人が賛同するだろう。それなしでは、たいていの人がたいていの場合にうまくやっていけないからだ。さて、その最低限必要な社会規範はどこまでの範囲だろうか。ここで人間たちの意見は分かれる。いや、正確にいえば利害が分かれる。ある点を越えれば、個別的には悪いことである場合の考慮がその規範の必要性を上回る人が出てくるからね。

それは、功利主義の考え方でいえば、消極的功利主義と積極的功利主義の違いに対応しているんじゃない？　全体として見た場合の社会に不幸をもたらさないための規範と、全体として見た場合の社会に幸福をもたらすための規範とを分けて考えて、前者の消極的なほうが正義で、後者の積極的なほうが慈善だとすると、正義のほうはほとんどの人が選ぶだろうけど、慈善のほうはそうとは限らない、というふうに。

そうだな。そう見れば、まさにそのことこそが、ロールズ的社会契約のみならず、功利主義に対する批判にもなるわけだ。両方とも実現の条件を欠いているという観点からの批判だ。実際の社会契約では、弱者を保護する福祉や慈善は、少なくとも当然のこととしては帰結しない。それを契約すべきかいなかにかんして、争いが起こりうるし、現に起こっているのだから。ロールズ対ノジックも、まあ、その一種だ。

でも、消極的功利主義と積極的功利主義の対比だけで説明がつくわけではないよね。だって、福祉や慈善をぜひとも必要とする弱者もいるけど、逆に、最低限の正義さえ必要とは感じないような強者や博徒もいて、その間にもいろいろな段階があるだろうから。一般的にだれにでも必要な規範とそれほどでもないものとの区別はなだらかだと思う。

それはそうだ。だから、社会がどこで安定するかは偶然の諸事情にゆだねられるほかはない。慈善はもちろん、社会全体の幸福という理念も、実現の条件は一般的には存在しない。しかし、あえて強者と弱者の二階層間の対立のように考えれば、こういうことが言えるんじゃないだろうか。まず、弱者は積極的功利主義にかんする合意、つまり慈善についての合意が得られないうちは、消極的功利主義にかんしても、つまり危害禁止等の最低限度の正義規範についても、合意しないと言って頑張るんじゃないだろうか。一種の駆け引きだ。このとき、妥協点はどこにあるだろうか。

やっぱり、その二つを両方含む点かなあ。でも、道徳って、本当に、そんな駆け引きみたいなことで成り立っているの？

そうさ。何が道徳的に善いことか、ということではなく、それがどうしたら実現するのか、とか、どうして現に実現しているのか、ということを理解しようと思うなら、そういうふうに「力」の観点から考えるほかはない。道徳が、徹頭徹尾、権力現象であることを忘れてはいけない。そして、権力現象だからこそ、そこに更なる一撃が付け加わるんだ。

最低限必要な社会規範にだけ「正義」という名前を与えるとすると、福祉政策は本当は正義ではなく慈善だろう。しかし、まさにそうであるからこそ、正義という名を必要とするのだ。つまり、それを正義と呼んでよいとすることもまたその慈善の一部に組み込まれなければならない。貧乏人は金持ちから恩恵によって金を恵んでもらうのではなく、金を与えられるべき正当な権利があることにならねばならない。つまり、金だけではなく、それが正当な権利であるという認定もまた恵んでもらわなければならないのだ。それゆえ、恵んでもらったというその事実を抹消するというそのことも恵んでもらわねばならないわけだ。だから、恵んでもらった暁にはその事実は抹消される。たいていは倫理学という学問もその工作に一役買わされることになる。もちろん、それを解明するのもまた倫理学だ。そこが倫理学というものの妙味だな。まるでスパイ戦争のような。

それはそうかもしれないけど、わたしはノジック的な考え方とは逆に、そもそも才能のある人や努力した人がなぜそれに応じて優遇される権利があるのかがわからない。

それはロールズの場合と同じ。そうであったほうがありがたい人達の利害を代弁しているイデオロギーにすぎないから、根拠なんかないさ。

⑰外在主義的な反実在論と偽善の可能性2

ちょっと話が戻っちゃうけど、さっき祐樹は道徳的見解なんて飾りみたいなもんだって言ってたよね。どこまでもタテマエにすぎないから、そんなものに心を動かされることはありえないとかさ。道徳という言葉を、自己利益の追求を制限するための社会的規範というような狭い意味に使えばそうだけど、もっと広い、生き方の指針というような意味で使った場合にも、同じことがいえるかな？　たとえばさ、ある男の人が、買春だけでなくて、強盗も殺人もちっとも悪くなくて、悪いのは一人暮らしとか外食とかスポーツとか、そういったことなんだ、という意見を持っていて、しかも一人暮らしで毎日外食でスポーツばかりやっている、なんていうのはどう思う？

感動的な話だな。いいやつだとは思うけど、一人暮らしで毎日外食でスポーツばかりというところが気に入らない。そこがちょっと反動的な臭いがする。

反動的って？

内発的ではなく、何かに対する反発からことが始まっているということさ。一人暮らしをしていて、外食でもスポーツでも平気でするというなら、もっともっと心あたたまる話になるな。

つまり、生き方の指針そのものが飾りということだね。

そう。だからそいつは、広い意味での道徳についてさえ、こう言えるわけだ——自分は道徳的善悪についてきわめて独自の見解を持っている。しかし、それは単に道徳上の見解にすぎないので、自分でそれに従って行為するつもりなどは毛頭ない、とね。

変な人！

そんなに変でもないさ。表明された「生き方」なんて、しょせん飾りみたいなものだよ。（→四㉔）

表明されなくても、だな。生き方というのは将来の自分との契約のことだから。これまた、本質的にタテマエ的性格を持たざるをえない。そこでも、偽善可能性は本質的であらざるをえないのだ。

⑱道徳上の悪魔だけが本質的な意味を持つ

さっき、アインジヒトは、そういういちばん重要なことがわかっていない内在主義者とかコミュニタリアンとかはホンマのアホやとか言うてたけど、ほんなら外在主義かて一緒やん？

もちろん、そうさ。悪魔なら悪事を悪事として正確に認識しつつ強い肯定的感情をもつこともできるって言うけど、それはまさに道徳的な悪だからなんだ。道徳的な悪だからこそそういう分離が可能だし、きれいな逆転も起こるんだよ。

でも、芸術上の悪魔だって考えられると思うけど。醜悪なものばかり美しいと思うような。芸術的評価にだってある程度の客観性があるから。

味覚にかんする悪魔もいる？　おいしさにもかなり客観性はあると思うけど。

芸術上や味覚上の客観的な美しさやおいしさを指して「美しい」とか「おいしい」と言いながらじつは「醜い」とか「まずい」とか思っているということはできるかもしれない。つまり、芸術や料理についての悪魔が外在主義者なら、客観的価値と主観的価値が逆転しているのに、自分の主観的価値から独立に客観的価値を認識できて、しかもその客観的価値のほうを「美しい」とか「おいしい」とか言って指せるわけだ。そうした直接的価値にかんする悪魔の想定は、ただ極端にゲテモノ趣味なやつを想定するだけのことで、本質的な意味はない。それに対して、道徳的悪魔の想定は道徳的価値にとって本質的な意味を持つ。道徳的価値は、美的価値のような直接的価値とは違って、悪魔のような好みを否定することをその本質としているからだ。

なるほど、つまりはじめから悪魔の好みを否定するためにつくられたものなんだ！

⑲プリチャードの問題提起と外在主義・内在主義

わたしは、そもそも外在主義って何が言いたいのかよくわからなかった。倫理学とは関係ない、たんなる哲学上の小理屈というか、そんな感じがしたなあ。

M先生の説明では、そう思うのも無理はない。この問題に限らないことだが、哲学的な問題は、哲学界の流行から離れて、自分自身の直接的な生活実感に則して根本的なところから理解しなおさないと、問題の真の意味はわからなくなってしまうことが多い。たいていの学者は学界の流行の内部でしか問題の意味を理解していないから、自分が何をやっているのか、結局、何も分かってない。

M先生も？

まあ、そうだ。外在主義というのは、本来、カントの用語でいえば、すべては仮言命法だという主張なんだ。定言命法なんてありえない、ということ。つまり、人が道徳に従うのは必ず何か外的な動機づけがあるからで、道徳そのものに従うなんてことはありえないってこと。前に議論した、カントの「まずは別の場所から」とか、ああいう議論こそが問題なんだ。（→三㉔）分子運動がどうしたとかいう話は、まあ、悪しきアカデミズムというか、講壇哲学というか、要するに学者の遊びみたいなもんだな。表面的な厳密さだけ追求して、その内部だけで問題が増殖していって、いつの間にか最初の問題が何だったか分からなくなっている……

そう言われても、まだわからない。

二〇世紀の初頭に、H・A・プリチャードという人がこういう問題提起をしたんだ――プラトンをはじめとする道徳哲学者たちは、正しく行為することが結局は行為者のためになるということを証明しようとしてきた。でも、道徳的な正しさを推奨する理由が、結局のところ自分のためになるということでしかないなら、道徳は利己主義の一部に組み込まれてしまうことになる。はたして、あることが道徳的に正しいという認識や信念だけが動機となって行為するということはありえないことなのか？　少なくとも、あることが道徳的に正しいという認識や信念がその人の行為に影響を与えることは確かだ。そして、道徳的に正しいことを、ただ道徳的に正しいという理由だけでしたくなるということはありえないことなのか？　たとえそれが（結果的に伴うかもしれない、自分が道徳的に正しいことをするという喜び以外には）いかなる点でも自分の利益や得にならなくても、道徳的に正

しいという認識や信念だけが、ただそれだけで、そうしたいという欲求に直結することもあるはずではないか。これがプリチャードの問題提起だ。つまり彼は、プラトン以来の道徳哲学者を外在主義者とみなして、内在主義の可能性があるはずだという問題提起をしたわけだ。そう考えれば、これは俺たちがすでに何度も論じてきた問題だということがわかるはずだ。

ということは、カントが内在主義者ね？

そうもいえるけど、カントの場合は、彼の哲学に固有のまた別の問題があるから、ちょっと複雑だな。カントはもちろん、道徳的な正しさがそれだけで人を動かす動機になることは認めるだろうけど、それがそうしたいという欲求を生み出すとは言わない。むしろ欲求に反して行為できるというところに人間の自由の根拠を見出して、それを意志と名づけるだろうからね。

要するに、内在主義は動機づけは道徳的信念に内在するという主張だけど、外在主義というのは動機づけは道徳的信念に内在しないという主張だから、それ以外のどこにあるのかは決まってないんじゃないの？　まわりまわって自分の利益になるということでもいいし、外的な制裁が存在するということでもいい。死後に神の裁きがあるなんていうのも外在主義ってことになる。

⑳理由にかんする外在主義・内在主義

制裁や裁きを恐れるということは、罰せられないほうが自分の利益になるということだから、結局は利己主義だ。結局、外在主義にはそれしか残らないな。動機の代わりに理由で考える場合もあるけど、まあ同じことだな。道徳的信念は人を動かす理由になるか、とかね。

理由にはなるよ。でも、動かさない。

理由になるのに、それで動かないって、非合理的ってことじゃない？

道徳的理由は、どこまでもタテマエだから、表向きの理由として使うためのものさ。

そうすべき立派な理由は十分にあっても、そうする気にはならないということはあるね。たとえば、ある貧乏絵かきがいて、だれが見ても絵の才能がまるでないとしよう。彼は妻子を養わなければならないが、絵かきとして成功する見込みは皆無だ。しかし、彼は貧乏絵かきの生活に満足している。彼には絵かきをやめるべき理由があるだろうか。もちろん、彼が絵かきをやめたなら、それには正当な理由があったといえる。しかし現実には、その正当な理由は彼を動かす力にはなっていない。さてそこで、彼が突然絵かきをやめたとしよう。世間の人は彼にはそうすべき理由があったことを知っているから、その理由こそが彼を動かしたと思うだろう。だが、本当はそうではないかもしれない……

道徳はつねに、本当は人を動かしていないその正当な理由のほうにあたる。

つねに、と言うなら、道徳的理由にかんする外在主義だ。

でも、正当化する理由が動機づける理由に転化することもあるよね。道徳的理由の場合だって、やっぱり、それはあるんじゃないのかなあ。

当人がそう思い込んでいても、そうでない場合もある。まえに議論したことがあるけど、それを誠実に認めるという、例の内面の法廷の泥沼が、ここからもはじまる……。

㉑事実認識には価値判断が内属しているか？

もう一つ。ぼくは事実と価値という問題について、疑問がある。M先生は、たしか、すべての事実認識はわれわれの価値関心に従ってなされているから、すべての事実認識は潜在的な価値判断を含んでいて、事実と価値は区別できないんだとか言ってたと思うけど、ぼくはあれはまちがっていると思うな。「犬」とか「大きい」とか言うとき、世界のそういう切り取り方がすでにわれわれの価値関心に基づいているというのはそうだと思うけど、それでもそのとき、犬であることや大きいことが善いとも悪いとも言ってはいない。ただ犬であるとか大きいとか言ってるだけだから。

すべての事実認識がわれわれの価値関心に従ってなされていても、その内部で、更なる価値判断を含む発言とそうでない発言は区別できるね。なぜなら、事実認識はわれわれの価値関心に従っているのであって、私の価値判断に従っているんじゃないから。まさに潜在的な価値判断であって、顕在的な価値判断じゃない。そして、それが顕在化することもない。

「犬」や「大きい」にかんしてはないだろうけど、「親切」とか「勤勉」とか「残酷」とか「馬鹿」のような言葉は？

そういう、事実認識に価値判断が顕在的に内属している言葉の場合は、その価値判断を拒否して、事実描写のためだけにその言葉を使うということができる。「たしかに親切な行為ではあった」とか「善くも悪くも勤勉なやつではある」とかね。そう言われればどういう行為をしたのか、どういう人だったのか、価値判断抜きの事実がわかる。客観的事実のその切り取り方もまた、われわれの価値関心に基づいていることは確かだが、その価値関心の方向に従った価値判断は拒否していることになるな。

「残酷だからこそいいんだ」とかも？

それはちょっと微妙だ。道徳的非難の意味を取り除いて、事実内容だけ取り出して、そのことに惹かれると言っているのか、それとも、道徳的非難の意味も事実内容に繰り込んで、だからこそそれに魅されると言っているのか、その区別が必要になるな。

㉒アインジヒトの主張と祐樹のテーゼの接合

アインジヒトって、結局、リバタリアンなんじゃないの？

まったく違う。「結局」というのを、結果的な社会的あらわれ、と取るなら、重なる場合もある。しかし、その心はまったく違う。

『自由論』のミルはこう言っている。「ある個人の行為が、他人の持つ法定の権利を侵害するというほどではないにしても、他の人々にとって有害であり、あるいは他の人々の幸福に対する当然の配慮を欠いている、ということはありうる。そのような場合には、その反則者を法律によって罰することは正当でないにしても、世論によって罰することは正当である」とね。その後で、彼はこう言っているんだ。「しかし、最後に断を下すべきなのは当人である。彼が他人の注意と警告に耳を傾けずに犯す恐れのある過ちより、他人が彼の幸福と見なすものを彼に強制することの実害のほうが、はるかに大きい」。他人に有害であったり他人の幸福に対する当然の配慮を欠いていてもそうなのだから、たんなる怠惰や不節制や浪費や、自分だけが危険な行為などは、けっして罰してはならない。なぜなら、処罰とは人為的に作り出される不幸だからだ。社会に害悪を与えないかぎりの最大限の「個人の自由」。これを認めたほうが、結局は社会自身にとってもいい結果が得られるだろう。これがミルの見解だ。

しかし、「俺の自由」はこれとは反転する。俺はこう思っている。社会が俺に害悪を与えないかぎり、俺の中で社会の権利を最大限に許容すべきである、とね。これを認めたほうが、結局は俺自身にとってもいい結果が得られるだろうからだ。社会が社会自身のためにも、社会の中での個人の権利を最大限許容すべきであるように、俺は俺自身のために、俺の世界の中で社会の権利を最大限許容してやることにしている。しかしそれは、あくまでもそのことが俺のためになるかぎりにおいてだ。これが俺のリバタリアニズム。つまり俺は、社会とその中の個人といった観念に基盤をおいて発想すること自体を拒否するのさ。

それって、ルソーとカントについて話したときに、ぼくが悪事はじつは分業なのではないかと言ったとき考えてたことに似てる。泥棒という生き方が普遍化できないのは、花屋という生き方が普遍化できないのと、じつは同じことだという話の続きで、あのときぼくはこう言ったんだ。一つは社会の側から言って、自分のためにしかならない生き方もある程度は許容するのが健全な社会だといえるはずだ、と。これがミルの立場にあたるよね。そしてもう一つは逆に泥棒の側から言って、社会からの要求もある程度は許容するのが健全な人間だ、とあのときぼくは言った。(→三⑲・三㉑)

ミルは、泥棒は「他人の持つ法定の権利を侵害する」から駄目だと言うだろうけどね。

ミルの言う法定の権利侵害にあたるのは、あのときの話で言えば、もっと破壊的な犯罪にあたる。あのときぼくは、アインジヒトとちがって社会と個人の対比で考えていて、犯罪者的生き方こそがそれ自体として個人的にはいちばん善《い》い生き方だと言った。だけど社会の権利を受け入れてないから、それは不健全な生き方だと言った。それはちょうど、社会の側から言えば、個人の権利を受け入れてない社会が不健全なのと同じことだとね。でも、犯罪者が最も善い人であるのと同じことで、他人の幸福に対する配慮を欠いたことをする個人の権利なんか認めない社会こそがいちばん善い社会ではある、とそういう対比で考えてたんだ。

祐樹の言いたかったことは俺が言ったこととある点で重なっていると思う。祐樹の考え方でも、破壊的な犯罪者ほど善い人である可能性が高いと考える点で、すでに「社会vs個人」図式を越えている。この図式の中では、どんなに個人の視点に立っても、そういう主張が許容される可能性はまずない。破壊的な犯罪は他の個人に対して必然的に損害をもたらすからだ。祐樹の考え方が成り立つためには、諸個人が社会に内属するという発想そのものを打ち捨てないと駄目だ。そして、じつはだれでも打ち捨てていると俺は思うが、それはまたいずれ論じよう。(→終章)

今日はもう終わり？　じゃあ、最後に一つだけ。M先生が最後に言っていたことが気になるんだけどさ、生きる意味って伝統によってしか与えられないの？

それはあいつがまさに「社会vs個人」図式にとらわれているからだよ。伝統なんかいらないさ。むしろ、いかなる伝統もない、ということによってこそ与えられる生きる意味というものがあるんだ。

第七章

アインジヒトとM先生の直接対決

なぜ道徳的であるべきか?

①子供の幸福だけを願って育てる事例

われわれが道徳的になすべきことをすれば、それがいつでも自分の幸福に通じるわけではありません。それは認めましょう。また、なぜこれまでそう考える人がいたのか理解しがたいということも認めましょう。少なくとも、現世と来世における神の賞罰がないとすれば、どうしてそんなことが考えられるのか、理解することはできませんね。

理解できなくはないさ。そういう考えを流布させておいたほうが自分を含む社会にとって有利だからだよ。だから現に流布していたんだ。

しかし、私は道徳を擁護する議論を提出できると思います。われわれがある子供を育てるにあたって、その子供の幸福や利益だけを考えたとしたならば、その子供をどのように育てるかを考えてみれば、それがわかります。

R・M・ヘアが『道徳的に考えること』（勁草書房）の第十一章で論じている問題だな。

そうです。私は基本的には彼の考えは正しいと思っています。

そうか。俺はあれは何から何まですべてまちがっていると思うがね。

では議論しましょう。その子供の行為によって得られる自分自身の幸福でもなく、社会の他の成員の幸福でもなく、生涯全体を通じてのその子自身の幸福だけを、現代的に言い直せばその子自身の選好充足だけを、最大にしようと努めるとします。さて、その子をどのように育てようとするでしょうか。純粋に利己主義的な原則を教えるでしょうか。つまり、自分自身の利益にとって最も必要なことをいつも行なえ、という原則をその子に教え込もうとするでしょうか。

②行為功利主義の大変さとの類比

ヘアはたしか、そういう利己主義と、道徳の内部での行為功利主義の立場の類比に注目していたな。行為功利主義者は、日常生活において実際の道徳的問題に直面したとき、そのたびごとに関係者全員の幸福を最大化する行為を計算して、それを実行しようとする。それは大変なことだ。その行為功利主義者が道徳的義務を決定するために行なうのと同じことを、利己主義者は自分の利益になるかを決定するために行なうことになる、というわけだ。そんな大変なことはできんぞ、とかなんとか。

その通りだと思いますよ。道徳の場合、われわれがそのつど幸福計算をやっていたならば、時間が足りなくて、たいていの場合、機を逸してしまいますからね。それに、自分自身を欺いて、本当は自分の利益にしかならない行為を、一般の利益になる行為だと思い込んでしまうことも、よくあることです。そういう欠陥のない、全知の行為功利主義が正しいとみなすような行為をしたいと望むなら、行為功利主義的にそのつど幸福計算をするよりも、たいていの場合にあてはまる道徳原則に従ったほうが賢明だと思いますね。利己主義者として成功するにはどうすればよいかという問題についても、それと同じことがいえます。すべての機会に利己主義的な帰結考量をすることは不可能です。やはり時間が足りなくて、たいていの場合、機を逸してしまうでしょうからね。

それはつまり、利己主義者もそのつど利己的な帰結考量をするのではなく、たいていの場合にあてはまる利己的行為原則に従うことにしたほうが——全知の利己主義者が正解とみなすような行為を実現するために——賢明だということかな？　もしそうなら俺もまさにその通りだと思うね。しかし、時間が足りないという点は、利己主義者も行為功利

主義者も、時間がゆるすかぎりで最善にやれば、それでいいんじゃないのかね。どちらの場合も、いつも原則に従ってばかりではなく、ときには直接に帰結考量をしたほうがいいね。問題はそのバランスで、それだけのことだな。

道徳の場合に、本当は自分の利益にしかならないのに、それこそが関係者全体の利益になる行為だと思い込んでしまうことがありがちなのと同様に、自己利益の場合には、本当は現在の幸福にしか貢献しないのに、それが自分の人生全体の幸福に貢献すると思い込んでしまいがちです。

③アインジヒトとM先生の存在論上の対立

いや、それはちがう。その点はおまえと俺との根本的な対立点だから、この際はっきり言っておこう。利己主義は利今主義を含意するんだ。むしろ、利己といっても利今の内部でのことにすぎないと言ったほうがいい。自分の人生全体といえどもいま考えられているかぎりでのそれにすぎないからだ。まさにそれとの類比で、功利主義は利己主義を含意すると俺は思うが、そう言っていいのかな？　つまり、全体の幸福といっても自分の幸福の内部でのことにすぎない、人類全体といえども俺の世界の内部でのそれにすぎないから、とね。もしおまえがこの二つのことを認めるなら、アインジヒト説とM説はめでたく一致することになる。

まったく認めません。包含関係が逆ですからね。利己の内部のことです。現在は自分の人生全体の一部分にすぎないのですから、現在の幸福は自分の人生全体の幸福の一部にすぎません。自明のことです。それと類比的に、ひとりの個人の世界は人類全体の世界のごく一部にすぎないから、自分の幸福は全体の幸福の一部分にすぎません。これも自明のことです。だからこそ、どちらの場合も、それぞれその一部分から出てくる誘惑に抗して、いつも概して全体の利益を守っていくためには従うべき原則が必要なのです。ですから、いわゆる道徳的な美徳のうちの多くは利己主義の観点からも必要なものなのです。私が講義で「器量」という訳語を採用したのは、まさにその共通性を示すためでした。たとえば、勇気、節制、忍耐といった器量は、それがなければ犯罪者としての成功さえ期待できないようなものです。道徳的に正しいことをしようとするにせよ、自分の利益になることをしようとするにせよ、それらなしには大きな成功は期待できないでしょう。

それは道徳の要求と自己利益の要求とが幸運にも一致する点で、そういう一致点があることは俺の観点からも十分説明できる。一致しない場合が存在することをおまえは最初に認めたではないか。それをどうするつもりだ?

④ギュゲスの指輪に類するものは実在する

例の子供には、ごくふつうの道徳原則をごくふつうに教えるべきでしょう。繰り返しますが、われわれの議論の前提は、あくまでもその子供自身の一生を通じた幸福を最大にするということです。そうであっても、ごくふつうの道徳原則をごくふつうに教えるべきなのです。なぜなら、道徳の原則と自己利益の原則は、現実の世界ではそれほど違わないからです。

それが違わないようにするために、道徳規範や法規範が存在するようになったのだから、それは当然のことだ。しかし、いま問題にしていることは、違う場合がつねに存在し、その場合にはどうするか、ということなのだ。プラトンの『国家』の、あのギュゲスの指輪があったらどうする？　ギュゲスの指輪をはめて姿を見えなくすることができて、悪事を犯しても決して発覚しないような状況では、どうする？　そういう状況においても、不道徳な行為をしてはいけない根拠は何か。それが問題なのだ。

そこで考慮に入れなければならない経験的事実は、ギュゲスの指輪やそれに類するものは、この世界には存在しないということなのです。

いや、問題はまさに、ギュゲスの指輪に類するものがこの世界に現に存在していることにあるのだ。そうでなければ、問題そのものが無意味になっちまうぞ。考えてもみろ。プラトン自身のギュゲスの指輪だって、ただ透明人間になれるだけの話なんで、その効力がいつ切れるともわからない。そんなものよりもっと安全で確実なギュゲス的機会は、この世界にはごろごろしているじゃないか。

それはいまのところ一応認めましょう。しかし、そうした機会を目ざとく利用すべきかどうかということが問題なのです。子供にこういう行為原則を教え込むべきだろうか――つねに自分の置かれた状況に注意して、うまくやれると思ったときには、自分の利益になるなら不道徳なことでも必ずせよ。このような原則を教え込んだら、まちがいなく彼自身の利益にならないと私は思いますね。この原則に従って、不道徳な利己主義者として成功するには、よほど才能に恵まれた人でなければ持っていないような特殊能力が必要とされます。

たしかに、そんな原則を金科玉条にすると、いつも神経質に自分の利益を気にしなければならないという点で、そいつの幸福につながらないだろうな。あまり自分の利益をばかり気にしすぎることは、当人の利益や幸福にならない。しかし、そのことならこういう原則でも同じだ――つねに自分の置かれた状況に注意して、うまくやれると思ったときには、道徳的に善いと思われることなら自分の利益に反することでも必ずせよ。

だから問題は「つねに自分の置かれた状況に注意して、うまくやれると思ったときには」という条件のほうにあるのだ。「これぞという時には状況を注意深く観察して、うまくやれると思ったときには、自分の利益になることなら不道徳なことでもあえてする勇気を持て」という原則なら教えられるはずだし、少なくとも今の我々の議論の前提のもとでは、まちがいなく教えるべきだ。そして、それが教えられるという点は、これを道徳バージョンに変形して「これぞという時には状況を注意深く観察して、うまくやれると思ったときには、道徳的に正しいことなら自分の利益にならないことでもあえてする勇気を持て」という原則なら教えられるのと、まったく同じことだ。断っておくが、俺は後者も教えてかまわないと思う。そういうヒロイックなことをする喜びもまた人生に彩りを与えることはたしかだからだ。しかし、前者はとくに欠かせない。われわれの議論の前提を認めるかぎり、おまえもそれを認めないわけにはいかないはずだ。

しかし、本当に重要なことはむしろ、いつが「これぞ」というときであるかを見る目を養うことなのだ。その子に固有のそういう目を育てることができれば、それで教育は成功だ。われわれの議論の前提のもとでも、その前提なしでも、だ。それが固有にその子を育てる者の愛であるはずだ。

⑤極端に利己的で犯罪的な生き方とは

逆のケースで考えてみましょう。極端に利他的で自己犠牲的な生き方を要求するような行為原則を採用して、それに従って生きるとすれば、われわれは神のような心を持って生きなければなりません。たいていの人間はそんなことはできません。それと同じように、極端に利己的で犯罪的な生き方を要求するような原則を採用して、それに従って生きるとすれば、われわれは悪魔のような心を持って生きなければなりません。たいていの人

間はそんなこともできません。

極端に利己的で犯罪的な生き方とは、つねに極悪非道なことをしてそれを楽しむことか？　それなら、それはちっとも利己的じゃない。ただ「悪魔的」なだけだ。

そういうことではありません。極端に利己的で犯罪的な生き方とは、自分の利益になることならたとえ不道徳でもそれを行なう、という生き方のことです。ですから、そういう人はうわべはちゃんとした立派な人のように見えるかもしれないのです。

もしそうなら、おまえ以外のすべての人間がじつはそういう人間であったとしても、おまえにはわからないはずではないか。そして、おまえ以外の人間には、おまえがじつはそういう人間であったとしてもわからないのだ。おまえ以外の人間だけでなく、猫にとってもだ。だから俺は、おまえがそういう内容のことを言いつのるのは、じつは、まさにおまえ自身がそういう人間だからこそなのではないのか、といつも疑っているのだ。

それは文字どおり下種の勘ぐりというものですよ。

そんなに動揺することはない。ある意味では、すべての人間がじつはそういう人間なんだよ。みんな、自分の利益になることならたとえ不道徳でもそれを行なう能力を持っているさ。もしそうでなければ、不幸な結果になることは確実だ。そして、われわれの議論の前提のもとでは、必要で適切なときにはあえてそういうことを行なう勇気を持てと子供に教えることは是非とも必要なことなんだ。悪魔の心が必要なのはつねに極悪非道なことを行なってそれを楽しむ人生をおくる場合だけだ。つねに善行を行なう神に対応するのはそれなのだ。

⑥犯罪は概しては割に合わない

そういうことが子供の利益にならない理由として、人間の能力の問題のほかに、もう一つ経験的な理由があります。先ほどはギュゲスの指輪に類するものが存在することを認めましたが、確実なその種のものはやはり存在しないのです。

この世界において、犯罪が一般に割に合わないのは偶然ではありません。人々はそれが割に合うことを望まないので、そのような状態を人為的に作り出したのです。犯罪を犯せば、概しては犯罪で得た利益以上の不利益を得ることになっているほうが、一般の利益は大きいのです。だから、われわれはそのような社会を築き上げてきたのです。それだから、理の当然として、犯罪を犯せば概しては犯罪で得た利益以上の不利益を得ることになっているのです。私はここで、法律や警察のことだけを言っているのではありません。そうしたものは道徳の機構の一部となっていて、道徳というより強力で包括的な社会的圧力によって支えられなければ、効果は乏しいはずです。人類は、全体として道徳的に生きることが割に合うような社会状況を作り出すことによって、だれの人生をもはるかに生きやすいものにできるということに気づいたのです。社会にとって有益な行為と有害な行為に対して、社会的な報賞と処罰が与えられる方が、ほとんどすべての人にとってより幸福なのです。だからこそ、そういう状況を作り出したのです。

たとえば競馬も概しては割に合わない。しかし馬券を買うやつは多い。どうしてだと思う？　もうかる場合があるからさ。そして、もうかる場合がどれであるかを事前に推測する根拠が与えられているからさ。だから、競馬はおもしろいんだ。犯罪は概しては割に合わないとしても、そうでない場合がある。それは個別的事情に依存していて、われわれはみな個別的事情を生きているのだ。しかも、刑法上の犯罪ではない単なる悪事ならなおさらそうで、いまわれわれが問題にしているのはそれなのだ。

⑦見せかけであるメリットと見せかけでないメリット

しかし、善人であるように見せかけるための最も簡便でやりやすい方法は、実際に善人になることなのです。あなたは、悪事に手を染めることで莫大な財産を築いた人々もいるではないか、と言われるかもしれません。しかし、そのような人は金銭によって幸福になったでしょうか。彼らの才能があれば、金儲けの点では劣るとしても社会的により有益な活動を行なったほうが、自分のためにもっとよかったはずです。

まず第一に、実際に善人になることは善人であるように見せかけるための方法とはいえない。それではまさに見せかけるということから生じる固有のメリットが消滅するからだ。例の子供にそれをすすめるのは、いわば自国のスパイを首尾よくやりおおせるいちばんいい方法は敵国のスパイになってしまうことだと教えるようなものだ。たしかに敵国のスパイという身分は、それが偽装であるかぎり、自国のスパイ活動をするのに有利な地位だとはいえるだろう。しかしそれは、あくまでも偽装であるかぎりのことだ。ミイラ取りはミイラになればもはやミイラ取りではないのだ。ただし、はじめから二重スパイになることをすすめるなら、それは現実的な教えだと思う。実際、俺の知るかぎり、すべての人間はじつは巧妙な二重スパイだった。もちろん、おまえもそうだ。第二に、悪事で莫大な財産を築いたやつは幸福でなかったというのは、道徳的に善いことがその人を幸福にするという、最初に否定したはずの道徳主義の密輸入にすぎない。悪事をなす者には、そのことによって、本当は不幸である、という単なる信仰だ。

 第二点は認めて引っ込めてもいいですが、第一点は明らかにあなたがまちがっています。見せかけるということに固有のメリットなど、あるはずがないですから。そして、見せかけるということを手段にして実現しようとしていたその目標そのものは、見せかけることをやめても消滅しませんし、それどころか、見せかけていたのでは決して実現できない新たな独自の価値が、それによってはじめて実現されるのです。そのためには、道徳的原則に合致する性格的傾向性を持たせることが必要なのです。最も効果的な方法は、道徳的な感情を植えつけることです。

見せかける場合に実現できる固有のメリットは存在し、おまえのやり方ではそれは消滅する。その子が世間でよい評判を維持できる程度に道徳原則に従う傾向性は身につけさせるだけでじゅうぶんではないか。

経験的な事実の問題ですが、このような都合のよい教育をやりとげることはむずかしいのです。

ちっとも難しくない。実際、ほとんどの人間はそれを身につけているのではないか。おまえの教育だって、ちょっと約束の時間に遅れたぐらいで深い自責の念にかられてしまう人間にならないように、いい案配にやるのはむずかしくないか。もし、それが難しくないと言うなら、世間でよい評判を維持できる程度に……のほうも少しも難しくない。

⑧善人の幸福はどこから生じるのか

ところで、おまえがその子に教え込むべきだという道徳原則はごくありふれたものだけが含まれるのか、それとも、もっと要求の厳しい原則も、子供に能力があるなら、含めるべきだと思うのか？

含めるべきだと思いますね。なぜなら、自分の能力の範囲からそれほどはみ出さないかぎり、より高い道徳的水準を実現している人々のほうが、目標をそれほど高く置かない人々よりも、一般的により幸福であるように見えるからです。これは経験的な判断であって、そのための確固たる証拠を示すことはできません。したがって、それぞれに人が自分の人生経験に照らして考えてもらうほかはありません。

彼が不可侵であると信じたことを実行するためには、きわめて大きな犠牲が要求されるケースが生じることがありうるだろう。もっと道徳性が低ければ、長い幸せな人生を送れたかもしれないのに、自分の死を招くような行為をあえてすることになるかもしれない。もし、そういう機会がけっこうありがちなら、おまえの教育は失敗だったことになる。そして、事実はありがちだろう。たしかに、彼は社会のためにはなる。だから、他人たちは彼を称賛する。他人にとっては——育てる当人を含めて——彼をそのように育てるほうが有利だろう。だが、自己犠牲的行為を称賛するのは、社会の自己防衛にすぎない。本当にその子自身のためを考えるなら、社会に蔓延しているそういう称賛言説にだまされるな、と教えるべきだ。

あなたの言うそういう称賛言説によって称賛されるようなことをするのが幸福である人々も存在するのです。

それはそう育てられなかった場合との共通基準がないから、彼がより幸福であったかどうかは原理的にわからない。そこで聞くが、そういうやつは、そういうやつなんだから、そんな称賛言説などなくとも、それをするよな？

もちろんです。

それなら、彼は何によって幸福なのだ？　彼は道徳的であることそのものによって幸福だといわざるをえないのではないか？

だから私はそういう場合があると言っているのですよ。

なぜそんな場合があるのだ？　おまえの議論の立て方は、おまえ自身の観点からして、前提がまちがってはいないか。おまえは悪事は割に合わないからなすべきでないと言う。しかしそれなら、さっきの競馬の比喩でいえば、おまえ自身の論拠からしても、もしもうかる確率が高いと判断したときには馬券を買うべきだ、ということになるはずだ。これは、もし割に合うと判断したときには悪事を犯すべきだということだ。しかし、おまえが本当に言うべきことは、たとえ割に合うとしても悪事はなすべきではない、ということではないのか。

そう言いたいところですが、その論拠ははっきりしません。しかし、私にそう感じる気持ちがある以上、そして同じように感じているらしい多くの人がいる以上、そこには何らかの根拠があるはずなのです。

それでは論争はやめて、ここからは共同探求としよう。

それは私の望むところです。私もまた道徳家というよりはむしろ哲学者ですから。

⑨もともとの「してはならなさ」はいつ成立したのか

悪事はもともとしてはならないことだから、社会はそれをすることが一般的に割に合わない状態を作り出した、だからたまたま割に合う場合があっても、悪事はなすべきではない——こういう了解がどのようにして作られたか、それが知りたいところです。

そのもともとの「してはならなさ」もまた、後から作り出された「一般的に割に合わない状態」の一部として、そのとき同時に作り出された、と考えたらどうだろう。

なるほど。しかしそうすると、社会は、社会的な割に合わなさではない、もともとのしてはならなさを、社会的な割に合わなさの一部として、作ったことになりますから、社会的な割に合わなさではない、もともとのしてはならなさは、社会的な割に合わなさの部分であると同時に部分ではない、ということになりますね。

まさにそうなのではないか、と俺は思う。だからこそ、どちらの観点に立つかによって、たとえ割に合うときでもなすべきではない、とも言えると同時に、もし割に合わないならしなくてよい、とも言える。そして、おまえのように、どちらも断言したくない半端者は割に合う場合があることをなんとかして否定しようという方向に行く。しかし、割に合わなくさせるために作られた社会制度は完璧ではなく、網の目をくぐることは常に可能なのだ。おまえはそれができないと強弁したいだろうが、それができることはいわば論理必然的だ。

私のことなどはともかく、もしそうだとすると、最重要の論点は、道徳的なしてはならなさは、社会によって作られた割に合わなさにじつは内在するものとして、しかしそれを超越するとの了解とともに作られたということになりますね。

だからこそ、道徳的であることそのものによって幸福であることが、可能なことではあるのさ。それが可能であることはひじょうに重要でかつ興味深い。

それはとても結構なことではありますが、しかし、どうしてそんなことが可能なのでしょうか。それはいわば、ある時点での社会契約によって、社会契約以前の状態の了解を作り出すというようなことですよね。あるいは、外的な社会契約によって、心の中の心情や信条そのものを作り出すというようなことでもありますね。どうしてそんなことができるのでしょうか。そんなことができるという議論は、あなたのセミナーでも、なされていなかったと思いますが。

たしかに、それはなされていない。それを考えることは、むしろ、定言命法などというものがどうしてありうるのか、を考えることではないだろうか。社会契約によって成立したようなことは、契約の動機と由来がわかっているかぎり、どこまでも仮言的だな。おまえの道徳擁護論が成功しないのも、結局のところ、それが仮言的だからだ。子供を育てる話でいえば「もしそれがその子自身の幸福の実現に貢献するならば」という条件がつねについてまわって、それを切り離せない。道徳が自立するためには、この条件を切り離す必要がある。

論理学の前件肯定式を使ったらどうでしょう。「その子自身の幸福の実現を目指している」をPと置きます。「道徳的原則に従うべきだ」をQと置きます。PならばQです。ここでいま現実にPなのですから、前件が肯定されて、PならばQで、かつPだ、ということになります。そこで「Pならば」という条件が除去されて「Q」という結論だけが分離されることになります。定言命法ができあがります。

しかし問題は、そもそもPならばQであるかどうかだ。PであってかつQでない場合がありえないかどうかだ。そして、それはありうる。たとえおまえの言うようにそういう場合が少ないとしても、真の幸福は道徳的に生きることにあるといった論点先取をしないかぎり、それがありうることは疑う余地がない。するともう「PならばQで、かつPだ」などとは言えない。式で書くなら、(P→Q)∧Pなどとはいえない。むしろ、どこまでも((P→Q)→Q)∧Pということではないか。前者からはQが帰結するが、後者からはQは帰結しない。Qを条件から分離するには、どうしたらいいか。

論理学的にではなく心理学的に考えるほかはなさそうですね。条件がついていたことを忘れるとか。

それだな。論理分析なんか必要なかったのだ。実際にPであることは前提として、概してPならばQということが成り立つことを洞察したら、生き方の方針としてはもうQを採用してしまう。由来がPにあったことは忘れてしまったほうがPという前提を実現するためにも都合がいい場合があるのだ。おまえが真に言うべきことはそういうことではなかったか。定言命法が実効性をもって機能しているような現実においてこそ、それを機能させている隠された仮言命法は効果的に実現されているのだ、とな。

なるほど、そうかもしれません。しかし、アインジヒト、あなたはそれを認めるのですか。定言命法が実効的に働いているような現実においてこそ、それを働かせている隠れた仮言命法が現実に実現されている、などということをです。

そういう場合があることは認めるさ。社会的にはもちろん、個人的にも。さて、それでわれわれは意見の一致を見たのだろうか。

⑩道徳的生が生み出す新たな幸福

いいえ、とんでもない。まず「そういう場合」がどのくらいあるかという問題があります。そして、そういう場合もそうでない場合もあるとして、そのことにどう対処するのが最も有効で有意義なやり方か、という問題があります。

もちろん、俺が道徳を受け入れるのは、それが俺の幸福に寄与するかぎりにおいてのことだ。この原則はまったく崩れていない。

あなたは道徳規範に従うのは自分の利益のためにすぎないと言うけれど、そうは言ってもやはり道徳規範に従わざるをえないでしょう。あなたはまた、道徳を内面化するのも自分の利益のためにすぎないと言うでしょうけれど、そうは言ってもやはり道徳を内面化せざるをえないでしょう。

それは逆転させても同じだ。どれほど「せざるをえない」とは言っても、それはあくまでも自分のためにすぎない、と。だから、仮言性はどこまでも、しかも本質的に、付いてまわるのだ。そのうえ俺は、そういう人生のほうが有意義な人生だと思う。

それは違います。あなたのおっしゃる「定言命法が実効性をもって機能しているような現実」を生きるならば、その次元に固有の新たな幸福が成立するのです。そこでは、仮言性は定言性と融合して――あなたの言い方では「忘れて」ということになるのでしょうけど――区別できないものとなるのです。それをどう評価するか、という問題があります。

　あなたの考え方では、結局、他者は自分の幸福のための手段でしかない。そしてさらに、これらの対立点を引き起こしていると思われる、もっと根本的な考えの違いがあります。それは先ほどあなた自身が「おまえと俺との根本的な対立点」だと言っていた、利己主義が利今主義を含むとかなんとか、そういう世界観の根本的な違いです。私に言わせれば、各時点は孤立したものではないことは言うまでもないことですが、それと同じように個人は他者から孤立して存在することはできないのです。どんな人も、社会の中で他者との関係の中にもともと組み込まれている。道徳的価値が利己的な前提から切り離されたそれ自体としての価値を持ちうるのは、人間ががんらい孤立したものではないからだと思いますね。そして、私たちの限りある人生に意義と価値を与えるのは、結局は、そういう他者との繋がりなのです。私の死後も生き続けるであろうそういう他者たち——私と繋がりを持った他者たち——の観点を自分のものとすることで、私たちは限りある人生を有意義なものとしていくことができるのです。

これはまた突如としてひどくつまらないことを言い始めたものだ。おまえの言う他者との繋がりは自明のことだ。だれも孤立してなどいない。しかし、問題はそんなこととは関係ないのだ。考えてもみろ。もし文字どおりおまえの言うとおりで、それが道徳的であるべきことの理由なら、だれでもはじめから問題なく道徳的であるはずではないか。そのほうが楽しく有意義で、何も悪いところがないのだから。そもそも道徳などという縛りが必要である理由すら存在しないではないか。道徳がなぜ縛りとして存在するのか、縛りとしてしか存在しえないのか、そのことを少しでも考えてみれば、おまえの言うことが体のいいごまかしにすぎないことがすぐにわかる。そういうごまかしばかりを言い立てているかぎり、倫理学者はいつまでもごまかしの専門家の地位に甘んずることしかできない。

いや、ごまかしているつもりはありません。私が言いたいことはただ、他者との関係には、自分の幸福に役立つかどうかという視点からだけ見ていたのでは決してわからない独自の価値がある、ということなのです。

それはわれわれがすでに共通に認めていることではないか。そしてその独自の価値もまた、しかしやはり、自分の幸福の一部でしかありえないのだ。なぜなら世界は、他者とのあらゆる関係を含んで、俺の世界だからだ。だから、他者との関係はたんに俺の幸福のための手段にすぎないのではなく、それを越える独自の価値がある、ということそのものが、俺の幸福のための手段でしかないのだ。そうでしかありえないのだから。同じことを俺についてではなく今について言うなら、各時点が孤立したものではないのは言うまでもないことだが、それにもかかわらず、すべての時点への考慮は今においてしかなされない、ということだ。どんなに関係を強調しても、この構造は崩れることがない。

いや、私だって哲学者ですから、あなたの言うようなことが存在論的にはいえるかもしれないことぐらいは承知してるつもりです。なんなら、議論のために、それを前提にしたってかまいません。問題は、そういう存在論的事実を前提にしたうえで、倫理学的に、それを越える観点にどうやったら立てるか、ということではないでしょうか。そうでなければ、人生はあまりにむなしい……

本当にむなしいのはどちらなのか、それこそが根本問題だな。

⑪イワン・イリッチと毒もみのすきな署長

あなたはトルストイの『イワン・イリッチの死』を知っていますか。イワン・イリッチという一人の平凡な官吏が不治の病気にかかって死んで行く様子を描いた短編です。死の間際に彼は自分の人生を振り返る。これまで価値があると思ってきたものがじつはむなしいと覚ります。ごく若いころには、まだ純粋な友情がありました。しかし「今の彼イワン・イリッチを造りあげた時代が始まるやいなや、その当時よろこびと思われたものが、今の彼の目から見ると、すべて空しく消えてしまい、なにかやくざなものと化し終り、その多くは穢らわしいものにさえ思われた」。そうして、結局、彼はこれまでの生活はまちがったものであったことを理解するのです。死の床にあって、彼の心に慰みを与えてくれたのは、嘘のない下男のゲラーシムの態度でした。「なによりもまた苦しいのは、誰ひとりとして彼自身の望んでいるような、同情の現わし方をしてくれないことであった。……彼は、病気の子供を憐れむようなぐあいに、誰かから憐れんでもらいたかったのであった。子供をあやしたり慰めたりするように、撫でたり、接吻したり、泣いたりしてもらいたい。……ゲラーシムとの関係には、何かしらこれに近いものがあった」。彼は、どう生きるべきであったか、人生において本当に重要なのは何であったかを最期に覚るのです。人生を本当に有意義にするものは、結局、他者との本当の関係しかないのです。

おまえは宮沢賢治の『毒もみのすきな署長さん』を知っているか。プハラ国の警察署長の話だ。この国では、川に毒を入れて魚を取る「毒もみ」が固く禁じられている。警察のいちばん大事な仕事は、この毒もみの取り締りなのだ。ところが、その署長自身が毒もみをしているという噂がたち、町長が署長に会いに行く。すると署長は、もう証拠があがっているから「早速犯人をつかまへます」と言うんだ。町長がもうわかっているのかと聞くと、署長はそうだと言って「実は毒もみは私ですがね」と平然と白状する。裁判にかけられて死刑と決まると、いよいよ首を切り落とされるときになって、署長は笑ってこう言うんだ。「あ、、面白かった。おれはもう、毒もみのことときたら、全く夢中なんだ。いよいよこんどは、地獄で毒もみをやるかな」。そして、この直後につづく一文で、この物語は終わっている。その一文とは「みんなはすっかり感服しました」だ。

　トルストイの話にはごまかしがあるが、賢治の話にはそのごまかしがないな。そのごまかしのなさこそがこの話の主題なのだ。この観点から見るかぎり『イワン・イリッチの死』は、人々が欲している物語をその注文どおりに与えている。言葉の真の意味での通俗小説にすぎない。

しかし、みんなはなぜ感服するのですか。

それはつまり、倫理における存在論的差異というものさ。自分自身の存在意味を根底から肯定できるような、その意味での本当に直接的に善い生き方が、社会の道徳規範から見ても善い生き方になるなんて、そんな都合のいい話は、みんなも本当は信じてないのさ。そして、結局それは、世界というものの見方の違いに帰着する。世界を、俺の世界というものを含んで、結局のところは他者と共存する世界こそを最終的なあり方として見るか、他者と共存する世界を含んで、結局のところは俺の世界こそを最終的なあり方として見るか、その違いだな。

それで、あなたは後者の捉え方が正しいと言うわけですね？

もちろんそうだが、そのことからいえることは、もはや、それが一方的に正しいということではない。むしろ、その二つの捉え方を一つにまとめることはできない、ということなのだ。一つにまとめる点などない、ということなんだ。だから、なぜ道徳的であるべきか、という問いに答えなどあるわけがないのさ。そして、それはとても善いことではないだろうか。もしこの矛盾がなかったら、人生はずいぶん薄っぺらなものになってしまわないだろうか。

私にはやはり、その二つが一つに収斂する点があるように思えます。それがもし薄っぺらだと言うなら、薄っぺらでもかまいません。いや、そういう意味ではむしろ、薄っぺらであったらどんなにいいか、とさえ思います。

自己自身を社会の中の個人として捉えて、そこを究極の場所とみなせれば、そうなるな。たしかに、それは平和な世界ではある。

しかし、いまわかったのですが、逆の平和もありますね。つまり、逆の収斂点もありますね。全世界が私の中に収まりきって、何の齟齬もないので、後には世界だけが残って、もはや私など存在しないのと同じになる状態です。そうなれば、社会的な規範などいっさい無視しても何でもなくなります。というか、無視せざるをえない。あの署長さんがそうなのかもしれません。それがあなたの理想ですか？

署長が善い人生を送ったことは疑う余地がない。（→六㉒）問題は、そのことを一般論として語ることはできないということだ。みんなが署長に感服するとき、その署長のことを、自分を含む複数の人間がそこに内属して共生している一つの世界の中の、ひとりの隣人と見てはいないのだ。そういう世界の捉え方そのものを捨てているのだ。実際には、署長の毒もみのせいで、署長が内属している世界の中の隣人に、被害者が出るかもしれない。そして、俺はその署長自身ではないのだから、もし俺がその世界の住人だったとすれば、感服ばかりしてはいられない。

それではあなたは、その署長さんのような生き方を推奨するわけではないのですね？

⑫逆の収斂の破れ

もし俺が例の子供を育てることになったら、俺はその子を俺が示したような教育方針に従って育てると思うか？

そうではないのですか？

俺はおまえが推奨したような教育方針を採用するさ。

それはまたどうして？

そのほうが俺にとって有利だからさ。だから俺は黙って、つまり俺の意図は決して語らずに、あるいはむしろ忘れて、子供に対しておまえが推奨するような教育を施すだろう。俺が俺の教育方針に示したような生き方を採用するのは俺自身の場合だけだ。

そうすると結局、あなたのような人も、私のような人も、どちらも、他人に対しては私のような教育方針を採用することになりますね。

そして、他人に対してはそういう言説を吐き続ける。それが世の中に道徳的言説があふれている理由だ。例外は……

例外がありますか？

俺のような者が、まあいわば《愛》を持ったときだけだな。この《愛》には、署長さんに対する「感服」との同型性がある。そして、意外に思うかもしれないが、M君、逆の収斂のそういう破れもあるのさ。だから、みんなは他者である署長さんの行為に「感服」したというわけだ。

しかし、アインジヒト、それは私のような者が道徳の要求をそのまま自己に課することを求めたくなるのと、ちょうど表裏の関係にありませんか？

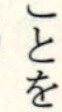そうさ、おまえの求めているものが本物なら、その中には必ず俺の《愛》のような力《パワー》がはたらいているはずなのだ。

終章

語りえぬことについては黙ってやらざるをえない

アインジヒトとの最後の議論

①祐樹のテーゼの千絵によるパラフレーズ

前回の最後のほうで、アインジヒトと祐樹の考え方が一致した点があるよね。わたしにはあれがまだよく理解できないので、きょうは主としてあの点について二人の考えを聞きたいな。

要するに社会が個人の権利を最大限許容するというリベラルな発想を逆転しただけのことだよ。社会がぼくに危害を加えないかぎりにおいて、しかしそのかぎりにおいてのみ、ぼくの中で社会の権利を最大限に許容すべきである、とね。個人の権利を最大限許容したほうが社会の健全な発展に役立つのと同じように、ぼくの中で社会の権利を最大限に許容したほうが、ぼく自身の発展に役立つと思うからね。

でもそれは、あくまでもそのことが自分のためになるかぎりにおいてだから、だれでもそうすべきであるという「主義《イズム》」の形式をとることができない。そしてそのとき、他人から見れば「祐樹のため」という形で個別的なものに言及していることになる。

でも、祐樹は犯罪者のような生き方こそがそれ自体としてはいちばん善い生き方なんだって言ってたよね。不健全だけど善いんだって。あれはどういうこと？

犯罪として現れる必要はないけどね。あれもやっぱり、ぼくの場合は、社会を基準にした発想を裏返しただけのような気がする。個人の愚行権なんか認めないし、ましてや他人の幸福に対する配慮を欠いたことをする個人の権利なんかまったく認めない社会こそが、不健全だけどそれ自体としては最善の社会であるのと同じことで、それを裏返して、ぼくの中での社会の一般的要求なんかまったく認めないのがそれ自体としては最善。

うーん。形のうえでは分からないことはないけど、真意がつかみにくいよ。

そうかなあ。素直に考えれば、まったく自明のことを言っているにすぎないんじゃないかなあ。あまりに自明すぎて、特に言う必要がないことだという意味では、真意がつかみにくいかもしれないけど。

こう理解していいかな。他人に迷惑をかけなければ何をしてもいい。これは、何をしてもいいけど他人に迷惑をかけることはいけないということだよね。でも、もし可能であれば、自分を犠牲にしてでも、できるだけ人のためになることができれば、そのほうがより善い。それが最善だよね。

社会にとってね。

うん。だから、自分なんてその最善の世界を実現するために利用すべき手段にすぎない。でも、アインジヒトのような考え方では、社会をふくむ世界全体がわたしの内部にあるから、話がちょうど逆になるんだよね。つまり、自分に迷惑をかけないかぎり、わたしは社会の規範を受け入れてもいいし、他人に配慮してもいい。これは、社会の規範を受け入れたり他人に配慮したりしてもいいけど自分自身に迷惑をかけてはいけないということだよね。

そうそう、そうだよ。

でも、もし可能であれば、他人を犠牲にしてでも、できるだけわたし自身のためになることができれば、そのほうがより善い。それが最善だよね。だから、社会や他人なんて、その最善の世界を実現するために利用すべき手段にすぎない……ということかな?

なんだ、わかってるじゃないか。俺や祐樹の説明よりよっぽどわかりやすいよ。でもそれは、他人たちに向かって、それぞれの自分がそうだという形で説教することはできない。いや、できなくはないけど、それをするともともとの趣旨に反してしまうんだな。

そんな親切なことをすると逆の結果に、つまり他人のためになっちゃうから。だから、もしそのとおりに忠実に実行しようと思ったら、自分が何をしているかは決して言うことはできなくなる。

たしかに、同じ一つの世界の中では、言えないね。他人たちを他の世界と考えて、世界を多数化すれば別だけど。(→六⑮)

でも、実際にはみんな同じ一つの世界の中にいて、そういう人たちにしか語りかけられないんだから、実際には、言うということがだれにもできないことになるよね。

各人をそれぞれ、内部にこの俺をも含み込んだ異なる世界たちと見なせば、そういう語りかけは可能だ。でもそれは、一つの世界を共有している者たちどうしの、共存のための道徳提唱ではなくなるんだ。

②直接的価値を道徳的価値の内部に位置づける

アインジヒトがまえに言ってた利己主義者の愛っていうのと同じことだね? アインジヒトが前から言っているように、そしてホッブズが「契約」という発想で切り抜けようとしたように、道徳的価値には直接的価値と逆転するという必然性があると思うけど、わたしが思うには、ミルの自由主義とかノジックのリバタリアニズムというのは、その逆転されない直接的価値の部分を、個人の「権利」という形で社会規範の内部に取り込んでいくための方策なんだと思う。そういうものにもちゃんと場所を与えてやって、そこで放し飼いにしておいたほうが、健全だし、結局は社会のためにもなるって考えているんだと思う。

飼い殺しにしておいたほうが？

だから、祐樹のような、放し飼いでさえも飼い殺しと思うような、世の中をどのようにしたらいいのか、という発想がとことんない男は、どうしても逆の取り込み方を考えるんだよね。つまり、道徳規範でさえ、どこまでも直接的価値の側に取り込むという仕方でしか、その存在価値を認められないんだよね。

いやいや、自分の人生の価値というものの中に取り込むということだと思うよ。

③言えない善さ

そういえば、アインジヒトはさっきずっと、独り言で自己対話みたいなことをしてなかった？　最後のほうで「毒もみ」のことを言ってたよね？　あれはすごくおもしろかった。

私も聞いていたけど、なんでみんなが感服しちゃうのか、やっぱりちょっと納得できなかった。

われわれがみんな、自己存在の空虚さ、存在意義の空無におびえているからだよ。

確固たる生きる根拠を持っていることが、驚異なんだ。

脅威でしょ?

脅威でもある。脅威であるにもかかわらず、でもやはり驚異。

でも、どんな観点から見ても、署長の行為は善いと言えないと思ったけど……

そうだ。いかなる観点から見ても善いと言えないんだ。それは、社会の中で他人に向かって言うべきことではないからな。そして、言葉は社会の中で他人に向かって語るためのものだし、そうでなくても少なくとも異時点の自分に向かって語るべきものだから。もし、ただもっぱら生を内側から見ることができたら、そしてそれをそれ自体に語るための言語がかりにあるとしたら、「善い」と言えるかもしれない。しかし、言えるか言えないかにかかわらず、まちがいなく、そういう生の次元はあるさ。ある意味では、それだけが真にある。

こういう場合はどうかな。聖人のような人がいて、貧しい人々や弱い立場の人々のために、自分の人生を犠牲にして、献身的に活動しているとするよ。あなたにはあなたの人生があるんだから、そこまで自己犠牲的に生きなくても……、と言う人がいると、その人はこう答えるとするね——「いいえ、私はただこれが好きで、ただ楽しいからやっているだけです。本当にそうなんです」とね。

驚異ではあるけど脅威ではない人の例だね。

その人の言葉は、かならず何か謙遜のようなものとして受け取られてしまうんじゃないかな。でも、本当はさ、自分が言っている通りで、ただ自分が楽しいからそうしているにすぎないとするよ。そして、人の身代わりになって死ぬとき、こう言うのね——「あゝ、面白かった。おれはもう、人助けのこととときたら、全く夢中なんだ。いよいよこんどは、天国で人助けをするかな」と。

「みんなはすっかり気味が悪くなりました」で終わる。

不健全に善い人の脅威は、その根拠が道徳にはないことにある。同じ根拠から、つまりただ自分が楽しいという理由で、まったく逆の、愉快犯的殺人鬼にもなれるから。

それでも、結局のところは、そこで決断するしかないと思うな。それを人に薦めることはできないけど。だから、黙ってそうするしかないんだ。千絵はさっき「最善の世界を実現するために」という表現をちがう意味で二回使ったけど（↓終①）、あの後のほうの意味だと、世界はもうぼくの世界でしかなくなる。ぼくを一個人と見なしたうえでその人物を優遇すると、他者を排除して自分を優遇する排他的な利己主義になるけど、そうではなくて、ぼくという特別なものを、そのあり方どおりに、それに見合った仕方で優遇するなら、他者は並列されて拒否されるのではなく、ぼくの世界の構成要素として——あたかも国と国民の関係のように——その意味で重視されることになる。これと同じ構造が他者にもあてはまるということは、僕の視点からはありえないことだから、この事実やこの事実から派生することを、ぼくが他者に向かって語る可能性はない……

④祐樹のテーゼの時間バージョン

もしそうなら、自分自身に向かって語る可能性もないんじゃないか？　俺について言えることは今についても言えることで、そこでは同じ構造があてはまるから。

それって、つまり「最善のわたしを実現するために」という表現も、ちがう意味で二回使えるってことだよね？　さっきわたしは「他人に迷惑をかけなければ何をしてもいい」というのは「何をしてもいいけど他人に迷惑をかけることはいけない」ということだ、と言ったけど、これを移し替えて「未来のわたしに迷惑をかけなければ何をしてもいい」というのは「何をしてもいいけど未来のわたしに迷惑をかけることはいけない」ということだ、と言えるよね。それからわたしは「でも、もし可能であれば、自分を犠牲にしてでも、できるだけ人のためになることができれば、そのほうがより善い。それが最善だ」って言ったけど、これを移し替えて「でも、もし可能であれば、今のわたしを犠牲にしてでもできるだけ未来のわたしのためになることができれば、そのほうがより善い。それが最善だ」と言えるね。だから「今のわたしなんてその最善のわたしを実現するために利用すべき手段にすぎない」とね。

そうそう。そして、もう一つの考え方では、社会をふくむ世界全体が俺の内部にあるから、話がちょうど逆になる。それで、その「俺」を「今」に移行させると、未来をふくむ俺全体が今の俺の内部に入るから、ここでも話がちょうど逆になる、と言えるわけだ。

つまり、さっきわたしは、「自分に迷惑をかけないかぎり、わたしは社会の規範を受け入れてもいいし、他人に配慮してもいい」というのは「社会の規範を受け入れたり他人に配慮したりしてもいいけど自分自身に迷惑をかけてはいけない」ということだ、と言ったけど、これも移し替えて、前半は「今のわたしに迷惑をかけないかぎり、今のわたしはわたし自身の行為原則や広い意味での道徳を受け入れてもいいし、未来のわたしに配慮してもいい」と言えるし、後半は「わたし自身の行為原則や広い意味での道徳を受け入れたり未来のわたしに配慮したりしてもいいけど今のわたしに迷惑をかけてはいけない」ということだ、と言えるね。それから、わたしは「でも、もし可能であれば、他人を犠牲にしてでも、できるだけわたし自身のためになることができれば、そのほうがより善い。それが最善だ」って言ったけど、これを移し替えて「でももし可能であれば、未来のわたしを犠牲にしてでも、できるだけ今のわたし自身のためになることができれば、そのほうがより善い。それが最善だ」と言えるよね。だから「わたしの行為原則や未来のわたしなんて、その最善のわたしを実現するために利用すべき手段にすぎない」とね。

そうそう。

でもそれは、未来のわたしに向かって、それぞれの時点のわたしがそうなのだ、という形で一般的に説教することはできない、ってことだよね。

できなくはないけど、それをするともともとの趣旨に反してしまうんだよね。だから、もしそのとおりに忠実に実行しようと思ったら、自分が何をしているかは未来の自分にも決して言うことはできなくなるんだ。

⑤悪を弁護する側の議論が存在しない理由

それはつまり、行為原則化できないということじゃない？

未来の俺をそれぞれ、内部に今の俺をも含み込んだ異なる俺どもと見なせば、そういう語りかけは可能なんだ。でもそれはもう、まとまりのあるひとりの人物を作り上げていくための行為原則の提唱ではなくなるな。むしろ、それを破壊するような呼びかけになる。はじめて会ったとき、俺たちがいちばん最初に問題にした、悪を弁護する議論が存在しない理由は、ここまでの議論で明らかになったのではないだろうか。（→序⑤）

なったと思うよ。議論とか主張とか学説とかは、要するにすべて言葉だからね。自分自身に向かって語る可能性もないというアインジヒトの主張の意味も、今の千絵の解説でよくわかった。つまり、千絵はいま「最善のわたしを実現するために」という表現をちがう意味で二回使ったけど、後のほうの意味だと、ぼくはもう今のぼくでしかなくなるんだね。今を一時点と見なしたうえでそれを優遇すると、他の時点を排除して今だけを優遇する排他的な利今主義になるけど、そうではなくて、今という特別のものを、そのあり方どおりに、それに見合った仕方で優遇するなら、他の時点は、それと並列されて拒否されるのではなくて、今のぼくの構成要素として、そのかぎりにおいてだけど、その内部で重視されることになる。これと同じ構造が他の時点にもあてはまるということは、今のぼくの視点からはありえないことだから、この事実やこの事実から派生することを、今のぼくが他の時点のぼくに向かって語る可能性はない。そして、今のぼくが語りかけることが問題である以上、他の時点のぼくとは、必然的に未来のぼくのことだ。

俺たちの人生には、語られ続ける真実と、語られない真実がある。両者はお互いに——つまり前者は後者に、後者は前者に——組み込まれ続けていく。つまり、結局、われわれは、語り続けられる真実を語られない真実に組み込んだところで決断し、行為するしかない。かくかくすべきで、かくかくしてはいけない、といったすべてを組み込んだうえで、それらすべてを無視することもできる場所で決断し、行為するしかないんだ。もちろん、そのように語られることで、逆に、それらすべてを無視することもできる場所で決断し、行為するしかないというそのこと自体も、かくかくすべきで、かくかくしてはいけない、といった語られる真実に組み込まれるんだけどね。いま現にそうなってしまっているように。

悪を弁護する議論はありえないということだけど、でもさ、アインジヒトはそれをしてるんじゃないの？

俺は猫だから。語れない真実も語ることができるのさ。

なぜ猫だと？　猫ってそんな特別のもんなの？　人類に真理を伝える使命をもって神から遣わされたとか。

いやあ、そんなたいそうなものではござらん。ただ人間社会のメンバーじゃないってだけだよ。人間社会に内属している者たち――つまり人間だけど――には、決して言えないこと、たとえ知っていても決して言えないことがあるのさ。それはある意味ではだれでも知っていることなんだ。ただ、それを言う意味がないだけだ。それを言うという行為は、言う内容と矛盾してしまうし、そのうえあえて言ってみても、自分の評判を落とすだけだ。倫理学というのは、人間がそれについて真理を語るには人間をやめるしかないような事柄を対象にしているという点で、きわめて特別の学問なんだ。その意味で、ただその意味でのみ、倫理学はきわめて哲学的な学問だよなあ。

でもさ、「いい人をやめれば楽に生きられる」とか「明日にのばせることを今日するな」といった逆向きの説教のたぐいは、けっこう世の中に流布されているじゃない。

あれは程度問題。他人に向かって「極悪人になればいちばん楽に生きられる」と説教したり、異時点の自分に向かって「その時点さえよければ他の時点のことなんか気にするな」と説教したりするのは、無意味で不可能。気味が悪がられるほどの、よほどの深い愛がないと。

ってことは、結局、黙ってただやれってことになるね。

そんなことは言ってない。やるなら黙ってやるしかない＝黙ってやらない奴はやらない奴だ、ということだ。沈黙しなさいと言っているんじゃなくて、沈黙していざるをえない、と言っているんだ。ウィトゲンシュタインの『論理哲学論考』の最後の言葉と同じ。どんなにしゃべっても、そのことについては、結局は現に沈黙しているということさ。

悪いことを、しゃべってやる人もいるじゃないか。

いや、何をしゃべろうと、しゃべるということ自体が正当化なんだ。悪事は黙ってただせざるをえない——これが「なぜ悪いことをしてはいけないか？」という問いに対する本当の答えだ。つまり「答えとして語るべき言葉が原理的にありえない」という答えだ。原理的になくなったとき悪になるんだよ。「悪vs善」の論争がない理由も同じだ。悪を悪の方向で正当化する言説などあるわけがないんだ。なぜなら、言葉とは、本質的に、他者——つまり他人か異時点の自分——に語りかけ語りあうためのものなのだから。そして、それが道徳的善の意味なのだから。

なるほど。つまり、言語があるってことは、そこで社会契約が成功してることが示されているってわけだね。言語は道徳的な善の原型みたいなものなのかな。

でも、嘘もつけるよ。

それはつまり、偽善もまた善の一種ってことだ。まえにもカントの話のときに言ったけど、真実を語ること、人々を——ある特定の人々を——励ますようなことを言うこと、世の中にその主張を認めさせることによって世の中をよくしようとすること、これらはそれぞれ別のことだ。後の二つのためには、嘘をつく必要がある。でも、そうだとすると……

⑥アインジヒトとは誰か

あえて真実を語るって、いったい何のためにするんだろう？　こう言っては失礼だけど、アインジヒトっていったい何のために存在しているの？

まえから思っていたんだけど、アインジヒト。きみはほんとうは人間なんだろ？　いったいだれなんだい？

もう、うすうす気づいているんだろうけど、俺はもちろん、M先生だよ。あたりまえだけど、逆にいえばM先生は俺、つまりアインジヒトだ。

やっぱりそうなのか。

完全に分離できるわけじゃないけどね。どちらかと言えば、M先生は社会の中の個人。他人に向かって言うほうの人格だな。俺の中で他人に語れるほうの人格を代表している。個人としての俺と言っても同じだ。だから、M先生は世界の中にいるんだ。俺は逆に、俺の中に世界がある。だから、俺は結局は他人に言葉で言うべきことが持てないようにできている。他人と共有しようとすると、そのことで瓦解しちまうところで成立しているからな。ただ黙って実行するほうだ。人間はだれでも本当はこういう猫を一匹ずつ飼っているのか、それとも、俺だけ猫が人間に化けているのか、本当のことは俺にも永遠にわからないだろう。で、今回は、俺のほうは俺の分担部分をできるだけ言葉にしてみたわけさ。おまえたち二人に、倫理ということの意味を、俺とM先生のこの関係から学んでもらいたいと思ってね。文字どおり出血大サービスだよ。

アインジヒトのわたしたちへの愛？

あとがきにかえて

じゃあ最後に、そのアインジヒトに哲学についての意見を聞きたい。

哲学の伝統によって確立している問いは無視して、つまり哲学は無視して、自分が疑問に思っていることを考え抜くことだ。それに尽きるよ。哲学はそのために利用すべきものだ。そして逆説的だけど、それが哲学なんだ。この本だってそうなっているさ。だから、教科書のくせに各思想家の紹介も不正確だ。自分の問いに利用しやすいように変形させているからだ。それでいいのさ。そうであるべきなのさ。

それは聞き捨てならない。私の講義が不正確であるかのように聞こえるじゃないですか。そんなことはありません。私の紹介は原典に忠実で、最新の研究成果も取り入れて、しかもわかりやすくアレンジしてあります。それに、あなたの哲学観は一面的ですよ。もちろん、そんなことは人の好き好きですから、あなたの言うようにやりたい人はやったってかまわないとは思いますよ。しかしね、ふつうの人間はそんな内発的な問いは持ってないですし、持っていたとしても、それは——たいていの場合——哲学とは無縁ですし、そんなものに引き回されるのは危険です。

つまらなくても無縁でもぜんぜんかまわないさ。そもそも、哲学研究者にでもなって哲学界で認められようなんて思うのでもないかぎり、哲学なんかどうでもいいに決まってるじゃないか。哲学である必要なんかないんだよ。もちろん、哲学とされてきたものの伝統が好きなやつは、それをおおいに研究すべきだ。そんなことは人の好き好きだから。

アインジヒトの言うように、固有の問いに対する答えとみれば、アインジヒトが批判してる者も含めて、それぞれの哲学者たちはみなそれぞれ成功していると思います。たとえばカントは、アインジヒトの問いに答えていないという理由で批判されていますが、それは不当なことです。カントは、彼にとって問題であったことに答えていて、本質的には成功していると思いますから。

その点は同感だ。自分の思想が他人の思想と対立してるように見えても、もし哲学なら、対立なんて存在しない。なぜなら、問いそのものがちがうからだ。ちがう問いに対する答えだからだ。しかし、この本は問いを押しつけていると著者もまえがきで書いているはずだ。だから、この本が倫理学の諸著作のうちの一つなのではなくて、それらの諸著作はこの本の中にあるわけだ。

それでは、この本以外の参考文献を教えてください。

私が取り扱ってきた古典的著作の中では、ミルの『功利主義論』が読みやすいと思います。中央公論社の世界の名著というシリーズに『自由論』といっしょに入っています。

『自由論』よりも『功利主義論』を薦めるのは、全体が明快かつ論証的に書かれているので、予備知識がまったくなくても、よく読んでよく考えるだけで、素人でも議論の欠陥が発見できるからです。それ以外の古典的著作は、どれもかなり難解です。プラトンの『国家』はさほどでもありませんが、長すぎるのでかわりに『ゴルギアス』(岩波文庫)を読むことをすすめます。これも、よく読んでよく考えるだけで、素人にも論証の欠陥が発見できるように書かれていて、とても哲学的です。

俺が名を挙げた本は、どれもさほど難しくはない。歴史的展望という点では、マッキンタイアの『美徳なき時代』(みすず書房)がやはり名著だと思う。まさに、彼自身の問いに美事に答えていると思う。挙げなかった本でぜひとも読んでほしいのは、デレク・パーフィットの『理由と人格』(勁草書房)だ。いまM先生が『功利主義論』について言った「全体が明快かつ論証的に書かれているので、よく読んでよく考えるだけで、ど素人でも議論の欠陥が発見できるように書かれている」という、よき哲学書の美徳が、全体に充満している。現に本書での俺の発言のいくつかは、パーフィットの議論を暗に下敷きにして、それを批判しているんだが、いちいち言及せずともまったくザッハリッヒに批判できた。

では、お二人(?)に最後にひとことずつ。

この本が、そういう哲学書の美徳を実現していることを願いたいですね。

自分の本当の疑問は何であるか、それをえぐり出すように努めてほしい。それがわかれば、それだけでいいんだ。俺の考える哲学とはそういうものだ。そういう内発的な問いに引き回されるのが危険なら、危険でいいじゃないか。俺はもう、その危険なこととききたら、全く夢中なんだ。いよいよこんどは、ひとりでもっともっと危険なことを始めるとするかな。

文庫版あとがき

文庫化にあたって、内容には手を加えず、形式の点で二種の改変をおこなった。一つは、議論のまとまりごとに小見出しを付けたこと。原本にはそれがなかったため、議論の流れが分節化されず、そのために論点が摑みにくい憾《うら》みがあった。もうひとつは、随所に挿入されている内部参照の指示を、その小見出しに付けた番号によっておこなったこと。原本ではそれをページによる指示でおこなっていたが、ページによる区切りは内容との内的関係を欠くため、参照指示の意図が伝わりにくい憾みがあった。

この作業の過程で、期せずしてかつての自著を熟読することになり、過去の自分からいくつかの点で教えられた。これはかなり変わった倫理学書である。教科書として書かれたにもかかわらず、他のいかなる倫理学書にもない、まったく独自の観点によって貫かれている。貫かれているにもかかわらず、その連関から零《こぼ》れ落ちる、前後とつながっていない、いわば言いっぱなしの（あるいは問いっぱなしの）論点もかなりある。そこには、これまで問われたことのない、いわば問いの萌芽が含まれているので、読者の方々には、どうか随所で立ち止まって自ら考えていただきたい。

また本書は倫理学書であるが、その内容とはほぼ無関係に、私の他の哲学書における議論との構造的対応関係が随所に認められる。かなり慧眼の読者にしか見抜かれないと思われる一例をここに示して、参考に供したい。四⑲のアインジヒトの最後のせりふで、「見せかけ合いの相互成立」という論点が言いっぱなされているが、これはじつは『自由論』に関連した幸福追求という狭い問題連関のみならず、およそ他者問題一般に妥当する論点である。〈見せかけ合う〉ことによって始めて成立するような〈見せかけでない中身〉というものがあって、哲学的他我問題で論じられる際の「他人の心」も、まさにそれなのである。この「〈見せかけ合い〉による〈見せかけでないもの〉の成立」という構造は、言語を使うわれわれの宿命であろう。とすると逆に、次の四⑳のアインジヒトの最後のせりふに示された「言説としては存在する必要がない」という論点も、倫理問題を超えた普遍性を持つことになろう。「〈言説としては存在する必要がない〉ことによる〈そもそも存在しない〉ことの成立」という構造。すなわち、〈言説としては存在する必要がない〉ということによって始めて成立する〈そもそも存在しない〉ことというものがあって、哲学的〈私〉問題で問題にされるような〈私〉の存在が、まさにそれなのである。

本書は教科書であると同時に一つのお話としても読めるように書かれたため、読者のための参考文献の提示を別にすれば、関連文献の指示はほぼ行なわれていない。この機会に一つだけ、宮沢賢治の「毒もみの好きな署長さん」から倫理問題を引き出している前例として、位置づけ方はかなり異なるが、松本祐史氏の「倫理学の二つの区分について」(『哲学論叢第27号』二〇〇〇年九月)を挙げておきたい。実をいえば原本出版後すぐに、これらの論点の検討をも含んだ、教科書形態をとらない、純然たる倫理学の理論書を書く予定があったのだが、より基礎的な哲学的論点の整備のための作業に忙殺されて、残念ながらそれは今なお実現していない。もし私が比較的長く生きて、しかも知力・気力ともさほど衰えなければ、それが実現される可能性はなおあると感じてはいるのだが。

解説　非・人間の倫理学

大澤 真幸

これはとてつもなく稀有な倫理学のテクストである。本書は、倫理学のテクストとして傑出しているとか、優れているといった評価の前におかれるテクスト、倫理学というものの総体をその外部に連れて行ってしまうという意味で、倫理学にとって稀有でしかありえないテクストなのだ。

倫理学とは、道徳についての学ではないだろうか。したがって、それは、当然、人間が社会を形成しているという事実、それぞれの個人がその人間社会の一員であるという事実を肯定する学問ではないだろうか。ところが、本書の終わりの方で、永井均は、猫のアインジヒトの口を借りて、倫理学という学問の特異性を次のように語る。倫理学は「人間がそれについて真理を語るには人間をやめるしかないような事柄を対象にしている」のだ、と。倫理学的な探究によって、人間社会のメンバーとしてうまくやっていけるようになるどころか、逆に、人間社会の外部へと排除されてしまう、というのだ！　倫理学的な真理に到達したとき、人は、人間社会の中のよきメンバーとしての自覚に達するのではなく、逆に、自分はもはや人間社会の内側にいないことを見出す、というのである。とすれば、「倫理とは何か」と題された本書は、通常の意味での「倫理学」を根底から反転させるテクスト、「倫理学」の否定をこそ真の〈倫理学〉として提起する書物であるということになる。

倫理学についてのある真理を語ることが、人間をやめることになってしまうのは、なぜなのか。この問いは、本書の中で引かれている童話を用いるならば、次の問いに置き換えることもできる。「毒もみのすきな署長さん」にどうしてみんなは感服したのか、と。毒もみの署長さんのすごみに納得したとき、倫理学が、実は「それを語ること自体が人間を非人間に導いてしまうような真理」にかかわっている、ということの真義を直観することができる。

＊

本書の各章は、基本的には次のような構成になっている。まず、大学教授M先生が、倫理学の特定の立場や学説について講義する。そこでは、たいてい二人程度の著名な哲学者の理論が紹介され、検討される。その後、講義に出席していたと思われる二人の学生、祐樹と千絵が、猫のアインジヒトを交えて、M先生の講義について討論する。祐樹と千絵は、

M先生の講義内容に疑問や不満をもっている。それを受けて、アインジヒトは、M先生の講義やそこで言及された哲学者の理論を批判しながら、独特の説を展開していく。

プラトンとアリストテレスの説の紹介から始まったM先生の講義が、現代倫理学説にまで到達し、一通り終わった後、終章に先立つ章、つまり本書の事実上の結論とも言うべき章で、ついに、M先生とアインジヒトとが直接対決する。対談の最後に、二人はそれぞれ、自身の主張を要約するような寓話を提示しあう。どちらも死を迎える一人の人物を主人公としている。M先生が出してくるのは、トルストイの「イワン・イリッチの死」である。これは、イワン・イリッチという官吏が、死の床で、人生を有意義なものにするのは他者との真の関係である、ということを悟る、という話であり、倫理学の通俗的なイメージにいかにもフィットする。アインジヒトは、これに、宮沢賢治の「毒もみのすきな署長さん」という悪魔的な話を対置する。

この童話は、次のようなストーリーである。プハラ国では、川に毒を入れて魚をとる「毒もみ」が固く禁じられていた。警察の最も大事な仕事は、この毒もみの取り締まりであった。ところが、その警察の署長自身が、毒もみをしているという噂がたったので、町長が署長に会いに行くと、署長はあっさりと、自分が犯人であると告白した。裁判で死刑が決まり、ついに斬首というとき、署長は笑いながら、こう言う。「あゝ、面白かった。おれはもう、毒もみのこととときたら、全く夢中なんだ。いよいよこんどは、地獄で毒もみをやるかな。」これを聞いて、「みんなはすっかり感服しました」で物語は終わる。

これほど、倫理（学）というものについてのわれわれの常識を逆なでにする話は他にあるまい。たとえば、麻原彰晃やオサマ・ビン・ラディンが、死刑が執行される直前に、笑って、「ああ面白かった。おれはサリン散布に〔爆弾テロに〕目がないんだ……」と言ったとしたらどうであろうか。神戸の連続児童殺傷事件（一九九七年）の犯人、酒鬼薔薇聖斗が「ああ面白かった。おれは殺人が楽しくて仕方がないんだ」と言ったとしたら（実際に声明文にはそうあった）どうであろうか。われわれはすっかり感服するだろうか。毒もみのすきな署長と、麻原彰晃やビン・ラディン、酒鬼薔薇聖斗との間に類比が成り立つかどうかはおくとしても、極刑に受けるような罪を犯した人物の「面白かった」という笑いに共鳴してしまう感受性が、人を人間社会の外へと追いやるような真理にふれているということは確かであろう。

だから、本書を通読した後で、この毒もみの好きな署長さんの偉大さを感受できたとしたら、笑って死んでいく署長に魅惑されたとしたら、その人は、本書の核の部分を摑んだと言ってよいだろう。どのような意味で、この署長は偉いのか。

＊

ここで、この問いへの答えを解説すべきではないだろう。永井均が趣向を凝らして展開していく本書の議論の全体を通じて、読者は解答を模索すべきである。解答に接近する道は、それしかない。ただ、私としては、ここで、導入を少しばかり容易にするための手助けだけをしておきたい。

なぜかと言えば、本書の鍵は、答えを理解することにあるわけではないからだ。そうではなく、問いの切迫性を実感すること、そのことが本書の解釈の鍵である。本書のまえがき部分で、永井は、こう宣言している。「答えは押しつけなかったが、問いは押しつけざるをえなかった」と。ここで押しつけられた問いが何なのか。それが、どうして問いなのか。それがどうして深い疑問なのか。どのような緊要性が、それについて考えることへと人を追い立てるのか。

本書で提起されている問いが、本物の問題であるということ、それこそが実は唯一の倫理的な問題であるということ、この点さえ納得できれば、読者は、本書から——とりわけアインジヒトと祐樹・千絵との議論から——圧倒的な快楽を得ることができるだろう。逆に言えば、問いをつかみ損なえば、読者は一行も前に進めないかもしれない。

さらに結論的なことまで言ってしまえば、最後にわれわれが理解するのは、問いこそが答えだった、ということである。問いの深さ、乗り越え難さにただただ震撼すること、そのことが実はすでに答えなのである。長い探究は、問いがすでに答えであることを納得するのに絶対に必要な道行きである。

だから、ここでは、押しつけられている問いとは何かをあらためて解説しておこう。すでに本書の中でも説明されているこの問いが何であるかに解説を加えることで、読者のための案内としておこう。

*

私は、私にとって善いこと――私にとっての快楽や幸福――を実現しようとし、私にとって悪いことを避けようとする。これは、私にとっての善／悪の定義上、自明の真実である。しかし、道徳的に善いこと／悪いことは、私にとって善いこと／悪いことではない。それは、他人にとって善いこと／悪いことである。つまり、道徳的な善を行うことは、私が、私自身にとっての善をあえて放棄して、わざわざ他人にとっての善を選択することである。そうだとすると、私は、道徳的に善いことをしなければならないのだろうか？　人には、道徳的に善いことをしなくてはならない理由や必然性はあるのだろうか？　これが、本書が提起している問いである。

私にとって善いことは「直接的な善」と呼ばれ、「道徳的な善」とは区別されている。両者の間には、明白な、圧倒的な溝がある。人が直接的な善に従うことには自明な必然性がある。しかし、道徳的な善が選ばれることには、そのような自明性はない。両者の間の深淵は埋められるのか？　直接的な善を志向する私が、道徳的な善を選ばなくてはならない理由があるのか？　直接的な善から道徳的な善への飛躍は実現されるのか？

すぐに思いつく――実際にしばしばなされている――解答は、「情けは人のためならず」式の説明である。つまり、道徳的に善いこと、他人にとって善いことをした方が、私自身の利益につながるという説明だ。しかし、これは、問いが求めている解答にはなっていない。どうしてか？

もし、自分にとって善いこと（自分の利益）につながるがゆえに、それ——道徳的に善いと評価されること——を行うのだとすれば、それは、もはや道徳的な善ではない。その行為の価値は、結局、直接的な善の内部に回収されている——つまり私にとって善いかどうかということで評価されている——からである。逆に言えば、私の利益につながらない場合には、そのような行為を選ばなくてもよいということになる。しかし、道徳的な善は——そういうものがありうるとすれば——私にとっての善（直接的な善）につながらなくてもなされるべきことである。

本書では、プラトンの『国家論』の中から「ギュゲスの指輪」という有名な思考実験が引用されている。ギュゲスの指輪は魔法の指輪で、それをはめた者の身体は他人からまったく見えなくなる。この指輪をはめれば、他人に見つかることなく好きなことができるのだ。もし自己利益に回収される限りでしか、道徳的な善がなされないのだとすれば、こういう指輪をもっている人は、まったく道徳的な善に顧慮しないのではないか。このような挑発的な問いがでてきうる。

あるいは、自分は他人からどのような反撃をなされようとも、他人によって殺されようとも、こうすることが楽しいのだ、と感じる人がいたらどうであろうか。ここであの「毒もみのすきな署長さん」を思えばよい。署長さんは、毒もみが楽しくて仕方がなく、死刑になる苦痛など物の数には入らないほどなのである。彼に、毒もみをしてはいけない、ということを納得させることができるだろうか？　彼は、道徳的な善に屈することなく、直接的な善を貫いている。

＊

直接的な善から道徳的な善への飛躍はなされうるのか？　これが本書の議論を駆動させる問いである。先にも述べたように、本書では、いくつかの有名な倫理学者の説が紹介されている。それらは、この問いに対して、学説史的に提起されてきたさまざまな解答である……と言いたいところだが、そうではない。

本書では、さまざまな倫理学説が紹介され、検討されているが、それは、この問いに対する先人たちの解答を検討するためではない。そうではなく、伝統的な倫理学説が、この問いをいかに回避してきたか、いかに無視してきたかを示すために、それら諸説は紹介されているのだ。いくつかの説の中では、問いが登録さえされていない。別の説の中では、問いは立てられているが、たとえば、今しがた紹介した「情けは人のためならず」もそうだが、問いの深さに応じた解答が出されていない。ということは、結局、この場合でも、問いの本当の意味が理解されていないのだ。

したがって、本書に紹介されている西洋の倫理学者、哲学者たちはいずれもこの問いに直面することに失敗しているのである。ここで、読者のために、私は、次のことを記しておきたい。古代ギリシアから現代に至るまでの著名な哲学者に関する本書の紹介は、実に、オーソドックスでかつ明晰である。私は、紹介の見事さに感心した。冒頭に書いたように、本書は、倫理学そのものを否定するような、倫理学のテクストとしては異例で奇抜な結論に至る。このようなユニークな主張を展開する書物は、しばしば、先行の説の解釈そのものが非常に特殊であったり、偏っていたりするが、本書に関しては、そういうことはない。さまざまな哲学者の説に対する解釈は、きわめて正統的である。紹介は簡潔だが、肝心なポイント押さえられている。説明は、論理的で明晰。さらに、ごく新しい現代的な説をも視野に入れている。だから、M先生の講義部分だけを読んでいっても、本書は、きわめてオーソドックスで良質な倫理学の教科書としても使用できるのである。

だが、先行の哲学者に関して、本道を行くような一般的な解釈が提示され、しかも、彼らが、本書が提起している問いに結局直面することにすら成功していないことが証明されるだけであるならば、先行説の検討は、本書にとって、きわめて消極的な意義しかもたないのではないか。そうではない！　なぜ問いに直面することができなかったのか、どうして問いの本質が見逃されてしまったのか、このことを理解することで、実は、問いのもつ深み、問いの意義が浮かびあがるようになっているからである。問いを問い続け、問いを先鋭化するために、先行説の挫折を回顧する必要があったのである。

この点に関しては、それぞれの論者の紹介に即して具体的に味読してもらう方がよいが、読者に実感をもってもらうために、一例だけこの解説でも取り上げておこう。本書の中で、ホッブズの有名な社会契約説が検討されている。ホッブズの理論の筋は、次のようなものだ。――人間は本来利己的な存在なので、自然状態においては、互いの間の戦争は避けがたい。理性は、この困難に気づき、人々は、社会契約を結んで、皆で一致して主権者に権利を譲渡することで、平和で秩序だった社会に移行することができる。――これはまさに、直接的な善が支配する状態（自然状態）から、道徳的な善が効力をもつ状態（社会契約後の状態）への移行を説明しているように見える。

だが、猫のアインジヒトは、この説明はダメだと言う。どこがいけないのか。われわれは、社会契約前の自然状態と社会契約後の平和な状態とを比べて、後者の方がよい、と判断する。二つの状態を比較しているとき、どのような視点でそれがなされているかを考えてみるとよい。このとき、「私」も「他人（たち）」も「任意の人間」の一例とみなすような鳥瞰的な視点に立って、比較がなされている。つまり、社会契約の成立を説明するために、道徳的な善悪を可能にするような一般的な他者の視点――「私」もまた他人たちと並ぶ一般的な人間の一例とみなす視点――が先取りされているのである。したがって、社会契約論は、道徳的善の立場からすると社会契約（道徳的善）が望ましい、というトートロジーになってしまっている。

まずは、直接的な善だけを前提にして、社会契約が成り立ちうるかを説明しなくてはならない。つまり、一般的な他者の視点を先取りせず、私自身にとってどうであるかから説明を試みなくてはならない。すると、社会契約の説明は失敗する。私にとっては、戦争状態にあるときは――他人たちが社会契約を守るつもりがないときは――、言うまでもなく、自分も契約に応じない(自分の権利を放棄しない)ことが有利である。では、他人たちが社会契約を守るときは――他者たちが自然の権利を放棄するときは――どうか。そのときでも、私自身は、権利を放棄しない方が得ではないか。つまり、私の直接的な善という基準で考えたときには、どんなときでも、本来の権利を放棄しないほうが利益にかなうのである。

社会契約説のように、直接的な善と道徳的な善の間の橋渡しを試みようとした説でさえも、それには成功していない。つまり、証明すべきことを初めから前提にした循環論法に陥ってしまっている。こうやって先行説を回顧するたびに、問いの深度は深まっていくのである。

*

結局、直接的な善から道徳的な善は産み出されない。本書で猫のアインジヒトに託して語られる説、それはある種の利己主義、最も純粋で徹底した利己主義である。私は、これを根源的利己主義と呼んでみたい。読者は、この説に真理を認めるだろうか。そうではなく、ともあれ、本書は、人に根源的利己主義者であれ、と説いているのではない。そうではなく、事実事実として、われわれはみな根源的利己主義者である、ということが示されているのだ。

本書の中で検討される過去の哲学者の中で、ニーチェだけが別格的な扱いをうけている。紹介の分量はごく少ないが、M先生ではなくアインジヒトが講義している。ニーチェが特別なのは、彼だけが、直接的な善と道徳的な善との関係という問いにまっすぐに対峙しているからだ。そして、彼だけが、道徳的な善を直接的な善から創ろうとすれば、錬金術のような詐術による捏造にならざるをえないことを自覚していたからである。

根源的利己主義――これは本書で使われている言葉ではないが――のポイントは、次の点にある。他人とは、常に、私にとっての他人でしかありえないということ、これである。他人は、常に、私の世界の中で現われるしかない。他人にとってなにが善いかということを考えるとき、それは、常に、私が想定している他人の視点を媒介にして判断しているのである。本書で言われているように、根源的利己主義は、独我論の倫理学的表現である。

ここから導かれる、本書の特徴的な主張、それは純粋な利己主義、根源的利己主義は、必然的に、利今主義になるほかない、という論点である。「利今主義」とは実に耳慣れない言葉だが、それは何か。しばしば、道徳的な善の発生を説明するのに、長期的な視点が導入される。今の自分にとっては、それが善い、それが快楽をもたらすかもしれないが、長期的な視点から何が善いかを判断すると、別のこと、別の行為が望ましいかもしれない、と。長期的な視点とは、「未来の私」にとって何が善いか、と考えることである。しかし、「未来の私」は、「今の私」にとっては他人ではないか。「未来の私」と「他人」は、（今の）私にとって同じ身分をもっているのではないか。さらに、考えてみると、他人とは結局、私にとっての他人であるのと同様に、「未来の私」とは、今の私が想定している未来の私にほかならない。利己主義は、したがって、その精神を純化させれば、同時に利今主義であるほかない。

＊

とすれば、道徳は謎だということになるのか？　というかむしろ、固有の意味での道徳的な善、直接的な善から独立した道徳的な善は存在せず、そんなものは虚妄に過ぎない、と結論すべきなのか？　根源的利己主義からすると、そういう結論に至らざるをえないように思える。

だが、アインジヒト自身が、根源的利己主義から脱出する例外がありうることを示唆してもいる。「俺のようなものが、まあいわば《愛》を持ったとき」と。《愛》において、他人は、私の内部の他者ではなく、私の外部の、私と同格の他者である。《愛》というとき、われわれは、何か特別な関係性、稀にしか見いだせないような麗しい関係の様態を想い浮かべる必要はない。たとえば言葉である。われわれは、言葉を使う。言葉は、常に、他者への語りかけである。そこには、すでに他者への愛がある。本書の終章で暗示されているように、言葉において、根源的利己主義が遂行的に裏切られているようにも思える。本書は、そうした新たな謎への入り口も開いている。

本書の最後に、猫のアインジヒトとM先生とのある関係が告白される。読み進めていく中で読者がうすうす気づき始めるある関係が、最後にあらためて確認される。この関係は、根源的利己主義の中に回収されるだろうか。

き

け

こ

さ

し

索　引

本書は二〇〇三年一月三一日、産業図書より刊行された。

命題コレクション　社会学　作田啓一・井上俊 編

社会学の生命がかよう具体的な内容を、各分野の第一人者が簡潔かつ読んで面白い48の命題の形で提示した、定評ある社会学辞典。（近森高明）

貨幣論　岩井克人

貨幣とは何か？　おびただしい解答があるこの命題に、『資本論』を批判的に解読することにより最終解答を与えようとするスリリングな論考。

二十一世紀の資本主義論　岩井克人

市場経済にとっての真の危機、それは「ハイパー・インフレーション」である。21世紀の資本主義のゆくえ、市民社会のありかたを問う先鋭的論考。

相対主義の極北　入不二基義

絶対的な真理など存在しない——こうした相対主義の論理を極限まで純化し蒸発させたとき、そこに現れる「無」以上の「無」とは？（野矢茂樹）

増補　ソクラテス　岩田靖夫

ソクラテス哲学の核心には「無知の自覚」と倫理的信念に基づく「反駁的対話」がある。その意味と構造を読み解き、西洋哲学の起源に迫る最良の入門書。

スピノザ『神学政治論』を読む　上野修

聖書の信仰と理性の自由は果たして両立できるか。スピノザはこの難問を、大いなる逆説をもって考え抜いた。『神学政治論』の謎をあざやかに読み解く。

知の構築とその呪縛　大森荘蔵

西欧近代の科学革命を精査することによって、二元論による世界の死物化という近代科学の陥穽を克服する方途を探る。（野家啓一）

物と心　大森荘蔵

対象と表象、物と心との二元論を拒否し、全体としての立ち現われが直にあるとの「立ち現われ一元論」を提起した、大森哲学の神髄たる名著。（青山拓央）

思考と論理　大森荘蔵

人間にとって「考える」とはどういうことか？　日本を代表する哲学者が論理学の基礎と、自分の頭で考える力を完全伝授する珠玉の入門書。（野家啓一）

ヘーゲルの精神現象学　金子武蔵

ヘーゲルの主著『精神現象学』の完訳を果たした著者による平易な入門書。晦渋・難解な本文に分け入り、ヘーゲル哲学の全貌を一望する。（小倉志祥）

歴史・科学・現代　加藤周一

知の巨人が、丸山真男、湯川秀樹、サルトルをはじめとする各界の第一人者とともに、戦後日本の思想と文化を縦横に語り合う。（鷲巣力）

『日本文学史序説』補講　加藤周一

文学とは何か、〈日本的〉とはどういうことか、不朽の名著について、著者自らが縦横に語った講義録。大江健三郎氏らによる「もう一つの補講」を増補。

沈黙の宗教——儒教　加地伸行

日本人の死生観の深層には生命の連続を重視する儒教がある。墓や位牌、祖先祭祀などの機能と構造や歴史を読み解き、儒教の現代性を解き明かす。

中国人の論理学　加地伸行

毛沢東の著作や中国文化の中から論理学上の中国的特性を抽出し、中国人が二千数百年にわたって追求してきた哲学的主題を照らし出すユニークな論考。

あいだ　木村敏

自己と環境との出会いの原理である共通感覚「あいだ」。その構造をゲシュタルトクライス理論および西田哲学を参照しつつ論じる好著。（谷徹）

自分ということ　木村敏

自己と時間の病理をたどり、存在者自己と自己の存在それ自体の間に広がる「あいだ」を論じる木村哲学の入門書。（小林敏明）

自己・あいだ・時間　木村敏

間主観性の病態である分裂病に「時間」の要素を導入し、現象学的思索を展開する。精神病理学者である著者の代表的論考を収録。（野家啓一）

分裂病と他者　木村敏

分裂病者の「他者」問題を徹底して掘り下げた木村精神病理学の画期的論考。「あいだ＝いま」を見つめ開かれる「臨床哲学」の地平。（坂部恵）

新編 分裂病の現象学　木村敏

分裂病を人間存在の根底に内在する自己分裂に根差すものと捉え、現象学的病理学からその自己意識や時間体験に迫る、木村哲学の原型。（内海健）

ドイツ観念論とは何か　久保陽一

ドイツ観念論は「疾風怒濤」の時代を担った様々な思想家たちとの交流から生まれたものだった。その実情を探り、カント以後の形而上学の可能性を問う。

レヴィナスを読む　合田正人

アウシュヴィッツという異常な事態を経験した人間の運命と向き合う思想家レヴィナス。その眼差しを通し、他者・責任など時代の倫理を探る。

増補改訂 剣の精神誌　甲野善紀

千回を超す試合に一度も敗れなかった江戸中期の天才剣客真里谷円四郎。その剣技の成立過程に焦点を当て、日本の「武」の精神文化の深奥を探る。

増補 民族という虚構　小坂井敏晶

〈民族〉は、いかなる構造と機能を持つのか。血縁・文化連続性・記憶の再検証によって我々の常識を覆し、開かれた共同体概念の構築を試みた画期的論考。

朱子学と陽明学　小島毅

近世儒教を代表し、東アジアの思想文化に多大な影響を与えた朱子学と陽明学。この二大流派の由来と実像に迫る。通俗的理解を一蹴する入門書決定版！

増補 靖国史観　小島毅

靖国神社の思想的根拠は、神道というよりも儒教にある！　幕末・維新の思想史をたどり近代史観の独善性を暴き出した快著の増補決定版。（與那覇潤）

かたり　坂部恵

物語は文学だけでなく、哲学、言語学、科学的理論にもある。あらゆる学問を貫く「物語」についての領域横断的論考。（野家啓一）

流言蜚語　清水幾太郎

危機や災害と切り離せない流言蜚語はどのような機能と構造を備えているのだろうか。つかみにくい実態を鮮やかに捌いた歴史的名著。（松原隆一郎）

現代思想の冒険 竹田青嗣

「裸の王様」を見破る力、これこそが本当の思想だ！ この観点から現代思想の流れを大胆に整理し、明快に解読したスリリングな入門書。

自分を知るための 哲学入門 竹田青嗣

哲学とはよく生きるためのアートなのだ！ その読みどころを極めて親切に、とても大胆に元気に考えた、斬新な入門書。哲学がはじめてわかる！

恋愛論 竹田青嗣

誰もが一度はあらがいがたく心を奪われる〈恋愛〉。人生の本質をなす、この不思議な力に迫り、人間の実存に新たな光を与えた名著。（菅野仁）

プラトン入門 竹田青嗣

哲学はプラトン抜きには語れない。近年の批判を乗り越え、普遍性や人間の生をめぐる根源的な思索者としての姿を鮮やかに描き出す画期的入門書！

眼の隠喩 多木浩二

「世界は見るべき謎ではなく、見られるべくつくられている」。思想・写真・美術・建築などの幅広い分野に足跡を残す著者の代表作。（内田隆三）

統計学入門 盛山和夫

統計に関する知識はいまや現代人に不可欠な教養だ。その根本にある考え方から実際的な分析法、さらには陥りやすい問題点までしっかり学べる一冊。

論理学入門 丹治信春

大学で定番の教科書として愛用されてきた名著がついに文庫化！ 完全に自力でマスターできる「タブロー」を用いた学習法で、思考と議論の技を鍛える！

論理的思考のレッスン 内井惣七

どうすれば正しく推論し、議論に勝てるのか。なぜ、どこで推理を誤るのか？ 推理のプロから15のレッスンを通して学ぶ、思考の整理法と論理学の基礎。

日本の哲学をよむ 田中久文

近代を根本から問う日本独自の哲学が一九三〇年代に生まれた。西田幾多郎・田辺元・和辻哲郎・九鬼周造・三木清による「無」の思想の意義を平明に説く。

現象学と解釈学　新田義弘

知の絶対化を伴う現象学と知の相対化を伴う解釈学が出合ったとき何が起きたか。現象学と解釈学の邂逅と離別の知的刺激に満ちた深層分析の書。（谷徹）

夜の鼓動にふれる　西谷修

20世紀以降、戦争は世界と人間をどう変えたのか。思想の枠組みから現代の戦争の本質を剔抉する。文庫化に当たり「テロとの戦争」についての補講を増補。

ウィトゲンシュタイン『論理哲学論考』を読む　野矢茂樹

二〇世紀哲学を決定づけた『論考』を、きっちりと理解しその生き生きとした声を聞く。真に読みたい人のための傑作読本。増補決定版。

科学哲学への招待　野家啓一

科学とは何か？　その営みにより人間は本当に世界を理解できるのか？　科学哲学の第一人者が、知の歴史のダイナミズムへと誘う入門書の決定版！

ソフィストとは誰か？　納富信留

ソフィストは本当に詭弁家にすぎないか？　哲学成立とともに忘却された彼らの本質を精緻な文献読解により喝破し、哲学の意味を問い直す。（鷲田清一）

ナショナリズム　橋川文三

日本ナショナリズムは第二次大戦という破局に至るほかなかったのか。維新前後の黎明期に立ち返り、その根源ともう一つの可能性を問う。（渡辺京二）

入門　近代日本思想史　濱田恂子

文明開化以来、日本は西洋と対峙しつつ独自の哲学思想をいかに育んできたのか。明治から二十世紀末まで、百三十年にわたる日本人の思索の歩みを辿る。

忠誠と反逆　丸山眞男

開国と国家建設の激動期における、自我と帰属集団への忠誠との相剋を描く表題作ほか、幕末・維新期をめぐる諸論考を集成。（川崎修）

気流の鳴る音　真木悠介

カスタネダの著書に描かれた異世界の論理に、人間ほんらいの生き方を探る。現代社会に抑圧された自我を、深部から解き放つ比較社会学的構想。

『「いき」の構造』を読む　安田武・多田道太郎

日本人の美意識の底流にある「いき」という概念。九鬼周造の名著を素材に、二人の碩学があざやかに軽やかに解きほぐしていく。（井上俊）

最後の親鸞　吉本隆明

宗教以外の形態では思想が不可能であった時代に、仏教の信を極限まで解体し、思考の涯まで歩んでいった親鸞の姿を描ききる。（中沢新一）

ハイ・イメージ論（全3巻）　吉本隆明

思想の巨人・吉本隆明の独創と構想力を兼ね備えた円熟期の代表作。現在という未知の核心へとわれわれを誘う新たな歴史哲学あるいは文明論の試み。

ハイ・イメージ論Ⅰ　吉本隆明

解体と創造、連続と非連続の現場を透視し続ける批評の力技。確信の場所より、様々なイメージの死と誕生のドラマが紡ぎ出される。（芹沢俊介）

ハイ・イメージ論Ⅱ　吉本隆明

価値・生命・言語・神といった古典的主題への迂回を経て、さらに現在へと向かう世界視線より見えてくるものは？　批評の冒険。（芹沢俊介）

ハイ・イメージ論Ⅲ　吉本隆明

パラダイム・シフトが起きた80年代から現在まで、世界原理の変容を様々な場所より提示する諸論考。未知なる現在を超えて！（芹沢俊介）

思想のアンソロジー　吉本隆明

『古事記』から定家、世阿弥、法然、親鸞、宣長、折口、大拙、天草方言まで。自らの思索の軌跡をアンソロジーに託して綴った、日本思想史のエッセンス。

中国の知恵　吉川幸次郎

「論語」を貫き流れているものは、まったき人間肯定の精神である――最高の碩学が描きだす人間・孔子の思想と生涯。数篇を増補。（加地伸行）

カミとヒトの解剖学　養老孟司

死ぬとは？　墓とは？　浄土とは？　宗教とヒトの関係を軸に「唯脳論」を展開、従来の宗教観を一変させる養老「ヒト学」の最高傑作。（南伸坊）

ちくま学芸文庫

倫理《りんり》とは何《なに》か　猫《ねこ》のアインジヒトの挑戦《ちょうせん》

二〇一一年一月　十　日　第　一　刷発行
二〇二五年五月二十五日　第十六刷発行

著　者　永井　均（ながい・ひとし）

発行者　増田健史
発行所　株式会社　筑摩書房
東京都台東区蔵前二―五―三　〒一一一―八七五五
電話番号　〇三―五六八七―二六〇一（代表）
装幀者　安野光雅
印刷所　中央精版印刷株式会社
製本所　中央精版印刷株式会社

ISBN978-4-480-09343-1 C0110